Das
Wohnungsmiethrecht

nach dem

Bürgerlichen Gesetzbuch.

Zum praktischen Gebrauch für Juristen
Hausbesitzer und Miether

bearbeitet von

Th. Looman,

Rechtsanwalt und Notar in Wilhelmshaven.

Anhang:

Muster von Verträgen.

1. Miethvertrag;
2. Vertrag mit einem Hauswart;
3. Vertrag mit einem Hausverwalter;
4. Bauvertrag über Hausbau;
5. Miethvertrag mit einem Wirth unter Vereinbarung des Miethzinses in Preisaufschlägen;
6. Verwaltungsvertrag mit einem Wirth behufs vertretungsweiser Ausübung der Koncession.

Preis 2 Mark.

Berlin 1900.

J. J. Heines Verlag.

W. 57.

Berichtigung.

S. 14 Zeile 25 von oben lies statt § 41: „§ 42".
S. 27 Zeile 11 von oben lies statt § 53: „§ 538".
S. 49 Zeile 10 von unten lies statt § 225: „§ 325".
S. 107 Zeile 4 von oben lies statt Forderung: „Feuerung."

Druck von Th. Süß, Wilhelmshaven.

Vorwort.

Zu der nachstehenden Schrift wurde der Verfasser angeregt durch einen ihm vom Hausbesitzerverein zu Wilhelmshaven ertheilten Auftrag, eine für Hauswirthe und Miether leicht verständliche Darstellung des Miethrechts nach dem Bürgerlichen Gesetzbuch auszuarbeiten. Während der Arbeit erweiterte sich der Plan zu der Aufgabe, eine auch für Juristen brauchbare, das Miethrecht möglichst erschöpfend behandelnde Schrift zu liefern; immerhin wurde die durch den ursprünglichen Zweck gebotene Art der Darstellung: den Inhalt der gesetzlichen Vorschriften in einer auch für Laien verständlichen Weise zu erläutern und namentlich die alltäglich in Miethverhältnissen sich aufwerfenden Streitfragen mit besonderer Sorgfalt zu behandeln, beibehalten. Sehr zu Statten kam dem Verfasser hierbei, daß derselbe während einer zehnjährigen Anwaltspraxis Streitfälle in Miethsachen, welche in Wilhelmshaven und den Vororten bei der schnell fortschreitenden Bebauung und dem häufigen Wohnungswechsel zahlreich vorkommen, systematisch gesammelt und geordnet hatte. Die in der Schrift verarbeitete Kasuistik beruht fast ausnahmslos auf wirklich vorgekommenen Fällen oder auf Anregungen, die der Verfasser aus den ihm in der Anwaltspraxis vorkommenden Fällen entnahm.

Wilhelmshaven, im Dezember 1899.

Der Verfasser.

Erklärungen der Abkürzungen.

A. L. R.	=	Das allgemeine Preußische Landrecht.
B. G. B.	=	Bürgerliches Gesetzbuch für das deutsche Reich.
C. P. O.	=	Civilprozeßordnung.
M.	=	Motive zu dem Entwurfe eines Bürgerlichen Gesetz-Gesetzbuches für das deutsche Reich (Amtliche Ausgabe J. Guttentag's Verlag).
Planck	=	Bürgerliches Gesetzbuch erläutert von Dr. G. Planck.
P. II.	=	Protokolle der Kommission für die zweite Lesung des Entwurfs des Bürgerlichen Gesetzbuchs.
R. K. O.	=	Reichskonkursordnung.
R. G.	=	Entscheidungen des Reichsgerichts in Civilsachen.
Wengler	=	Der Miethvertrag nach Königlich Sächsischem Recht von Friedrich Albert Wengler, Leipzig, Roßberg'sche Verlagsbuchhandlung 1891.
Zw. G.	=	Reichsgesetz über die Zwangsversteigerung und Zwangsverwaltung vom 24. Määrz 1897.

Wo §§ ohne Ziffern citirt sind, sind solche des Bürgerlichen Gesetzbuchs gemeint.

Inhaltsverzeichniss.

Die Anordnung der Darstellung schließt sich an die natürliche Abwickelung eines Miethverhältnisses an.

Erster Abschnitt:

Begriff, Abschluß und Form des Miethvertrages.

		Seite:
§ 1.	Begriff des Miethvertrages und dessen Regelung im B. G. B.	1—3
§ 2.	Abschluß des Miethvertrages	3—5
§ 3.	Form des Miethvertrages	5—8
§ 4.	Geltung des schriftlichen Miethvertrages	8—10
§ 5.	Gültigkeit der Hausordnungen	10—11
§ 6.	Die Personen beim Miethvertrage: deren Geschäftsfähigkeit	11—15

Zweiter Abschnitt:

Pflichten des Vermiethers.

§ 7.	Einfluß der nachträglichen Vermögensverschlechterung des Miethers	15—16
§ 8.	Pflicht des Vermiethers zur Gewährung des Miethgebrauchs	16—21
§ 9.	Schutz des Miethers gegen Störungen durch Dritte oder den Vermiether	21—24
§ 10.	Ansprüche des Miethers bei Nichterfüllung des Vermiethers, Allgemeines	24—25
§ 11.	A. Das Recht der Miethzinsminderung	25—27
§ 12.	B. Das Recht der Mängelbeseitigung	27
§ 13.	C. Das Recht zur Kündigung der Miethe	27—31
§ 14.	D. Der Anspruch auf Schadensersatz	31—35
§ 15.	Ausschließung der dem Miether wegen Mängel oder Nichterfüllung erwachsenden Rechte	35—38
§ 16.	Das besondere Kündigungsrecht wegen gesundheitsgefährdender Beschaffenheit der Wohnung	38—39
§ 17.	Ansprüche des Miethers wegen Verwendungen: Tragung der Lasten durch Vermiether	39—43

Dritter Abschnitt:

Pflichten des Miethers.

§ 18.	Die Pflicht zur Miethzinszahlung	43—46
§ 19.	Die Miethzahlungspflicht bei nicht benutzter Wohnung	47—49
§ 20.	Die Mängelanzeigepflicht des Miethers	49—54
§ 21.	Rechte des Vermiethers bei vertragswidrigem Gebrauch durch Miether	55
§ 22.	Rückgewähr der Wohnung nach beendeter Miethe	55—60
§ 23.	Der Räumungsprozeß	60—63

Vierter Abschnitt:

Die Untermiethe.

§ 24.	Die Einwilligung des Vermiethers	63—66
§ 25.	Das Kündigungsrecht des Miethers bei Versagung der Erlaubniß	66—68

Fünfter Abschnitt:

Dauer der Miethe.

§ 26.	Normale Beendigung der Miethe	68—70
§ 27.	Die stillschweigende Verlängerung der Miethe	71—72
§ 28.	Begriff und Erfordernisse der Kündigung	72—76

Sechster Abschnitt:

Die vorzeitige Beendigung der Miethe aus besonderen Gründen.

		Seite:
§ 29.	Uebersicht	77
§ 30.	A. Kündigung des Vermiethers wegen Miethzinsrückstand	77—84
§ 31.	B. Kündigung des Vermiethers wegen vertragswidrigen Gebrauchs der Miethsache	84—85
§ 32.	C. Kündigung des Miethers infolge Versetzung	58—86
§ 33.	D. Kündigung beim Tode des Miethers	86—87
§ 34.	E. Konkurs des Miethers	87—88
§ 35.	F. Konkurs des Vermiethers	88—89

Siebenter Abschnitt:

Einfluß der Veräußerung des Miethgrundstücks auf das Miethverhältniß.

§ 36.	Gestaltung des Miethverhältnisses nach Veräußerung des Grundstücks	89—95
§ 37.	Wirksamkeit der Vorausverfügungen über den Miethzins gegenüber dem Erwerber	95—98
§ 38.	Einfluß der Belastung des Miethgrundstücks mit einem dinglichen Recht	98—99
§ 39.	Zulässigkeit der Abänderung des Grundsatzes: „Kauf bricht nicht Miethe" durch Parteivereinbarungen	99—100
§ 40.	Wirkung der Zwangsversteigerung auf das Miethverhältniß	100—101
§ 41.	Einfluß der Zwangsverwaltung	101—102
§ 42.	Aufhebung der Miethe durch Erlöschen des Verfügungsrechts des Vermiethers	102—104

Achter Abschnitt:

Das Pfandrecht des Vermiethers.

§ 43.	An welchen Sachen besteht es?	104—105
§ 44.	Für welche Forderungen besteht es?	106—108
§ 45.	Erlöschen des Pfandrechts	108—111
§ 46.	Schutzmaßregeln des Vermiethers zur Erhaltung des Pfandrechts	111—113
§ 47.	Die Verwirklichung des Pfandrechts gegen den Miether	113—114
§ 48.	Geltendmachung des Pfandrechts gegenüber dem pfändenden Gläubiger des Miethers	114—116

Neunter Abschnitt:

§ 49.	Rechtsverhältniß bei Mehrheit der Miether	117—118
§ 50.	Rechtsverhältniß bei Mehrheit der Vermiether	118

Zehnter Abschnitt:

§ 51.	Uebergangsbestimmungen. Anwendbarkeit der Vorschriften des B. G. B. auf die am 1. Januar 1900 bestehenden Miethverhältnisse	119—121

Anhang:

I.	Miethvertrag	122—126
II.	Vertrag mit Hauswart	127
III.	Vertrag mit Hausverwalter	128
IV.	Bauvertrag über Hausbau	129—130
V.	Miethvertrag mit Wirth	131—132
VI.	Verwaltungsvertrag mit Wirth	133—134

Erster Abschnitt. *)

Begriff, Abschluß und Form des Miethvertrages.

§ 1.

Begriff des Miethvertrages und dessen Regelung im B. G. B.

1. Begriff des Miethvertrages. Der Begriff des Miethvertrages, für welchen das B. G. B. eine eigentliche Definition nicht aufstellt, ist zu entnehmen aus § 535:

> Durch den Miethvertrag wird der Vermiether verpflichtet, dem Miether den Gebrauch der vermietheten Sache während der Miethzeit zu gewähren. Der Miether ist verpflichtet, dem Vermiether den vereinbarten Miethzins zu entrichten.

Um also einen Vertrag als Miethvertrag bezeichnen und dessen Grundsätze auf ihn anwenden zu können, ist erforderlich, daß der eine Theil (Vermiether) sich zur Gewährung des Gebrauchs einer Sache, d. h. eines körperlichen Gegenstandes (§ 90) und der andere Theil (Miether) sich zur Entrichtung eines Entgeltes für diesen Gebrauch nämlich des Miethzinses verpflichtet. Kein Mietvertrag ist daher die *unentgeltliche* Ueberlassung des Gebrauchs einer Sache. Der Miethzins braucht nicht in baarem Gelde zu bestehen;[1]) es liegt ein Miethvertrag auch dann vor, wenn als Entgelt für den Gebrauch andere Aequivalente z. B. Herstellung von Einrichtungen, Leistung von Diensten vereinbart werden; nothwendig ist allerdings, um solche Vereinbarungen als Miethverträge behandeln zu können, daß der Hauptzweck des Vertrages auf Ueberlassung des Gebrauchs einer Sache geht; kein Miethvertrag liegt daher vor, wenn ein Hausbesitzer einen Hauswart zur Leistung von Diensten für das Haus bestellt und ihm als Entgelt dafür freie Wohnung gewährt. (Vergl. Muster Nr. 2.) Hier besteht der Hauptzweck meistens in der Leistung der übernommenen Dienste; die Ueberlassung der Wohnung bildet nur die Vergütung dafür. Der Vertrag ist daher als Dienst-

---

*) *Litteratur.* H. Borcherdt, Das Miethrecht nach dem Bürgerlichen Gesetzbuch. Breslau, Verlag von M. u. H. Marcus, 1899. Ludwig Fuld, Das Miethrecht nach dem Bürgerlichen Gesetzbuch 1898. Leipzig, Verlag von Duncker u. Humblot. Arnold Fränkel, Das Mieth- und Pachtrecht nach dem Bürgerlichen Gesetzbuch für das Deutsche Reich. Berlin, Verlag von Otto Liebmann 1897. Franz Raatz, die Miethe von Räumen. 1899. Deutscher Verlag.

[1]) M II S. 372.

vertrag nach § 611 fg. zu behandeln. Ein Dienstvertrag und nicht Miethe liegt ferner vor, wenn ein Gewerbetreibender durch einen Geschäftsführer ein Filialgeschäft betreiben läßt und ihm als Vergütung auch freie Wohnung in dem Geschäftshause gewährt; dasselbe gilt meistens auch von den Verträgen, durch welche der Inhaber einer Schankkonzession einen Geschäftsführer zum Betriebe der Schankwirthschaft im Namen des Konzessionsinhabers bestellt, während der Geschäftsführer eine bestimmte Summe aus den Einnahmen zu zahlen hat, im Uebrigen aber die Reineinnahmen überwiesen erhält. (Vergl. Muster Nr. 5.)

Ein reiner Miethvertrag liegt dagegen dann vor, wenn ein Wirth in den ihm zur Benutzung überlassenen Räumen die Schankkonzession in eigenem Namen ausübt und als Entgelt für die Benutzung der Räume einen Aufschlag auf das ihm vom Hausbesitzer zu liefernde Bier zu zahlen hat. (Vergl. Muster 4.)

2. Dienstwohnung des Beamten. Keine Anwendung finden die Vorschriften über den Miethvertrag auf das Verhältniß eines Beamten zu seiner Behörde hinsichtlich der ihm überlassenen Dienstwohnung; denn hier bildet der Gebrauch der Wohnung einen Theil des dem Beamten zustehenden Diensteinkommens und ist daher ebenso wie das sonstige Einkommen des Beamten von dessen dienstlichen Verhältnissen z. B. von der Versetzung, Pensionirung, Abkommandirung u. s. w. abhängig.

3. Unterschied von Pacht. Von Bedeutung wegen der Anwendbarkeit der §§ 581 fg. ist auch die Unterscheidung der Miethe von der Pacht; Pachtvertrag liegt dann vor, wenn der Gebrauch und der Fruchtgenuß eines Gegenstandes gegen Entgelt gewährt wird; unter Gegenstand versteht das B. G. B. sowohl körperliche Sachen, als auch Rechte; [1]) in vielen Fällen, namentlich da, wo Jemand die überlassenen Räume zum Betriebe eines Gewerbes benutzt, z. B. Gasthof, Badeanstalt, Waschanstalt, Fabrik-Etablissement, kann es zweifelhaft sein, ob Miethe oder Pacht vorliegt; ist in solchen Fällen das Grundstück nur der Ort, an welchem der dasselbe Benutzende ein Gewerbe betreibt, während die Beschaffenheit des Grundstücks auch eine andere Art der Benutzung ermöglicht, so liegt Miethe vor, z. B. bei Benutzung von Räumen zur Schankwirthschaft wenn dagegen das Grundstück durch seine bestimmungsgemäße Benutzung Erträge abwirft, wie dies z. B. bei einem Hotel der Fall ist, dann liegt Pacht vor. [2])

4. Gegenstand der Darstellung. Den Gegenstand der nachfolgenden Darstellung bildet nur die Miethe und zwar unter Ausscheidung der Miethe an beweglichen Sachen.

---

[1]) Planck zu § 90 S. 127.

[2]) Daher kann z. B. der Pächter eines Hotels die Pacht nicht wegen Verweigerung der Erlaubniß zur Unterpacht kündigen. Der Verpächter kann nicht wegen Todes des Pächters kündigen (§ 596). Ohne Einfluß ist es, wenn der Vertrag inkorrekter Weise als „Miethvertrag“ von den Parteien bezeichnet ist.

Die besondere Regelung des Miethrechts ist in den §§ 535 bis 580 des bürgerlichen Gesetzbuchs enthalten. Daneben sind, da der Miethvertrag ein gegenseitiger Vertrag ist, die §§ 320—327, welche von gegenseitigen Verträgen handeln, anwendbar. Manche Sonderbestimmungen in den §§ 535—580 sind nur eine Fortentwickelung, Ausdehnung oder Einschränkung der allgemeinen Grundsätze über gegenseitige Verträge; man vergleiche z. B. den § 542 mit § 326 hinsichtlich des Rücktritts des Miethers, den § 537 mit § 323 hinsichtlich der Rechtes am Miethzinse zu kürzen, den § 552 mit § 324 hinsichtlich der Miethzinszahlung bei Nichtbenutzung der Miethsräume. Die Sonderbestimmungen in den §§ 535—580 sind daher vielfach nur auf der Grundlage der allgemeinen Bestimmungen über gegenseitige Verträge richtig zu verstehen.[3])

Auch ist stets im Auge zu behalten, daß die Vorschriften des B. G. B. über die Miethe größtentheils nur dispositiver Natur sind, d. h. nur insoweit in Anwendung treten, als nicht zwischen Miether und Vermiether anderweite Vereinbarungen getroffen sind; dies gilt z. B. von den Bestimmungen über die Haftung des Vermiethers wegen Mängel der Wohnung (§§ 537—543) über die Dauer der Miethe, die Kündigungsfristen (§§ 565, 569, 570), Zulässigkeit der Untermiethe (§ 549), Tragung der Lasten und Verwendungen (§§ 546, 547), Entrichtung des Miethzinses (§ 551), Anzeigepflicht des Miethers (§ 545). Zwingender Natur, d. h. durch Vertrag nicht abzuändern sind beispielsweise die Bestimmungen über das Kündigungsrecht des Miethers wegen Gesundheitsgefährdung (§ 544), über den Umfang des Pfandrechts (§§ 559—563), theilweise auch die Vorschriften über den Eintritt des Erwerbers in den Miethvertrag (§§ 571—579). Die Vorschriften des B. G. B. treten hiernach ihrem vollen Inhalte nach nur da in Kraft, wo die Parteien weiter nichts als die Festsetzung der Miethsache und des Miethzinses vereinbaren; in den weitaus meisten Fällen regeln die Parteien auch die weiteren Punkte des Miethverhältnisses, z. B. die Dauer, Kündigungsfristen, Zeit der Miethzahlung, Art der Benutzung u. s. w. Es empfiehlt sich behufs Vermeidung von Unvollständigkeiten und Unklarheiten bei der vertraglichen Regelung für beide Theile die Verwendung von Miethvertragsformularen, wie sie fast in allen Städten, den lokalen Bedürfnissen angepaßt, üblich sind. Ein Muster zu einem solchen Formular, welches auf die Regelung des B. G. B. Rücksicht nimmt, findet sich unter Anlage I dieser Schrift.

§ 2.

Abschluß des Miethvertrages.

1. Einigung über die wesentlichen Punkte genügt.

Zum Abschluß des Miethvertrages, mag er mündlich oder schriftlich erfolgen, ist erforderlich und genügend, daß die Parteien sich über

[3]) Am deutlichsten erhellt der Sinn der einzelnen Bestimmungen in §§ 535 bis 580, wenn man bei jeder einzelnen Frage zunächst prüft, wie sich das Rechtsverhältniß lediglich bei Anwendung der §§ 320—327 gestalten würde.

die wesentlichen Punkte des Vertragsverhältnisses, nämlich die Miethsache und den Miethzins einigen. Der Miethzins kann auch so vereinbart werden, daß die Höhe desselben nicht in bestimmter Summe festgesetzt wird, sondern dem billigen Ermessen eines der Vertragschließenden überlassen bleibt (§ 315); in solchem Falle steht im Zweifel die Bestimmung der Höhe dem Vermiether zu (§ 316), sie muß indeß der Billigkeit entsprechen, d. h. mit den üblichen Preisen stimmen. So ist z. B. zu halten, wenn Jemand ein möblirtes Zimmer miethet und bezieht, ohne nach dem Preise zu fragen.

2. Mangelnde Einigung über Einzelheiten des Vertrages. Wenn die Parteien sich über Miethsache und Miethzins einigen, ohne bei den Vertragsverhandlungen weitere Punkte zu berühren, so ist der Vertrag damit geschlossen und richtet sich der weitere Inhalt desselben nach den gesetzlichen Bestimmungen; anders wenn die Parteien bei den Verhandlungen auch noch weitere Punkte des Miethverhältnisses, z. B. Kündigungsfristen, Termine für Miethzinszahlung, Leistung von Nebenabgaben u. s. w. zum Gegenstande der Vereinbarung machen. Auf diesen Fall sind die Vorschriften der §§ 154 und 155 anwendbar:

§ 154. Solange nicht die Parteien sich über alle Punkte eines Vertrags geeinigt haben, über die nach der Erklärung auch nur einer Partei eine Vereinbarung getroffen werden soll, ist im Zweifel der Vertrag nicht geschlossen. Die Verständigung über einzelne Punkte ist auch dann nicht bindend, wenn eine Aufzeichnung stattgefunden hat.

Ist eine Beurkundung des beabsichtigten Vertrags verabredet worden, so ist im Zweifel der Vertrag nicht geschlossen, bis die Beurkundung erfolgt ist.

§ 155. Haben sich die Parteien bei einem Vertrage, den sie als geschlossen ansehen, über einen Punkt, über den eine Vereinbarung getroffen werden sollte, in Wirklichkeit nicht geeinigt, so gilt das Vereinbarte, sofern anzunehmen ist, daß der Vertrag auch ohne eine Bestimmung über diesen Punkt geschlossen sein würde.

Nach § 154 ist also der Vertrag als gescheitert anzusehen, wenn nicht über alle Punkte, auch wenn sie nur von einer Seite zum Vertragsgegenstande gemacht werden, Einigung erzielt ist. Diese Bestimmung wird indeß durch § 155 wesentlich eingeschränkt, nämlich dahin: wenn Parteien den Vertrag beide als geschlossen ansehen, sei es, weil sie einzelne Punkte nicht weiter verfolgen oder weil sie die mangelnde Einigung übersehen, so soll der Vertrag bindend sein, wenn anzunehmen ist, daß die Parteien den ganzen Vertrag nicht an dem einzelnen Punkte hätten scheitern lassen, wenn ihnen die mangelnde Einigung auch vor Abschluß klar geworden wäre.

Solche Fälle können namentlich dann leicht vorkommen, wenn die Parteien, nachdem sie den Vertrag als mündlich geschlossen ansehen, zur schriftlichen Beurkundung schreiten und ihnen dann aus dem Inhalte des zu verwendenden Vertragsformulars klar wird, daß über eine ganze Reihe Punkte, z. B. über Kündigungsfristen, Miethzahlungstermine, noch keine Einigung erzielt ist. Ist in solchen Fällen der Vertrag nach § 155 als bindend anzusehen, so regeln sich diejenigen Punkte, über welche die Einigung fehlt, nach den gesetzlichen Vorschriften und in Ermangelung solcher nach billigem Ermessen.

§ 3.

Form des Miethvertrages.

1. Formvorschrift für den auf länger als ein Jahr geschlossenen Miethvertrag. Das B. G. B. enthält, abgesehen von dem § 566, keine Bestimmung, welche für den Miethvertrag eine besondere Form vorschriebe. Daraus folgt bei dem vom B. G. B. angenommenen Grundsatz der Formfreiheit der Verträge, daß Miethverträge bindend sind, auch wenn sie nur mündlich abgeschlossen werden. Nur eine Ausnahme bestimmt der § 566: [1])

Ein Miethvertrag über ein Grundstück, der für längere Zeit als ein Jahr geschlossen wird, bedarf der schriftlichen Form. Wird die Form nicht beobachtet, so gilt der Vertrag als für unbestimmte Zeit geschlossen; die Kündigung ist jedoch nicht für eine frühere Zeit als für den Schluß des ersten Jahres zulässig.

Abweichend von der allgemeinen Regel des § 125, daß bei Mangel der gesetzlich vorgeschriebenen Form der ganze Vertrag nichtig sei, soll beim Miethvertrage nach § 566 die mangelnde Schriftlichkeit den Vertrag nur in einem einzigen Punkte, nämlich hinsichtlich der Dauer und der Kündigungsfristen nichtig machen; alle übrigen mündlichen Vertragsbestimmungen, z. B. Miethzahlungstermine, Räumungsklausel u. s. w. bleiben in Kraft. Die von den Parteien getroffene Bestimmung über die Dauer wird durch die gesetzliche Vorschrift ersetzt, daß der Vertrag als für unbestimmte Zeit geschlossen gilt, die Kündigung indeß nicht für eine frühere Zeit, als für den Ablauf des ersten Jahres (vom Beginne der verabredeten Miethzeit an gerechnet) zulässig sei. Die Kündigungsfristen ergeben sich aus § 564 Abs. 2 und § 565:

Ist die Miethzeit nicht bestimmt, so kann jeder Theil das Miethverhältniß nach den Vorschriften des § 565 kündigen.

§ 565. Bei Grundstücken ist die Kündigung nur für den Schluß eines Kalendervierteljahres zulässig; sie hat spätestens am dritten Werktage des Vierteljahres zu erfolgen. Ist der Miethzins nach Monaten bemessen, so ist die Kündigung nur für den Schluß eines Kalendermonats zulässig; sie hat spätestens am fünfzehnten des Monats zu erfolgen. Ist der Miethzins nach Wochen bemessen, so ist die Kündigung nur für den Schluß einer Kalenderwoche zulässig; sie hat spätestens am ersten Werktage der Woche zu erfolgen.

Bei beweglichen Sachen hat die Kündigung spätestens am dritten Tage vor dem Tage zu erfolgen, an welchem das Miethverhältniß endigen soll.

Ist der Miethzins für ein Grundstück oder für eine bewegliche Sache nach Tagen bemessen, so ist die Kündigung an jedem Tage für den folgenden Tag zulässig.

Die Vorschriften des Abs. 1 Satz 1, Abs. 2 gelten auch für die Fälle, in denen das Miethverhältniß unter Einhaltung der gesetzlichen Frist vorzeitig gekündigt werden kann.

Die Kündignngsfrist und der Termin, zu welchem die Kündigung wirkt, ist also verschieden, je nachdem der Miethzins nach Tagen, Wochen, Monaten oder längeren Zeitabschnitten bemessen ist.

---

[1]) Die Formvorschrift, welche im ersten Entwurfe fehlte, ist, wie die Vorarbeiten erkennen lassen (P. II. Bd. 2, S. 155), hauptsächlich deshalb eingeführt, um in Rücksicht auf den Grundsatz, daß Kauf nicht Miethe bricht, den Erwerber des Grundstrücks davor zu schützen, daß er an langjährige Miethverträge, von denen er sich gar keine Kenntniß verschaffen konnte, gebunden sei. Ueber schriftliche Miethverträge kann sich der Erwerber leicht vergewissern.

2. Anwendungsfälle der Formvorschrift. Die Formvorschrift des § 567 findet nur da Anwendung, wo der mündliche Miethvertrag seinem Inhalte nach für länger als ein Jahr gelten soll. Streng genommen würde also die schriftliche Form nicht erforderlich sein, wenn die Parteien mehrere mündliche Miethverträge je auf ein Jahr, von denen jeder auf den andern folgt, abschlössen, weil hier jeder einzelne Miethvertrag der Form genügt. Man wird indeß, wenn der zweite Miethvertrag geschlossen wird, bevor der erste Miethvertrag angetreten ist, einen einheitlichen Vertrag, geschlossen für die Dauer beider Verträge, und die Löslichkeit nach § 566 wegen mangelnder Form annehmen müssen. Dagegen findet die Formvorschrift keine Anwendung, wenn nach Antritt der mündlich vereinbarten Miethe Parteien mündlich die Verlängerung um ein Jahr seit Ablauf der laufenden Miethzeit vereinbaren; dasselbe muß folgerichtig dann gelten, wenn sie beim Abschluß des mündlichen Miethvertrages vereinbaren, daß die Miethe sich um ein Jahr verlängern solle, falls nicht eine bestimmte Zeit (z. B. ein Halbjahr) vor Ablauf der nicht über ein Jahr festgesetzten Miethzeit gekündigt werde; denn hier liegt der Abschluß des Verlängerungsvertrages in der Thatsache, daß nicht gekündigt wird.[2]) Es ist demnach z. B. die Abmachung; „Die Miethzeit ist auf ein Jahr, nämlich vom 1. April 1900 bis 1. April 1901 festgesetzt und läuft, wenn nicht ein Halbjahr vor Ablauf gekündigt wird, immer um ein Jahr weiter," trotz fehlender Schriftlichkeit bindend. Lautet dagegen die Abmachung dahin, daß die Miethe sich bei Nichtkündigung um zwei Jahre verlängern solle, so würde die Formvorschrift in Anwendung treten; daher würde in diesem Falle bei Nichtkündigung die Miethe doch zum Schluß des zweiten Miethjahres kündbar sein, wie sie es sein würde, wenn die Parteien, statt ihren Willen auf Verlängerung durch Nichtkündigung auszudrücken, die Verlängerung des Vertrages um zwei Jahre mündlich vereinbart hätten.

3. Kündbarkeit, wenn das erste Jahr im Laufe einer gesetzlichen Kündigungsfrist endet. Wenn bei dem mündlich auf länger als ein Jahr geschlossenen Miethvertrage der Ablauf des ersten Jahres nicht mit dem Ablauf der gesetzlichen Kündigungsfrist zusammenfällt, so kann die Kündigung nur zum Ablauf derjenigen Kündigungsfrist, in welche der Schluß des ersten Jahres fällt, erfolgen.

Ist z. B. die Miethzeit bei jährlich bemessenem Miethzins auf die Zeit vom 1. Februar 1900 bis 1. Februar 1903 mündlich festgesetzt, so kann jeder Theil die Miethe frühestens zum 31. März 1901 zu Ende bringen, und muß, um dies zu erreichen, spätestens bis zum 3. Werktage des Monats Januar 1901 kündigen; in solchem Falle

---

[2]) Eine Konsequenz dieser Auffassung ist z. B. auch die, daß, wenn eine der Parteien während der Zeit innerhalb welcher gekündigt werden muß, infolge Geisteskrankheit geschäftsunfähig ist, ohne daß ihm ein Vertreter bestellt wird, die Verlängerung der Miethe auch bei fehlender Kündigung nicht eintritt. Aehnlich auch Kuhlenbeck (das bürgerliche Gesetzbuch) zu § 568.

beträgt also die auszuhaltende Vertragszeit länger als ein Jahr, weil nach § 566 der Vertrag auf mindestens ein Jahr auszuhalten ist und nach § 565 die Kündigung nur auf den Schluß eines Kalendervierteljahrs zulässig ist.

4. In welcher Weise der schriftlichen Form genügt wird, ergiebt sich aus § 126:

Ist durch Gesetz schriftliche Form vorgeschrieben, so muß die Urkunde von dem Aussteller eigenhändig durch Namensunterschrift oder mittelst gerichtlich oder notariell beglaubigten Handzeichens unterzeichnet werden.

Bei einem Vertrage muß die Unterzeichnung der Parteien auf derselben Urkunde erfolgen. Werden über den Vertrag mehrere gleichlautende Urkunden aufgenommen, so genügt es, wenn jede Partei die für die andere Partei bestimmte Urkunde unterzeichnet.

Die schriftliche Form wird durch die gerichtliche oder notarielle Beurkundung ersetzt.

Es ist also eigenhändige Namensunterschrift beider Parteien erforderlich; es genügt nicht die Unterstempelung des Namens durch Clichee oder dergleichen, auch genügt nicht, wenn der Name des Miethers oder Vermiethers von einem Beauftragten unterfertigt wird; ein Bevollmächtigter muß vielmehr seinen eigenen Namen unterschreiben und durch den Inhalt des Vertrages oder Zusatz zu seiner Unterschrift zum Ausdruck zu bringen, daß er den Vertrag Namens des Vollmachtgebers abschließe; Schriftlichkeit der Vollmacht ist nicht erforderlich. (§ 167 Abs. 2). Wird statt der Namensunterschrift nur ein Handzeichen unterfertigt, so muß die gerichtliche oder notarielle Beglaubigung des Handzeichens hinzutreten; alsdann ist der Form genügt, ohne Rücksicht darauf, ob der das Handzeichen Fertigende auch wirklich schreibens- bezw. lesensunkundig war.[3]) So lange die Vertragsurkunde nur eine Unterschrift trägt, ist der Form nicht genügt, selbst wenn sich z. B. die vom Miether unterschriebene Urkunde im Besitze des Vermiethers befindet. In diesem Falle ist allerdings der Besitzer der Urkunde in der glücklichen Lage, durch Nachholung seiner Unterschrift den Vertrag bindend zu machen; so lange dies aber nicht geschehen, ist der Vertrag nur insoweit bindend, als es der mündliche sein würde (also höchstens auf ein Jahr). Erklärt also der andere Theil dem Besitzer der Urkunde, bevor dieser seine Unterschrift zugefügt hat, daß er den Vertrag widerrufe, so kann jetzt der Besitzer den Vertrag nicht mehr durch Nachholung seiner Unterschrift über ein Jahr hinaus bindend machen; denn die einseitig unterschriebene

---

[3]) Wenn eine Partei vor Gericht oder Notar eine Unterschrift als von ihr vollzogen anerkennt, während sie in Wirklichkeit die Unterschrift nicht eigenhändig gefertigt hat, sondern durch einen andern hat fertigen lassen, so ist der Form nach § 126 nicht genügt, auch wenn die formell richtige Beglaubigung „auf Grund Anerkennung" hinzukommt. So auch Schneider Anmerkung 3 zu § 183 des Gesetzes über die Angelegenheiten der freiw. Gerichtsbarkeit.

Es giebt also nicht einmal die formell richtige Unterschriftsbeglaubigung der Gegenpartei unter allen Umständen die Garantie dafür, daß der schriftlichen Form genügt ist, zumal künftig im Beglaubigungsvermerk nicht angegeben zu werden braucht, ob die Beglaubigung auf Grund Vollziehung vor Gericht oder Notar oder auf Grund Anerkennung erfolge.

Urkunde hat nur die Bedeutung einer Offerte, welche nach § 147 unter Anwesenden vor der Annahme, die hier schriftlich erfolgen muß, widerrufen werden kann.[4])

Nicht genügt ist der schriftlichen Form durch Briefwechsel, auch wenn die beiderseitigen das Vertragsverhältniß voll ergebenden Briefe eigenhändig unterschrieben sind[5]) (§ 127). Es müssen vielmehr, wenn beide Unterschriften nicht auf einer Urkunde stehen, zwei gleichlautende Exemplare ausgefertigt werden, von denen jede Partei das für die ander Partei bestimmte Exemplar zu unterschreiben hat. (§ 126 Abs. 2).

§ 4.

Geltung des schriftlichen Miethvertrages.

1. Wenn die Parteien mündlich den Miethvertrag abschließen, ohne die schrifttiche Beurkundung zu verabreden, so kann hinterher keine Partei die schriftliche Beurkundung verlangen.

2. Wirkung der Verabredung schriftlicher Beurkundung. Anders liegt der Fall, wenn die Parteien schon bei den mündlichen Vertragsverhandlungen die schriftliche Beurkundung verabreden. Nach § 154 Abs. 2 ist dann im Zweifel der Vertrag nicht geschlossen, bis die Beurkundung erfolgt ist. Zur richtigen Auslegung des § 154 Abs. 2 sind im Auge zu behalten die Worte:

a. „im Zweifel“. Der Vertrag ist also auch bei Ausbleiben der verabredeten Schriftlichkeit dann bindend, wenn aus den Erklärungen oder sonstigen Umständen ersichtlich ist, daß Parteien auch schon vor der Beurkundung gebunden sein wollten;

b. „Des beabsichtigten Vertrages“. Der Zweifel hinsichtlich der Gebundenheit tritt also nicht ein, wenn nach fertigem Abschluß erst die Schriftlichkeit verabredet wird;[1])

c. „verabredet wird.“ Die Vermuthung der Nichtgebundenheit greift also nicht Platz, wenn nur **eine** Partei bei den Vertragsverhandlungen die schriftliche Beurkundung verlangt hat, ohne daß die andere Partei ihr Einverständniß damit erklärt hat.

3. Einfluß der Antretung der Miethe. Häufig liegt der Fall so, daß die Parteien zwar schriftliche Beurkundung verabreden, letztere sich aber hinauszögert, bis der Miether schon eingezogen ist, und dann vom Miether abgelehnt wird. Wenn in solchem Fall der Vermiether die Exmission verlangt, unter Berufung darauf, daß der Vertrag wegen Mangels der verabredeten Schriftlichkeit nicht zu Stande gekommen sei, so wird er hiermit wohl selten Erfolg haben;

---

[4]) Ist das unterschriebene Vertragsexemplar der abwesenden Gegenpartei zugesandt, so richtet sich die Gebundenheit nach § 147 Abs. 2.

[5]) Vergl. Denkschrift zum Entwurf, erstes Buch V 2.

[1]) So auch Planck zu § 154.

denn aus der Thatsache, daß der Vermiether den Miether einziehen ließ, wird meistens zu folgern sein, daß die Parteien den Vertrag auch vor der schriftlichen Beurkundung als geschlossen betrachten.[2])

Nach allem diesem ist dem Hausbesitzer, der auf schriftlichen Miethvertrag Werth legt, zu empfehlen, sofort im Anschluß an die mündlichen Verhandlungen den schriftlichen Vertrag zur Vollziehung zu bringen.

4. Geltung aller Bestimmungen des schriftlichen Vertrages. Die Geltung des beiderseits unterschriebenen schriftlichen Miethvertrages erstreckt sich auf den ganzen Inhalt des unterschriebenen Schriftstücks[3]); kraft der Unterschriften gilt nach § 416 der Civilprozeßordnung für erwiesen, daß alle in der Vertragsurkunde enthaltenen Erklärungen von den Unterschreibenden abgegeben sind. Diese Beweisregel kann nur durch den Nachweis, daß die Urkunde gefälscht sei, d. h. daß nach der Unterschrift Abänderungen oder Durchstreichungen vorgenommen, oder die Urkunde nach der Unterschrift vertragswidrig ausgefüllt sei, entkräftet werden. Daraus, daß, abgesehen von dem Falle der Fälschung die über der Unterschrift stehenden Erklärungen unwiderleglich als vom Unterschreibenden abgegeben gelten, folgt weiter, daß der Inhalt der schriftlichen Vertragsurkunde noch nicht durch den Nachweis entkräftet wird: Der betr. Inhalt sei nicht Gegenstand der mündlichen Besprechung gewesen, oder es sei mündlich etwas anderes besprochen; denn die letzte Willenserklärung der Vertragschließenden liegt eben in dem schriftlichen Vertrage vor, so daß bei Abweichungen von der vorhergehenden Besprechung immer noch die Annahme möglich bleibt, daß die Parteien im letzten Augenblick bei der Unterschrift anderen Sinnes entsprechend dem Niedergeschriebenen geworden seien. Um daher Bestimmungen des schriftlichen oder vorgedruckten Miethvertrages einseitig als nicht geltend hinzustellen, ist der Nachweis erforderlich, daß bei Vollziehung des Vertrages nach dem beiderseitigen Willen die betr. schriftliche Bestimmung nicht habe gelten sollen. Beispiele: Der Miether vereinbart mit dem Vermiether, daß ihm die Untervermiethung gestattet sein solle; versehentlich bleibt im Vertragsformular der die Untermiethe verbietende Passus stehen; Vermiether erklärt dem Miether, als dieser vor Unterschrift die Räumungsklausel bei nicht pünktlicher Miethzahlung beanstandet: er werde von dieser Bestimmung keinen Gebrauch machen.

---

[2]) M I S. 183.

[3]) Bestimmungen des Miethvertragformulars, welche mißbräuchlich eine Partei z. B. den Miether über Gebühr belasten, kann nach Ermessen des Gerichts als gegen die guten Sitten verstoßend die Gültigkeit nach § 138 versagt werden. So auch Kuhlenbeck Vorbemerkung zu § 535. Ferner können übermäßig hohe Vertragsstrafen nach § 343 auf Antrag ermäßigt werden.

5. Geltung mündlicher Abmachungen neben dem schriftlichen Vertrage. Mündliche Abmachungen, welche vor oder bei Abschluß des schriftlichen Vertrages getroffen werden, ohne mit dessen Inhalt in Widerspruch zu stehen, bleiben dann in Kraft, wenn ersichtlich ist, daß sie nicht durch den schriftlichen Vertrag haben aufgehoben werden sollen; z. B. Vermiether verspricht dem Miether die Herstellung einer Badeeinrichtnng u. s. w. im schriftlichen Vertrage wird solches nicht erwähnt.

Mündliche Abmachungen, welche nach Abschluß des schriftlichen Vertrages erfolgen, sind auch dann gültig, wenn sie mit dem schriftlichen Vertrage in Widerspruch stehen. Denn aus dem Grundsatz der Formlosigkeit der Verträge folgt, daß auch schriftliche Verträge durch mündliche aufgehoben werden können. Haben die Parteien im schriftlichen Miethvertrage vereinbart, daß Abänderungen nur schriftlich sollen erfolgen können, so sind mündliche Abmachungen nach § 125 Satz 2 im Zweifel als nichtig anzusehen; sie gelten aber dann trotz mangelnder Schriftlichkeit, wenn die Parteien sich einig darüber sind, daß jene Klausel für ihre mündliche Abmachung nicht in Anwendung treten und letztere ohne Schriftlichkeit bindend sein solle.[4]) Uebrigens sind hinsichtlich der vereinbarten Schriftform die strengen Vorschriften des § 126 durch den § 127 dahin abgemildert, daß im Zweifel auch telegraphische Uebermittelung und bei einem Vertrage Briefform genügen soll; es ist nicht die eigenhändige Unterschrift des Briefes oder des Telegrammes erforderlich; es genügt, daß die Absendung derselben im Auftrage derjenigen, dessen Erklärungen darin enthalten sind, erfolgt ist.

6. Auslegung unklarer Verträge. Ist der Inhalt des schriftlichen Vertrages unvollständig, z. B. weil einzelne Stellen im Formular nicht ausgefüllt sind, oder ist der Inhalt unklar, oder sich widersprechend (z. B. an einer Stelle steht, die Miethe sei monatlich zahlbar, eine andere Stelle lautet: vierteljährlich zahlbar) so gilt die Auslegungsregel des § 133:

§ 133. Bei der Auslegung einer Willenserklärung ist der wirkliche Wille zu erforschen und nicht an dem buchstäblichen Sinne des Ausdrucks zu haften.

Sind zwei unterschriebene Vertragsexemplare nicht gleichlautend, so heben die widersprechenden Bestimmungen sich gegenseitig auf. Soweit bei Unklarheiten oder Widersprüchen der wirkliche Vertragswille nicht ermittelt werden kann, treten die gesetzlichen Normativbestimmungen in Anwendung.

7. Stempelkosten. Die Stempelkosten des schriftlichen Vertrages trägt, wenn nichts vereinbart ist, jede Partei zur Hälfte.[5])

§ 5.

Gültigkeit der Hausordnungen.

Da die Rechte und Pflichten des Miethers sich nach dem Inhalte des Vertrages richten, so sind die vom Vermiether aufgestellten

---

[4]) M. I. S. 183.

[5]) Vergl. P. II. 100 IV.

Hausordnungen grundsätzlich nur dann für den Miether bindend, wenn solches vereinbart ist, wenn also der Miether sich der ihm fertig vorgelegten Hausordnung bei oder nach Abschluß des Miethvertrages unterwirft. Enthält der Miethvertrag nur die Bestimmung, daß der Miether sich der künftig vom Vermiether zu erlassenden Hausordnung unterwerfe, so hat dieses Abkommen nur die Wirkung, daß der Vermiether nach billigem Ermessen über die Punkte, die nach Ortssitte durch Hausordnungen geregelt werden, einseitig Vorschriften erlassen kann (§ 315), also nicht solche, welche das Benutzungsrecht des Miethers über Gebühr einschränken. Aber auch wenn über Hausordnungen vertraglich nichts abgemacht ist, wird in Gebäuden, in denen mehrere Miether wohnen und Hausordnungen üblich sind, die einseitig vom Vermiether erlassene Hausordnung insoweit für bindend zu erachten sein, als sie im wohlverstandenen Interesse der Miether liegt, namentlich die Vermeidung gegenseitiger Störungen, die Reihenfolge und Art der Benutzung der gemeinsamen Räume (z. B. Waschküche, Trockenboden 2c.) regelt.[1]) Dies rechtfertigt sich aus der Vorschrift des § 242, nach welcher der Schuldner (hier der Vermiether) die Leistung so zu bewirken hat, wie Treu und Glauben mit Rücksicht auf die Verkehrssitte es erfordern.

§ 6.

Die Personen beim Miethvertrage; deren Geschäftsfähigkeit und Verfügungsrecht.

I. Geschäftsfähigkeit.

Wie bei jedem anderen Vertrage ist auch zur Gültigkeit des Miethvertrages die Geschäftsfähigkeit der Vertragschließenden erforderlich. Es sollen hier nur die praktisch wichtigsten Fälle der Geschäftsunfähigkeit erörtert werden, nämlich die Frage, ob und inwieweit Minderjährige und Ehefrauen geschäftsunfähig sind.

1. Miethverträge Minderjähriger. Minderjährige d. h. Personen, welche das 21. Lebensjahr noch nicht vollendet haben, bedürfen zum Abschluß von Miethverträgen der Genehmigung des gesetzlichen Vertreters (des Inhabers der elterlichen Gewalt bezw. des Vormundes, § 108 fg). Wird ein Miethvertrag von einem Minderjährigen, sei es als Miether oder Vermiether, des Inhalts abgeschlossen, daß er länger als ein Jahr über das vollendete 21. Lebensjahr hinaus dauern soll, so muß auch das Vormundschaftsgericht den Vertrag genehmigen (§ 1822 Nr. 5), andernfalls ist der Miethvertrag seinem ganzen Inhalte nach, nicht nur hinsichtlich der Dauer über das 21. Lebensjahr hinaus, nichtig. Miethverträge Minderjähriger kommen praktisch am häufigsten da vor, wo der Minderjährige außerhalb des elterlichen Hauses sich zu seiner Ausbildung aufhält (z. B. Studenten, Einjährig-Freiwillige u. s. w.) Wenn in solchem Falle ein Minderjähriger eine Wohnung miethet, so bedarf der Mieth-

[1]) So auch Wengler S. 47 für das frühere sächsische Recht.

vertrag zur Gültigkeit stets noch der Genehmigung des gesetzlichen Vertreters, selbst dann, wenn die Wohnungsmiethe für die vom gesetzlichen Vertreter gebilligten Zwecke, z. B. der Ausbildung u. s. w., erforderlich ist. Der Minderjährige kann also, so lange die Genehmigung fehlt, nicht mit Erfolg auf Zahlung des Miethzinses belangt werden, selbst wenn er die Wohnung benutzt hat; grundsätzlich kann sogar der vom Minderjährigen gezahlte Miethzins von dessen Vertreter wegen Ungültigkeit des Miethvertrages zurückgefordert werden. Diese Rückforderung ist indeß nach § 110 für den Fall ausgeschlossen, wenn der Minderjährige die Berichtigung des Miethzinses aus Mitteln bewirkt hat, welche ihm zu diesem Zwecke oder zu freier Verfügung von dem Vertreter oder mit dessen Zustimmung von einem Dritten überlassen worden sind. Bei Vermiethung an Minderjährige ist daher dem Hauswirth zu empfehlen, sich entweder den Miethzins im Voraus zahlen zu lassen oder die Genehmigung des gesetzlichen Vertreters einzuholen. Eine andere Frage ist, ob nicht der um den Miethzins geprellte Hauswirth gegen den Minderjährigen einen Schadensersatzanspruch erlangt, was z. B. dann der Fall ist, wenn der Minderjährige in betrüglicher Absicht auf Entziehung des Miethzinses ausgegangen ist; ferner kann unter Umständen derjenige, der zum Unterhalt des Minderjährigen verpflichtet ist, z. B der Vater oder die Mutter von dem Hauswirth wegen rechtloser Bereicherung belangt werden, nämlich dann, wenn durch die Miethung dem Unterhaltspflichtigen eine Aufwendung erspart ist, welche er sonst Kraft seiner Unterhaltspflicht hätte machen müssen. (§ 812 fg) [1])

Nur in einem Falle, nämlich dann, wenn der gesetzliche Vertreter mit Genehmigung des Vormundschaftsgerichts den Minderjährigen zum selbständigen Betriebe eines Erwerbsgeschäfts ermächtigt, ist der Minderjährige für solche Rechtsgeschäfte, welche der Geschäftsbetrieb mit sich bringt, unbeschränkt geschäftsfähig (§ 112). In solchem Falle kann z. B. der Minderjährige selbstständig einen Laden und sonstige Geschäftsräume, auch die für den Geschäftsbetrieb erforderliche Wohnung miethen.

2. Miethverträge der Ehefrauen. Ehefrauen sind nach dem B. G. B. vollkommen geschäftsfähig (§ 1399). Miethverträge, welche sie für sich abschließen, sind daher auch ohne Genehmigung des Ehemannes bindend. Doch gilt der fernere Satz, daß Verträge, welche die Ehefrau abschließt, in Ansehung des der Nutznießung des Ehemannes unterliegenden Frauenvermögens nur dann wirksam sind, wenn der Ehemann sie genehmigt (§ 1399 Abs. 2). Hieraus ergiebt sich folgender Rechtszustand:

a. Wenn die Ehefrau als Miethérin für sich eine Wohnung ohne Genehmigung des Ehemannes miethet, so ist der Miethvertrag

---

[1]) Keine Anwendung finden die Grundsätze über Geschäftsführung ohne Auftrag § 677 fg, weil der Wille des Vermiethers, Geschäfte des Unterhaltspflichtigen zu besorgen, fehlt.

zwar bindend, der Vermiether kann auch den Miethzins und sonstige Forderungen aus dem Miethverhältniß gegen die Ehefrau einklagen, indeß das erwirkte Urtheil nur in das Vorbehaltsgut der Ehefrau (§ 1366 fg), nicht in das der Nutznießung des Ehemannes unterliegende Vermögen der Frau vollstrecken lassen. Die Ehefrau kann ihrerseits die Rechte aus dem Miethvertrage selbständig unbeschränkt geltend machen.

b. Schließt die Ehefrau als Vermietherin ohne Genehmigung des Ehemannes einen Miethvertrag ab, so ist derselbe gleichfalls für beide Vertragschließende bindend. Der Ehemann kann indeß, wenn das vermiethete Hausgrundstück zu dem eingebrachten seiner Nutznießung unterliegenden Vermögen der Frau gehört — was normaler Weise der Fall (§§ 1363, 1432) — die Erfüllung des Miethvertrages, also die Ueberlassung des Miethgebrauchs, ablehnen, und wenn die Ueberlassung ohne sein Wissen erfolgt sein sollte, den Miether exmittiren. Die Ehefrau als Vermietherin ist in solchem Falle dem Miether schadensersatzpflichtig; der Anspruch ist indeß nur in ihr vorbehaltenes Vermögen vollstreckbar. Nur in folgenden Fällen kann die Ehefrau unbeschränkt auch hinsichtlich der Erfüllung und Vollstreckbarkeit Miethverträge ohne Genehmigung des Ehemannes abschließen:

a. Wenn der Mann durch Krankheit oder Abwesenheit an der Abgabe einer Erklärung verhindert und mit dem Aufschube Gefahr verbunden ist (§ 1401);

b. wenn der Mann der Frau die Einwilligung zum selbstständigen Betriebe eines Erwerbsgeschäfts ertheilt hat und der Geschäftsbetrieb den Abschluß des Miethvertrages mit sich bringt. (§ 1465).

3. Vertretungsbefugniß der Ehefrauen nur bei besonderer Vollmacht. Von einem ganz anderen Gesichtspunkte aus sind diejenigen Miethverträge zu beurtheilen, welche eine Ehefrau nicht für sich, sondern für den Ehemann abschließt. Die Gültigkeit solcher Verträge hängt lediglich davon ab, ob der Ehemann die Ehefrau zu dem Abschluß bevollmächtigt hatte oder ihn nachträglich genehmigt. (§ 177.) Gesetzlich ist der Ehefrau eine derartige Ermächtigung nicht beigelegt; sie liegt namentlich nicht in der sogenannten Schlüsselgewalt, welche in § 1357 näher festgesetzt ist. Wer also mit einer Ehefrau in Miethangelegenheiten, die den Ehemann angehen, verhandelt, möge sich immer über die ehemännliche Genehmigung vergewissern. Der Weg hierfür ist durch § 177 fg. vorgezeichnet.

II. Das Verfügungsrecht über die Miethsache.

1. Gültigkeit unabhängig vom Verfügungsrecht. Da der Miethvertrag als obligatorischer Vertrag für den Vermiether nur die persönliche Verbindlichkeit zur Gewährung des Miethgebrauches erzeugt, so wird der Miethvertrag dadurch nicht ungültig, daß der Vermiether ein Verfügungsrecht über die Miethsache nicht hat; in solchem Falle hat Vermiether die Pflicht übernommen, die in dem mangelnden Verfügungsrecht liegenden Hindernisse zu überwinden. Wenn dann der Miether trotzdem die Naturalerfüllung, d. h. die Ueberlassung des Miethgebrauchs nicht erlangen kann, so haftet Vermiether auf Schadensersatz. Hierher gehören z. B. auch die Untermiethverträge, welche der Hauptmiether ohne Erlaubniß des Vermiethers abschließt, ferner die Vermiethungen, welche jemand abschließt in dem irrthümlichen Glauben, er sei oder werde demnächst Eigenthümer des Grundstücks, sowie die Vermiethungen der Ehefrau hinsichtlich der der ehemännlichen Nutznießung unterliegenden Grundstücke; ferner gehört hierher der Fall, daß über die Wohnung für die gleiche Zeit kollidirende Miethverträge mit verschiedenen Personen abgeschlossen werden.

2. Erzwingbarkeit der Naturalerfüllung. Für den Miether ist es natürlich von großem Interesse, ob er von seinem Vermiether die Erfüllung in natura erzwingen kann oder auf einen Schadenersatzanspruch angewiesen ist. In dem Sinne, daß Naturalerfüllung erzwungen werden kann, sind verfügungsberechtigt über das Grundstück außer dem Eigenthümer der Nießbraucher (§ 1056), der Ehemann hinsichtlich des eingebrachten Frauenvermögens (§ 1423), der Vater hinsichtlich des Vermögens der minderjährigen Kinder (§ 1663) und der Vorerbe hinsichtlich der Nachlaßgrundstücke (§ 2135). Indeß ist in allen diesen Fällen die Dauer der Miethverträge von der Dauer des Rechts des Vermiethers abhängig. (Vergl. § 41 dieser Schrift.)

Hat der Vermiether kollidirende Miethverträge abgeschlossen z. B. in dem irrthümlichen Glauben, daß der bestehende Miethvertrag bis zum Beginn des anderen ablaufen werde, so hat derjenige Miether den Vorrang in Bezug auf Naturalerfüllung, der thatsächlich den Miethbesitz erlangt hat. Der nichtbesitzende Miether ist auf einen Schadenersatzanspruch gegen den Vermiether wegen Nichterfüllung beschränkt. Er kann auch die Klage zunächst auf Ueberlassung der gemietheten Räume richten und nach Erwirkung eines diesbezüglichen rechtskräftigen Urtheils gemäß § 283 eine Frist zur Ueberlassung bestimmen und bei fruchtlosem Ablauf Schadenersatz wegen Nichterfüllung verlangen. Weiter stehen ihm die Wege nach § 326 (Rücktritt und Schadenersatz wegen Verzugs) und nach § 542 (Kündigung der Miethe) offen. (Vergl. § 14 dieser Schrift.) Gegen den besitzenden Miether hat er keinen Anspruch, namentlich nicht Anspruch auf Räumung, selbst dann nicht, wenn dieser später als er und in Kenntniß des bestehenden Miethvertrages miethete.

3. Sicherung des Anspruchs auf miethweise Ueberlassung. Gegen die Möglichkeit, daß der Vermiether sich durch miethweise Ueberlassung der vermietheten Räume an einen Dritten zur Naturalerfüllung außer Stand setzt, kann sich der Miether vor Antretung der Miethe nur durch Erwirkung einer einstweiligen gerichtlichen Verfügung sichern. Zu diesem Zwecke ist außer dem Abschluß des Miethvertrages glaubhaft zu machen, daß der Anspruch auf Ueberlassung der Miethräume gefährdet sei, insbesondere also der Vermiether damit umgeht, den Anspruch durch miethweise Ueberlassung an einen Dritten zu vereiteln. (§ 935 C. P. O.) Welche Maßregeln das Gericht zur Sicherung des Ueberlassungsanspruchs anzuordnen hat, ist Sache des gerichtlichen Ermessers im Einzelfall. In der Regel wird die Sicherung des Anspruchs nur durch Bestellung eines Sequesters, der den Besitz bis zum Antritt der Miethe auszuüben hat, zu ermöglichen sein. [2]) Letztere Maßregel ist indeß insoweit ausgeschlossen, als sie mit dem Miethrecht eines anderen besitzenden Miethers kollidirt.

Zweiter Abschnitt.

Pflichten des Vermiethers.

§ 7.

Einfluß nachträglicher Vermögensverschlechterung des Miethers.

1. Anwendbarkeit des Schutzes gegen Vermögensverschlechterung nach § 321. Von besonderer Wichtigkeit für den Schutz des Vermiethers gegen insolvent werdende Miether ist die für gegenseitige Verträge allgemein geltende Vorschrift des § 321:

§ 321. Wer aus einem gegenseitigen Vertrage vorzuleisten verpflichtet ist, kann, wenn nach dem Abschlusse des Vertrags in den Vermögensverhältnissen des anderen Theiles eine wesentliche Verschlechterung eintritt, durch die der Anspruch auf die Gegenleistung gefährdet wird, die ihm obliegende Leistung verweigern, bis die Gegenleistung bewirkt oder Sicherheit für sie geleistet wird.

Auf die Vorschrift kann sich der Vermiether berufen, weil er nach § 551 vorzuleisten verpflichtet ist. Die Vorleistungspflicht wird auch ihrem Wesen nach nicht dadurch geändert, daß Parteien Vorausbezahlung des Miethzinses vereinbaren; hierdurch wird nur der Zeitpunkt der Miethzinszahlung verlegt, das Abhängigkeitsverhältniß zwischen Leistung und Gegenleistung bleibt unberührt. [1])

2. Voraussetzung der Anwendung. Voraussetzung der dem Vermiether nach § 321 zustehenden Erfüllungsverweigerung ist, daß nach Abschluß die Vermögensverschlechterung des Miethers eintritt. (Z. B. Miether wird nach Abschluß des Miethvertrages

---

[2]) Borcherdt Miethrecht § 45 Seite 111 will dem Miether das Recht einräumen, den Anspruch auf Ueberlassung nach § 883 durch Eintragung einer Vormerkung ins Grundbuch zu sichern. Dies ist offenbar unrichtig, weil § 883 sich nur auf obligatorische Ansprüche, die auf Einräumung dinglicher Rechte gerichtet sind, bezieht; das Miethrecht ist aber kein dingliches eintragungsfähiges Recht.

[1]) Entscheidung des Reichsgerichts Bd. 20 S. 286.

völlig ausgepfändet, oder er veräußert sein ganzes Mobiliar ohne sonstiges Vermögen zu besitzen.) Lagen die ungünstigen Verhältnisse des Miethers schon bei Abschluß des Vertrages vor, so tritt das Recht aus § 321 nicht ein, selbst wenn sie dem Vermiether unbekannt waren. Unter Umständen, nämlich dann, wenn der Miether ihn durch arglistige Täuschung über seine Verhältnisse zum Abschluß veranlaßte, kann der Vermiether den Vertrag wegen Betrugs anfechten. (§ 123.)

3. Inhalt des Rechts aus § 321. Die Vorschrift des § 321 giebt dem Vermiether unter den erwähnten Voraussetzungen noch kein Rücktrittsrecht, sondern nur das Recht, die Ueberlassung bis zur Zahlung oder Sicherstellung [2]) des Miethzinses zu verweigern; unter diesem Miethzinse ist der Miethzins für die ganze Vertragsdauer zu verstehen. [3]) Der Miether gewinnt also infolge der Vorenthaltung kein Kündigungsrecht nach § 542.

Ist die Miethe einmal vom Miether ohne die Zahlung bezw. Sicherstellung angetreten, so werden die Rechte des Vermiethers aus § 321 hinfällig; er kann nicht den Miether exmittiren, sondern nur den Miethzins bei Fälligkeit einklagen.

Wenn der Vermiether von dem Weigerungsrecht des § 321 Gebrauch macht und der Miether seinerseits die Zahlung bezw. Sicherstellung nicht leistet, so kann der Vermiether vom Vertrage nach Maßgabe des § 326 dadurch freikommen, daß er, nachdem Miether eine ihm gesetzte Frist zur Zahlung bezw. Sicherstellung fruchtlos hat verstreichen lassen, seinen Rücktritt vom Vertrage erklärt. [4])

§ 8.

Pflicht des Vermiethers zur Gewährung des Miethgebrauches.

Im Gegensatz zu dem Kaufvertrage, bei welchem sich die Verpflichtung des Verkäufers in einer einmaligen Leistung oder in einzelnen Leistungen erschöpft, erstreckt sich beim Miethvertrage die Verpflichtung des Vermiethers auf die ganze Dauer der Miethzeit.

---

[2]) Die Sicherheit ist gemäß § 232 fg. zu leisten.

[3]) So auch Borcherdt S. 36.

[4]) Der § 326 lautet: Ist bei einem gegenseitigen Vertrage der eine Theil mit der ihm obliegenden Leistung im Verzuge, so kann ihm der andere Theil zur Bewirkung der Leistung eine angemessene Frist mit der Erklärung bestimmen, daß er die Annahme der Leistung nach dem Ablaufe der Frist ablehne. Nach dem Ablaufe der Frist ist er berechtigt, Schadensersatz wegen Nichterfüllung zu verlangen oder von dem Vertrage zurückzutreten, wenn nicht die Leistung rechtzeitig erfolgt ist; der Anspruch auf Erfüllung ist ausgeschlossen. Wird die Leistung bis zum Ablaufe der Frist theilweise nicht bewirkt, so findet die Vorschrift des § 325 Abs. 1 Satz 2 entsprechende Anwendung.

Hat die Erfüllung des Vertrags infolge des Verzugs für den anderen Theil kein Interesse, so stehen ihm die im Abs. 1 bezeichneten Rechte zu, ohne daß es der Bestimmung einer Frist bedarf.

Der § 536 bestimmt:

§ 536. Der Vermiether hat die vermiethete Sache dem Miether in einem zu dem vertragsmäßigen Gebrauch geeigneten Zustande zu überlassen und sie während der Miethzeit in diesem Zustande zu erhalten.

I. Die Ueberlassungspflicht des Vermiethers. Hinsichtlich der Pflicht zur Ueberlassung ist zu erörtern:

1. welche Sachen als durch den Miethvertrag vermiethet anzusehen sind,
2. was unter dem „zum vertragsmäßigen Gebrauch geeigneten Zustande" zu verstehen ist.

Zu 1. **Gegenstand der Ueberlassungspflicht.** Welche Räume bei der Wohnungsmiethe vermiethet sind, ist in erster Linie nach dem Inhalt des Miethvertrages zu entscheiden. Meistens werden bei Abschluß der Miethverträge die Räume nur im Allgemeinen bezeichnet (z. B. die Wohnung in der I. Etage „nebst Zubehör"). Es muß dann der Miether, welcher bestimmte Räume als gemiethet in Anspruch nimmt, nachweisen, daß diese beiderseits gemeint gewesen seien. War die Wohnung zur Zeit der Miethung anderweit in miethweiser Benutzung, so wird man im Zweifel als Vertragsabsicht annehmen dürfen, daß die vom Vorgänger benutzten Räume vermiethet sein sollen. Ohne ausdrückliche Bezeichnung gelten als mitvermiethet Gelasse und Vorrichtungen, deren Benutzung durch den Miether nothwendig oder nach allgemeiner Anschauung als selbstverständlich anzusehen ist, z. B. Benutzung des Abortes, der gemeinsamen Müllbehälter, des Hausflures und der Treppen. Dagegen kann die Mitbenutzung des Trockenbodens und der Waschküche, sowie des Hofes nicht ohne Weiteres als vereinbart gelten, wohl aber sich auch ohne ausdrückliche Vereinbarung aus den besonderen Umständen, insbesondere aus der Benutzung durch den Vorgänger, ergeben.

Zu 2. **Der zum vertragsmäßigen Gebrauch geeignete Zustand.** Was unter dem „zum vertragsmäßigen Gebrauch geeigneten Zustand" zu verstehen ist, muß, wenn solcher nicht ausdrücklich im Vertrage präcisirt ist, nach zwei Faktoren: nämlich nach dem Zwecke, zu welchem gemiethet wurde und nach der Beschaffenheit der Räume zur Zeit der Miethung beurtheilt werden.[1]) Entspricht die Beschaffenheit nicht dem ersichtlichen Zwecke, zu welchem gemiethet wird, so muß der Vermiether auch ohne ausdrückliche Verabredung den entsprechenden Zustand herstellen; werden z. B. Räume im Souterrain, welche bisher als Kellerräume benutzt wurden und zum Bewohnen nicht geeignet sind, als Wohnung vermiethet, so muß Vermiether die Räume entsprechend einrichten; offenbaren Mängeln an den Wohnräumen, welche die Benutzung hindern,

---

[1]) Die Motive Bd. II S. 373 betonen nachdrücklich, daß nicht die Tauglichkeit zum gewöhnlichen Gebrauch, sondern lediglich die Tauglichkeit zu dem bestimmten, aus dem Vertrage ersichtlichen Gebrauche maßgebend sei.

muß Vermiether auch ohne ausdrückliche Vereinbarung abhelfen, z. B. wenn zur Zeit der Miethung Fensterscheiben entzwei sind, Theile des Ofens fehlen, nicht alle Schlüssel, welche zum Bewohnen erforderlich, vorhanden sind, Fenster oder Thüren nicht zu schließen sind. [2]) Gehören nach der Beschaffenheit der Räume auch bewegliche Zubehörstücke zu denselben, so sind auch diese von dem Vermiether zu beschaffen, z. B. Deckel für die Senkschächte, nach Ortsgebrauch auch Behälter für Müllabfuhr, die für die Wohnung bestehenden Doppelfenster, Jalousien, Bodenleiter u. s. w. Wenn sich zur Zeit des Vertragsabschlusses in der Wohnung Gegenstände befinden, welche der Miether nach Beschaffenheit und Gebrauch als zur Wohnung gehörig halten mußte und auch hielt, z. B. Gaskocher, Doppelfenster, Oefen, Badeeinrichtung ꝛc., während sie in Wirklichkeit nicht dazu gehören, z. B. von einem Dritten zum persönlichen Gebrauch angeschafft sind, so muß der Vermiether den Miether hierauf aufmerksam machen; andernfalls gelten die Vorrichtungen als zum vertragsmäßig brauchbaren Zustand gehörig und sind vom Vermiether zu beschaffen.[3]) Während auf der einen Seite der Zweck des Miethgebrauchs erkennen läßt, in welchem Zustande der Miether die Räume überlassen verlangen kann, giebt auf der anderen Seite die Beschaffenheit der Räume zur Zeit der Miethung hierzu wieder das nöthige Gegengewicht; daher kann, wer Kellerräume, die ihm als feucht bekannt sind, als Wohnung miethet, nicht die Beschaffung trockener Wohnräume verlangen, wer eine Wohnung in einer Gegend miethet, welche Belästigungen durch Fabrikrauch, Lärm ꝛc. bekanntermaßen ausgesetzt ist, kann nachher nicht Abhülfe gegen derartige Belästigungen verlangen. Wer eine Wohnung in einem Neubau miethet, muß sich die mit Neubauten verbundene Feuchtigkeit gefallen lassen. [4]) Für das Maß dessen, was der Vermiether zu gewähren hat, muß auch auf die Höhe des Miethzinses Rücksicht genommen werden. Ferner gilt auch hier ganz besonders der Grundsatz, daß Vermiether die Leistung so zu bewirken hat, wie Treu und Glauben mit Rücksicht auf die Verkehrssitte es erfordern (§ 242). Dieser Satz gilt sowohl für als auch gegen den

---

[2]) Vermiether wird sich diesem Anspruche gegenüber nicht nach § 539 Satz 1 darauf berufen können, daß es sich um Mängel handele, die bereits bei Vertragsschluß vorhanden und dem Miether bekannt gewesen seien; denn Mängel im Sinne des §§ 537 fg. liegen hier nicht vor; §§ 537 fg. haben Eigenschaften im Auge, die ihrer Natur nach dauernd sind. Bei anderer Auffassung käme man zu ganz unannehmbaren Ergebnissen.

[3]) Wenn der Dritte als Eigenthümer die Sachen aus den Miethräumen fortnimmt, so findet der § 541 (Gewährleistung wegen Mängel im Recht) Anwendung. Wenn der Miether von dem Recht des Dritten nach Abschluß des Vertrages aber vor Antritt der Miethe Kenntniß erhielt, so ist zur Wahrung seiner Rechte ein Vorbehalt bei Antretung der Miethe nicht nothwendig (§ 541 und § 539 Satz 1). Vergl. im Uebrigen wegen des Rechts auf Miethzinsminderung, Kündigung, Schadensersatz §§ 11, 12, 13 und 14 dieser Schrift.

[4]) Für diese Fälle greift die Vorschrift des § 539 Platz, nach welcher der Miether aus Mängeln, die er bei Vertragsschluß kannte oder kennen mußte, keine Ansprüche herleiten kann.

Vermiether. Besonders häufig wird beim Abschluß des Miethvertrages vereinbart, daß der Vermiether an der Wohnung noch gewisse Renovirungen, oder auch Umänderungen und Neuanschaffungen zu bewirken habe. Sind diese Arbeiten derart, daß deren Vornahme noch während der Benutzung durch den Vorgänger des neuen Miethers nach Ortssitte nicht zu erwarten ist, so muß letzterer sich damit zufrieden geben, wenn mit diesen Arbeiten erst bei Beginn seiner Miethszeit begonnen wird. Dasselbe gilt von denjenigen Leistungen, welche zwar nicht ausdrücklich bedungen sind, aber erforderlich sind, um den zum vertragsmäßigen Gebrauch geeigneten Zustand herzustellen.

II. Die Erhaltungspflicht. Die weiter in § 536 ausgesprochene Pflicht zur Erhaltung der Miethsache in dem vorbeschriebenen Zustande ergiebt, daß Vermiether alle den Gebrauch beeinträchtigenden Mängel beseitigen muß, mögen sie schon zur Zeit des Vertragsschlusses vorhanden gewesen, sofern sie unbekannt und nicht wahrnehmbar für Miether waren (§ 539) oder später durch Zufall oder Einwirkungen Dritter oder vertragsmäßigen Gebrauch des Miethers eingetreten sein. Beispiele: Streichen der Fußböden, wenn die Farbe abgetreten ist, Erneuerung defekter Tapeten, Ausbesserung der Oefen, wenn dieselben schadhaft geworden, Reparatur der Schlösser, Fensterbeschläge, Fensterscheiben, Beseitigung des während der Miethzeit auftretenden vom Miether nicht eingeschleppten Ungeziefers, Instandhaltung der Wasser- und Gasleitungen, Waschkessel, Treppengeländer.

Diejenigen Schäden dagegen, welche durch Verschulden des Miethers oder der von ihm in die Wohnung aufgenommenen Personen, — § 278 — (Familie, Dienstboten) insbesondere durch vertragswidrigen Gebrauch herbeigeführt sind, muß nicht Vermiether, sondern Miether auf eigene Kosten ausbessern, z. B. Beseitigung des vom Miether und seinen Hausangehörigen eingeschleppten Ungeziefers, Ausbesserung der durch vorschriftswidriges Heizen defect gewordener Oefen. Die Ausbesserung muß auf Verlangen des Vermiethers noch während der Miethzeit erfolgen.

Bei vielen Besorgungen, welche die Benutzung der Räume mit sich bringt, kann es zweifelhaft sein, ob sie dem Vermiether kraft seiner Instandhaltungspflicht obliegen oder dem Miether als unvermeidliche Folge des Miethgebrauchs; hierher gehört namentlich die Abfuhr des Mülls, der Fäkalien, Reinigung der Senkschächte, der Schornsteine und der Oefen, Reinhaltung des Trottoirs, des Hauseinganges, Beleuchtung des Hausflurs u. s. w. Alle diese Fälle lassen sich nicht im Allgemeinen, sondern nur konkret für den Einzelfall nach den obwaltenden Umständen entscheiden; es kommt hierbei auch der Ortsgebrauch und die Art der Einrichtung in Betracht. Ferner kann auch in dem längere Zeit hindurch von dem Miether und Vermiether beobachteten Verfahren die Bekundung des entsprechenden Vertragswillens liegen. Nach allgemeinen Grundsätzen werden die Kosten der Fäkalien- und Müll-Abfuhr, wenn Vertrag oder Ortsgebrauch nichts darüber ergeben, in solchen Miethshäusern, in denen die Abfuhrtonnen oder Behälter von den mehreren Miethern gemeinsam benutzt werden, dem Vermiether zur Last fallen, weil dieser zunächst für Besorgung der Abfuhr verantwortlich ist und daher, wenn Miether ihm diese Kosten erstatten sollen, diese Verpflichtung sowie den Antheil der Einzelnen besonders zu vereinbaren hat. Das Gleiche gilt von der Reinhaltung der den mehreren Miethern gemeinsam dienenden Senkschächte, sowie der Schornsteine und Beleuchtung des gemeinsamen Hauseinganges.

In Häusern dagegen, welche für eine Wohnung eingerichtet sind und nur von einem Miether bewohnt werden, wird man es als Vertragsabsicht annehmen dürfen, daß jene Besorgungen, weil durch den Miethsgebrauch des Miethers selbst veranlaßt, dem Miether obliegen. Die Reinigung der für die einzelnen Wohnungen bestimmten Zugänge, namentlich auch der zu den Etagen führenden Treppen liegt als Folge des Gebrauchs stets den Miethern ob. Auch müssen Miether Räume und Vorrichtungen, welche sie abwechselnd mit anderen benutzen, z. B. Trockenboden, Hofraum, Waschküche, Waschkessel, nach jedesmaligem Gebrauche, soweit sie dadurch verunreinigt werden, wieder reinigen, weil dies ein Erforderniß ordnungsmäßiger Benutzung ist.

III. Umfang des Miethgebrauchs. Der Umfang des dem Miether zustehenden Miethgebrauches ist durch die vorstehend dargestellten Verpflichtungen des Vermiethers gegeben. Wie der Vermiether die Miethsache in dem zum vertragsmäßigen Gebrauch geeigneten Zustand gewähren muß, so muß der Miether seinerseits die durch den vertragsmäßigen Gebrauch gegebenen Grenzen innehalten. Daher darf der Miether keine Benutzung eintreten lassen, welche im Vergleich zu der vertraglich vorgesehenen als eine erhebliche Mehrbenutzung erscheint, namentlich eine stärkere Abnutzung der Räume oder eine erhöhte Gefahr für dieselben oder eine größere Belästigung für Vermiether oder andere Miether mit sich bringt. So darf der Miether Räume, die er als Wohnräume miethet, nicht als Werkstatt für Handwerker benutzen, wenn die Räume hierdurch mehr leiden; die Küche darf nicht als Waschküche benutzt werden; in den besseren Stuben dürfen nicht größere Mengen von Wäsche getrocknet werden; auch erscheint die Aufnahme Prostituirter oder die Duldung von Unzucht in der Miethwohnung als vertragswidriger Gebrauch; wer Räume zu einem ungefährlichen Gewerbe miethet, darf in denselben keine leicht explosiblen Stoffe herstellen und lagern. Bei Gebrauch der mit anderen gemeinsam benutzten Räume darf deren Mitbenutzungsrecht nicht beeinträchtigt werden. Daher darf der einzelne Miether nicht auf den gemeinsamen Haus- und Treppenfluren oder Hofräumen längere Zeit Sachen lagern lassen; Waschküche und Trockenboden sind in der festgesetzten Reihenfolge und Ordnung zu benutzen und in ordnungsmäßigem Zustande an den Nachfolger zu überlassen; hält ein Miether Hausthiere, so muß er dafür sorgen, daß Mitbewohner durch dieselben nicht belästigt werden; einen an der Straße vor dem Hause belegenen Ziergarten, oder einen nach der Straße belegenen Balkon darf Miether nicht durch Aufhängen von Wäsche oder Lagern nicht dahin gehöriger Gegenstände verunzieren u. s. w.

Auf der andern Seite ist dem Miether jeder Gebrauch erlaubt, der nicht über den aus dem Vertrage ersichtlichen Miethszweck hinausgeht. Der § 548 bestimmt, daß Miether Veränderungen und Verschlechterungen, die durch den vertragsmäßigen Gebrauch herbeigeführt werden, nicht zu vertreten hat. Wer z. B. daher einen Laden und sonstige Räume zum Betriebe eines Gewerbes miethet, darf in demselben auch die dazu erforderlichen gewerblichen Einrichtungen anbringen lassen und ist für Schäden, welche durch ordnungsmäßigen Betrieb des Gewerbes an den Räumen entstehen, nicht verantwortlich. Dagegen darf der Miether ohne ausdrückliche Erlaubniß keine Aenderungen an der Substanz der Wohnung vornehmen, namentlich keine baulichen Aenderungen vornehmen, selbst dann nicht, wenn die Räume dadurch gebessert werden. Einrichtungen dagegen, welche nicht als Eingriffe in die Substanz erscheinen, darf er anbringen, z. B. elektrische Hausleitung, Doppelfenster, Börte im Keller und in der Küche, Briefkasten, Schilder an der Hausthür, Aufhängen von Lampen, Bildern u. s. w.

In allen Fällen ist für die Bestimmung des dem Miether zustehenden Gebrauchsrechts und der damit korrespondirenden Verpflichtung des Vermiethers der Zweck, zu welchem gemiethet wurde, von erheblicher Bedeutung; es ist daher den Parteien zu empfehlen, namentlich in solchen Fällen, wo zu einem besonderen Zwecke, z. B. zum Betrieb eines Gewerbes gemiethet wurde, diesen Zweck im Vertrage zum Ausdruck zu bringen. Andernfalls braucht der Vermiether nur den ihm beim Vertragsabschluß bekannten oder erkennbaren Zweck des Miethgebrauchs gegen sich gelten zu lassen.

Die Folgen des vertragswidrigen Gebrauchs sind in § 21 dieser Schrift behandelt.

§ 9.

Schutz des Miethers gegen Störungen durch Dritte oder den Vermiether.

A. Aus der Pflicht der Vermiethers zur Gewährung des Miethgebrauches folgt, daß derselbe

1. den Miether gegen Störung und Entziehung des Gebrauchs durch Dritte zu schützen hat;
2. auch sich selbst Störungen zu enthalten hat.

Zu 1: **Schutz gegen Störungen durch Dritte.** Unter dem Gesichtspunkte der Störung durch Dritte sind zu betrachten die Reibereien zwischen mehreren in demselben Hause wohnenden Miethern, ferner Belästigungen des Miethers durch Lärm, Klavierspiel, Rauch und sonstige Einwirkungen von benachbarten Räumen oder Grundstücken. Es fragt sich in solchen Fällen, ob eine Beeinträchtigung des dem Miether zustehenden Gebrauchsrechtes vorliegt; wegen solcher Störungen, welche der Miether bei der Miethung als für die Wohnung normal vorhersehen konnte, oder welche die allgemeinen Verkehrsverhältnisse mit sich bringen, muß Miether sich gefallen lassen; wer z. B. in der Nachbarschaft von Fabrikgrundstücken miethet, kann nicht Abhülfe gegen die von dem Fabrikgrundstück ausgehenden Belästigungen durch Lärm und Rauch verlangen; wer eine Wohnung über einem Restaurationslokal miethet, muß die normaler Weise mit dem Wirthschaftsbetrieb verbundenen Belästigungen ertragen, nicht dagegen der Miether einer herrschaftlichen Wohnung, wenn der Betrieb erst nach der Miethung eingerichtet wurde.

Zu 2: **Unterlassung von Störungen seitens des Vermiethers.** Der Vermiether muß sich auch selbst jeder Störung des Miethgebrauchs enthalten; er darf also ohne Erlaubniß des Miethers keine baulichen Aenderungen an den vermietheten Räumen oder an den Zugängen zu denselben vornehmen, selbst wenn sie dadurch verbessert werden sollten; ebensowenig darf er Neuanlagen in der Miethwohnung, z. B. Gasleitung, Wasserleitung, electrische Hausleitungen ꝛc. gegen den Willen des Miethers ausführen lassen. Auch darf er nicht Aenderungen am Hause, z. B. Aufsetzen eines Stockwerks, Umbau einer Parterrewohnung, sofern durch die Bauarbeiten der Miethgebrauch beeinträchtigt wird, vornehmen lassen, oder durch einen Neubau dem Miether Licht und Aussicht erheblich beeinträchtigen. Anders steht es mit denjenigen Arbeiten und Verrichtungen, welche zur Instandhaltung der Miethräume nothwendig sind; diese darf der Vermiether selbst gegen den Willen des Miethers vornehmen und zu diesem Zwecke auch die Räume zu angemessener Zeit besichtigen und Handwerker schicken, allerdings unter thunlicher Vermeidung der Belästigung des Miethers; es ist dies daraus zu folgern, daß der Vermiether kraft des Miethvertrages nur den Miethgebrauch zu gewähren hat, sich also damit nicht aller weiteren Anrechte zur Miethsache begiebt. Das B. G. B. regelt nicht ausdrücklich die Frage, ob und inwieweit der Miether sich die Besichtigung der Wohnung durch Miethlustige oder den Vermiether behufs anderweiter Vermiethung gefallen lassen muß. Nach den Vorarbeiten [1]) zum B. G. B. soll diese Frage dem Ermessen des Richters im Einzelfalle überlassen bleiben. Unter Anwendung des Grundsatzes, daß Verträge so auszulegen und zu erfüllen sind, wie Treu und Glauben mit Rücksicht auf Verkehrssitte erfordern, (§§ 242, 157) wird man den Miether für verpflichtet erachten müssen, dem Vermiether, sowie den Miethsreflectanten die Besichtigung der Wohnung zu angemessener Zeit zu gestatten, sofern ein berechtigtes Interesse des Vermiethers vorliegt, wenn z. B. die Miethe gekündigt ist oder nur noch während einer der üblichen Kündigungsfrist gleichkommenden Zeit läuft. Der Vermiether kann in solchem Falle bei Weigerung des

---

[1]) P. II. Bd. 2. N. 116 V.

Miethers auf Vorzeigung der Wohnung klagen, auch Schadenersatz verlangen, wenn z. B. infolge der unberechtigten Weigerung die anderweite Vermiethung vereitelt wird. Der Vermiether ist dagegen nicht befugt, bei Weigerung des Miethers die Besichtigung der Wohnung ohne Anrufen des Gerichts im Wege der Selbsthülfe zu erzwingen; dringt er gegen das Verbot des Miethers in die Miethräume ein, so macht er sich des Hausfriedensbruchs schuldig. Auch darf der Miether den widerrechtlich eindringenden Vermiether kraft seines Besitzes, soweit nöthig, mit Gewalt hinaussetzen (§ 859), ohne sich wegen Mißhandlung strafbar zu machen. Das Vorstehende gilt auch dann, wenn der Vermiether sich im Vertrage das Recht, die Räume betreten zu dürfen, vorbehalten hat; denn dies Recht darf nicht durch Selbsthülfe, sondern nur auf Grund zu erwirkenden Urtheils ausgeübt werden, es sei denn, daß die Voraussetzungen der Selbsthülfe nach § 229 vorliegen. [2])

B. Selbständiger Besitzesschutz des Miethers. Dem Miether steht gegenüber Störungen und Entziehungen des Gebrauchs auch ein selbständiger Rechtsschutz, unabhängig vom Anrufen des Vermiethers, nämlich der Besitzesschutz gemäß § 858 fg. zu [3]). Darnach kann der Miether sich gegen verbotene Eigenmacht, d. h. Entziehung des Besitzes oder Störung im Besitze, die ohne seinen Willen geschieht, sofern nicht das Gesetz die Entziehung oder Störung gestattet, mit Gewalt wehren, namentlich auch sofort nach der Entziehung sich des Besitzes durch Entsetzung des Thäters wieder bemächtigen; statt dessen kann Miether auch bei verbotener Eigenmacht auf Wiedereinräumung des Besitzes bezw. Beseitigung der Störung gegen den Dritten klagen. Dieser Rechtsbehelfe kann sich Miether auch gegenüber dem Vermiether bedienen. Dagegen wird der Besitzesschutz stets versagen gegenüber Störungen und Entziehung des Besitzes hinsichtlich der gemeinschaftlich mit anderen benutzten Räume durch Mitbewohner. Denn der § 866 bestimmt:

§ 866. Besitzen mehrere eine Sache gemeinschaftlich, so findet in ihrem Verhältnisse zu einander ein Besitzschutz insoweit nicht statt, als es sich um die Grenzen des den Einzelnen zustehenden Gebrauchs handelt.

In solchen Fällen ist also Miether bei Beeinträchtigung seines Miethrechts lediglich auf den ihm vom Vermiether zu gewährenden Schutz angewiesen.

Der Miether ist auch in den Fällen, wo ihm die selbständigen Besitzesklagen zustehen, nicht verpflichtet, von denselben Gebrauch zu machen. Er kann sich auch lediglich an den Vermiether halten [4]);

---

[2]) Vergl. Niendorf Miethsrecht § 51 N 3 b und die dort angeführten Entscheidungen; Selbsthülfe ist nach § 224 erlaubt: „wenn obrigkeitliche Hilfe nicht rechtzeitig zu erlangen ist und ohne sofortiges Eingreifen die Gefahr besteht, daß die Verwirklichung des Anspruchs vereitelt oder wesentlich erschwert werde."

[3]) Ein dingliches Recht steht nach dem B. G. B. dem Miether nicht zu, entscheidend dürfte hierfür sein, daß das Miethrecht keiner Eintragung ins Grundbuch fähig ist; daraus allein, daß die angetretene Miethe auch von dem Erwerber der Miethsache auszuhalten ist, (§ 571 fg.) kann Dinglichkeit nicht gefolgert werden. Vergl. P. II. S. 170.

[4]) M. II. S. 371.

letzterer ist verpflichtet, Abhülfe zu schaffen und kann zu diesem Zwecke gegen den Dritten Störenden auf Beseitigung der Beeinträchtigung des Miethgebrauchs und Unterlassung klagen.

C. **Der sogenannte petitorische Schutz des Miethers gegen Eingriffe Dritter.** Beruht der das Miethrecht beeinträchtigende Eingriff des Dritten auf einem diesem am Grundstück zustehenden Rechte, das schon vor Antritt der Miethe bestand, so geht das Recht des Dritten dem Miethrecht vor. (z. B. der Dritte hat eine vor Antritt der Miethe ins Grundbuch eingetragene Einfahrtsgerechtigkeit an dem Miethgrundstück.) Der Miether kann daher nicht gegen den Dritten auf Unterlassung der Ausübung des Rechts klagen, sondern nur gegen den Vermiether, wenn dieser nicht die Beeinträchtigungen beseitigt, die ihm bei Unmöglichkeit der Erfüllung zustehenden Rechte (event. Rücktritt, Schadenersatz) geltend machen. Ist das Recht des Dritten erst nach Antritt der Miethe entstanden, so steht es dem Rechte des Miethers nach; letzterer kann daher direkt gegen den Dritten auf Unterlassung der Ausübung des Rechtes klagen. (§ 577.) Daneben haftet der Vermiether für allen Schaden, der dem Miether aus der Gebrauchsbeeinträchtigung erwächst, sofern er nicht Abhülfe schafft (§ 541).

Bei unbefugter Wegnahme beweglicher Sachen, welche dem Miethgebrauche unterliegen, z. B. Schlüssel, Fenstervorsätze, Jalousien, kann der Miether gemäß § 1007 auf Rückgabe der Sachen kraft seines besseren Rechts auf den Besitz klagen.

Bei widerrechtlichen Beschädigungen der Miethssache (z. B. es werden Fenster der Miethwohnung eingeworfen) steht dem Miether nach § 823 nur dann ein Schadenersatzanspruch gegen den Dritten zu, wenn er dadurch unmittelbar geschädigt, ist z. B. nach dem Vertrage die Instandhaltung der zertrümmerten Fenster übernommen hat.

§ 10.

Ansprüche des Miethers bei Nichterfüllung des Vermiethers; Allgemeines.

Wenn der Vermiether die vermietheten Räume zur festgesetzten Zeit nicht gewährt, oder wenn die überlassenen Räume sich bei oder nach Antritt der Miethe nicht im vertragsmäßigen Zustande befinden, so hat der Miether nach allgemeinen Rechtsgrundsätzen das Recht, auf Erfüllung zu klagen. [1]) Daneben ergeben sich aus den allgemeinen Vorschriften über gegenseitige Verträge (§§ 320—327) und aus den Sondervorschriften in §§ 537—543 für den Miether eine Reihe weiterer Rechtsbehelfe, nämlich:

---

[1]) Das Recht, auf Beseitigung des Mangels bezw. Beschaffung der zugesicherten Eigenschaft zu klagen, folgt aus dem Wortlaut des § 536 und aus § 538, wo von Verzug in Beseitigung des Mangels die Rede ist. Wenn die Beseitigung des Mangels unmöglich ist, so ist nur der Anspruch auf Schadensersatz sowie die Ansprüche auf §§ 537—543 gegeben.

Beim Kaufe ist, wenn eine mangelhafte Sache geliefert ist, keine Klage auf Beseitigung des Mangels gegeben. Vergl. Planck zu § 462 A. 4.

A. das Recht der Miethzinsminderung;
B. das Recht den Mangel zu beseitigen und Ersatz der Aufwendung zu verlangen;
C. das Recht zur Kündigung der Miethe;
D. der Anspruch auf Schadensersatz.

Diese Rechtsmittel sind, da sie nach Voraussetzungen und Inhalt verschieden, im Folgenden einzeln zu erörtern.

Diejenigen Pflichten, welche dem Vermiether erwachsen, wenn die vermiethete Sache Mängel hat, pflegt man unter der Bezeichnung „Pflicht zur Gewährleistung" zusammenzufassen.

§ 11.

A. Das Recht der Miethzinsminderung.

1. Voraussetzungen des Minderungsrechts. Es ist allgemeiner Grundsatz bei gegenseitigen Verträgen, daß derjenige Theil, welcher die ihm obliegende Leistung ungenügend oder überhaupt nicht bewirkt, auch den Anspruch auf die Gegenleistung entsprechend einbüßt, ohne Rücksicht darauf, ob ihm hierbei ein Verschulden zur Last fällt (§ 323). Eine Fortentwickelung dieses Grundsatzes für den Miethvertrag findet sich in § 537, welcher bestimmt:

Ist die vermiethete Sache zur Zeit der Ueberlassung an den Miether mit einem Fehler behaftet, der ihre Tauglichkeit zu dem vertragsmäßigen Gebrauch aufhebt oder mindert, oder entsteht im Laufe der Miethe ein solcher Fehler, so ist der Miether für die Zeit, während deren die Tauglichkeit aufgehoben ist, von der Entrichtung des Miethzinses befreit, für die Zeit, während deren die Tauglichkeit gemindert ist, nur zur Entrichtung eines nach §§ 472, 473 zu bemessenden Theiles des Miethzinses verpflichtet.

Das gleiche gilt, wenn eine zugesicherte Eigenschaft fehlt oder später wegfällt. Bei der Vermiethung eines Grundstücks steht die Zusicherung einer bestimmten Größe der Zusicherung einer Eigenschaft gleich.

Zur Miethzinsminderung berechtigt also nicht jeder Mangel, sondern nur ein solcher Mangel, der die Tauglichkeit zum vertragsmäßigen Gebrauch beeinträchtigt; anders ist es dagegen beim Fehlen zugesicherter Eigenschaften; hier ist der Miether zur Minderung auch dann berechtigt, wenn der Gebrauch nicht dadurch beeinträchtigt wird.[1])

[1]) P. II. 108 III. Dort heißt es: „Es sei davon auszugehen, daß eine Eigenschaft der Miethsache, die sich der Miether zusichern lasse, im Sinne des Vertrages belangreich sei, möge sie auch nach objectivem Maßstab bemessen belanglos erscheinen." Zusicherung einer Eigenschaft liegt auch dann vor, wenn der Vermiether die Abwesenheit eines Mangels zusichert, z. B. versichert, die Wohnung sei nicht feucht. Wenn der Miether sich vom Vermiether die Abwesenheit eines Mangels zusichern läßt, so hat dies für ihn folgende Vortheile:

a. er kann die Miethzinsminderung geltend machen, auch wenn der Mangel den Miethgebrauch nicht beeinträchtigt, während letzteres ohne jene Zusicherung zur Miethzinsminderung erforderlich ist. (§ 537.)
b. Grobfahrlässige Unkenntniß des Mangels schadet dem Miether nicht, während ohne jene Zusicherung das Recht auf Miethzinsminderung und Schadensersatz wegfällt. (§ 539 Satz 2.)
c. Mangelnder Vorbehalt der Ansprüche bei Antretung der Miethe ist, wenn jene Zusicherung vorliegt, unschädlich. (§ 539 Satz 2.)

Gleichgültig für das Recht der Miethzinsminderung ist es, ob der Mangel schon beim Abschluß des Miethvertrages vorlag, sofern ern ur nicht dem Miether bekannt oder erkennbar war, oder ob er sich erst später einstellte; ebenso ist gleichgültig, ob ein Verschulden des Vermiethers vorliegt, namentlich ob Vermiether selbst den Mangel kannte oder nicht; nur dann, wenn der Mangel auf Fahrlässigkeit, Vorsatz oder vertragswidrigen Gebrauch des Miethers zurückzuführen ist — was im Streitfalle der Vermiether zu beweisen hat — fällt jede Miethzinsminderung weg (§ 324). Juristische Mängel der Miethsache d. h. Mängel im Verfügungsrecht des Vermiethers, berechtigen in gleicher Weise wie physische Mängel zur Kürzung des Miethzinses, sobald durch das Recht des Dritten der vertragsmäßige Gebrau chdem Miether ganz oder zum Theil entzogen wird. (§ 541.)

2. Berechnung der Minderung. Bei der Minderung ist der Miethzins nicht darnach herabzusetzen, wie viel der allgemeine Miethwerth noch in Rücksicht auf den Mangel beträgt, sondern nach dem Verhältniß, in welchem zur Zeit des Vertragsabschlusses der Miethwerth der Räume in mangelfreiem Zustande zu dem wirklichen durch den Mangel verminderten Werth gestanden haben würde. (§ 472).

Beispiel: Ein Miether miethet eine Wohnung zum jährlichen Miethzinse von 900 Mark, und beansprucht Minderung, weil sich in einigen Stuben Wanzen zeigen. Die Sachverständigen erklären, daß der Miethwerth der Wohnung mit den Wanzen 800 Mark betrage, daß der Miethwerth indeß ohne die Wanzen 1200 Mark betragen würde; hier ist der Miethzins nicht etwa auf 800 Mark, sondern in dem Verhältniß von 1200 zu 800, also um $^1/_3$ zu ermäßigen, mithin auf 600 Mark.

Die Sachverständigen brauchen hiernach im Streitfalle den wirklich vereinbarten Miethzins gar nicht zu wissen, sondern haben nur anzugeben, wie viel der allgemeine Miethwerth mit und ohne Fehler beträgt. Die Minderung erfolgt dann nach diesem Verhältniß durch den Richter. Beim Fehlen zugesicherter Eigenschaften ist, wenn eine Beeinträchtigung des Miethgebrauchs nicht stattfindet, die Miethzinsminderung darnach zu bemessen, wie viel mit Rücksicht auf die Zwecke, zu denen der Miether sich die Eigenschaft zusichern ließ, der Gebrauchswerth ein geringerer ist.

3. Gänzliche Aufhebung der Tauglichkeit. Ist die Tauglichkeit der Wohnung durch den Mangel ganz aufgehoben, so ist der Miether für die betreffende Zeit vom Miethzinse ganz frei. Gänzliche Untauglichkeit der Wohnung mithin Befreiung vom Miethzinse kann auch dann vorliegen, wenn der Miether in der betreffenden Zeit thatsächlich noch in der Wohnung geblieben ist; denn auch in unbewohnbaren Räumen kann sich schließlich Jemand unter Verzicht auf die allergewöhnlichste Bequemlichkeit behelfen. Meistens wird allerdings der Wohnung, so lange der Miether sich in ihr aufhält, ein wenn auch geringer Miethwerth nicht abgesprochen werden können.

4. **Zurückforderung des im Voraus gezahlten Miethzinses.** Ist zur Zeit des Auftretens des Mangels der Miethzins bereits im Voraus bezahlt, so kann der entsprechende Theil zurückgefordert werden. Hat dagegen Miether in Kenntniß des Mangels den Miethzins gezahlt, so ist die Rückforderung nach § 814 ausgeschlossen; die Miethzinsminderung, also auch die Rückforderung verbleibt indeß dem Miether, wenn derselbe sich diese Ansprüche bei der Zahlung vorbehält. [2])

§ 12.

B. Das Recht der Mängelbeseitigung.

Das Recht des Miethers, den Mangel zu beseitigen und Ersatz der Aufwendung zu verlangen, ist nach § 53 an dieselben Voraussetzungen wie die Miethzinsminderung geknüpft; es bezieht sich auch auf das Fehlen einer zugesicherten Eigenschaft, sowie auf juristische Mängel. Nur ist weitere Voraussetzung der Ersatzforderung die, daß der Vermiether mit der Beseitigung des Mangels in Verzug, also vergeblich vom Miether dazu aufgefordert ist. Auch ohne Aufforderung kann indeß unter Umständen die Erstattungspflicht des Vermiethers aus dem Gesichtspunkte der Verwendungen aus § 547 eintreten. (Vergl. § 17 dieser Schrift.)

Neben dem Erstattungsanspruch verbeibt dem Miether das Recht der Miethzinsminderung für die Zeit, bis er dem Mangel abhalf.

§ 13.

C. Das Recht zur Kündigung der Miethe.

Das B. G. B. stellt im § 326 den allgemeinen Grundsatz auf, daß bei gegenseitigen Verträgen dann, wenn der eine Theil mit der ihm obliegenden Leistung in Verzug ist, der andere Theil neben anderen Rechten auch das Recht hat, nach erfolgloser Fristbestimmung vom Vertrage zurückzutreten. Dieses Rücktrittsrecht ist für den Miethvertrag für den Fall, daß Vermiether nicht oder nicht ordnungsmäßig erfüllt, als „Kündigungsrecht" geregelt und zugleich mit Rücksicht auf die besonderen Verhältnisse beim Miethvertrag einigen Abänderungen unterworfen. [1])

Die §§ 542 und 543 bestimmen:

§ 542. Wird dem Miether der vertragsmäßige Gebrauch der gemietheten Sache ganz oder zum Theil nicht rechtzeitig gewährt oder wiederentzogen, so kann der Miether ohne Einhaltung einer Kündigungsfrist das Miethverhältniß kündigen.

---

[2]) Vergl. Dernburg, Das bürgerliche Recht, Band II, § 113 Abs. 12. Ob Vermiether den unter Vorbehalt angebotenen Miethzins annehmen muß, ist bestritten. Die Frage dürfte mit Dernburg zu verneinen sein.

[1]) Im ersten Entwurf § 505 war dem Miether ein „Rücktrittsrecht" gewährt. Hierfür wurde im Entwurf II das Kündigungsrecht substituirt, um dadurch zum Ausdruck zu bringen, daß das Miethsverhältniß nur für die Zukunft erlösche. Vergl. P. II N 117.

Die Kündigung ist erst zulässig, wenn der Vermiether eine ihm von dem Miether bestimmte angemessene Frist hat verstreichen lassen, ohne Abhilfe zu schaffen. Der Bestimmung einer Frist bedarf es nicht, wenn die Erfüllung des Vertrags infolge des die Kündigung rechtfertigenden Umstandes für den Miether kein Interesse hat. Wegen einer unerheblichen Hinderung oder Vorenthaltung des Gebrauchs ist die Kündigung nur zulässig, wenn sie durch ein besonderes Interesse des Miethers gerechtfertigt wird.

Bestreitet der Vermiether die Zulässigkeit der erfolgten Kündigung, weil er den Gebrauch der Sache rechtzeitig gewährt oder vor dem Ablaufe der Frist die Abhilfe bewirkt habe, so trifft ihn die Beweislast.

§ 543. Auf das dem Miether nach § 542 zustehende Kündigungsrecht finden die Vorschriften der §§ 539 bis 541 sowie die für die Wandelung bei dem Kaufe geltenden Vorschriften der §§ 469 bis 471 entsprechende Anwendung.

Ist der Miethzins für eine spätere Zeit im voraus entrichtet, so hat ihn der Vermiether nach Maßgabe des § 347 oder, wenn die Kündigung wegen eines Umstandes erfolgt, den er nicht zu vertreten hat, nach den Vorschriften über die Herausgabe einer ungerechtfertigten Bereicherung zurückzuerstatten.

1. Voraussetzungen des Kündigungsrechts. Das Recht des Miethers nach § 542 die Miethe ohne Frist zu kündigen, tritt nicht allein bei vollständiger Nichterfüllung, sondern auch bei Mängeln der Miethsache, seien es physische oder juristische, sowie beim Fehlen zugesicherter Eigenschaften ein; es hat mit dem Rechte der Miethzinsminderung insofern gemeinsame Voraussetzungen, als es auch für dieses Kündigungsrecht gleichgültig ist, ob der Fehler bereits bei Abschluß des Miethvertrages vorhanden war (aber dem Miether unbekannt und nicht erkennbar) oder erst später aufgetreten ist, ferner auch gleichgültig ist, ob ein Verschulden des Vermiethers vorliegt, ob namentlich der Mangel dem Vermiether bekannt war. Nur insofern sind die Voraussetzungen des Kündigungsrechts — das dem sog. Wandlungsrecht beim Kaufvertrage entspricht —, andere, als letzteres nicht schon wegen jeder Beeinträchtigung des Miethgebrauchs, sondern *in der Regel*, auch wenn es sich um das Fehlen einer zugesicherten Eigenschaft handelt, nur wegen *erheblicher* Hinderung oder Vorenthaltung [2]) des Gebrauchs gegeben, *ausnahmsweise* allerdings auch bei unerheblicher Hinderung dann wenn die Kündigung durch ein besonderes Interesse des Miethers gerechtfertigt wird. Ferner muß in der Regel hinzutreten, daß der Vermiether eine ihm vom Miether bestimmte angemessene Frist zur Abhülfe unbenutzt hat verstreichen lassen. Ausnahmsweise kann nach Satz 3 des § 542 auch ohne Fristsetzung die Kündigung erfolgen, wenn sie durch ein besonderes Interesse des Miethers gerechtfertigt wird.

Ein Hauptanwendungsfall des Kündigungsrechts nach § 542 ist der, daß dem Miether die Wohnung nicht zum Antrittstermin

---

[2]) Unerhebliche Hinderung ist z. B. das zeitweilige Fehlen einzelner Schlüssel und sonstiger kleiner Zubehörungen, oder wenn beim Umziehen der Wohnung noch einzelne Reparaturen unfertig sind, oder einzelne Sachen vom Vorgänger zurückgeblieben sind.

zur Verfügung steht. Nach den Motiven Bd. II S. 420 ist es in solchem Fall „für selbstverständlich anzusehen, daß der Vertrag nur zu einer bestimmten Zeit erfüllt werden kann und seine Erfüllung zu einer anderen Zeit unmöglich ist." Hier wird also der Miether ohne Fristsetzung zur Kündigung berechtigt sein. Bei erheblicher Hinderung des Miethgebrauchs durch Mängel oder Rechte Dritter wird in der Regel Kündigung erst nach fruchtlosem Ablauf der gesetzten Abhülfefrist zulässig sein. Als Beispiele mögen erwähnt werden:

Nichtbeschaffung einer vom Vermiether bei der Miethung zugesagten Wasser- oder Gasleitung oder Badeeinrichtung oder Doppelfenster, erhebliche Belästigung des Miethers durch Lärm, Rauch oder durch Aufstellung maschineller Einrichtungen in benachbarten Räumen; Aufnahme Prostituirter durch Vermiether oder andere Miether in demselben Hause; starke Feuchtigkeit der Wohnung, anhaltendes oder doch häufig wiederkehrendes Rauchen der Oefen; Auftreten von Wanzen oder sonstigem Ungeziefer, von Mäusen und Ratten in erheblicher Menge; wesentliche Störung des Miethgebrauchs durch Umbau des Hauses, auch wenn derselbe sich nicht auf die Miethsräume bezieht; Bauten auf dem Nachbargrundstück, welche für die Miethwohnung Licht und Luft erheblich beeinträchtigen. Ferner wird man den Fall hierher rechnen dürfen, daß der Vermiether entgegen der übernommenen Verpflichtung Räume in dem Miethhause für ein Konkurrenzgeschäft vermiethet; das Fehlen eines Konkurrenzgeschäfts gilt hier als zugesicherte Eigenschaft. Der Miether kann daher gegen Vermiether nicht allein auf Beseitigung des Konkurrenzgeschäfts klagen, sondern auch nach erfolgloser Fristsetzung nach § 542 kündigen. Das Kündigungsrecht des Miethers ist vom Gesetze nicht für den Fall ausgesprochen, daß der Miethgebrauch für den Miether mit einer erheblichen Gefahr verbunden ist, z. B. durch Lagern explosibler Stoffe oder dadurch, daß der Einsturz eines benachbarten Bauwerks zu befürchten ist. Nach den Motiven [3]) zum B. G. B. ist anzunehmen, daß das Kündigungsrecht solchenfalls dann gegeben ist, wenn durch die Gefahr der Miethgebrauch objectiv, d. h. für jeden Miether nicht nur infolge der persönlichen Verhältnisse des Miethers behindert erscheint.

---

[3]) Die Motive Bd. II S. 420 sagen hierüber folgendes: „Im Anschluß an das römische und gemeine Recht geben einzelne neuere Gesetzgebungswerke dem Miether auch dann das Recht, von dem Vertrage zurückzutreten, wenn die Fortsetzung des Gebrauchs der gemietheten Sache mit einer erheblichen Gefahr für den Miether verbunden ist, durch die principielle Vorschrift des § 529 — jetzt § 542 — wird dieser Fall nicht gedeckt. Die Aufnahme einer besonderen, diesen Fall deckenden Vorschrift empfiehlt sich jedoch nicht, vielmehr verdient es den Vorzug, in Uebereinstimmung mit der Mehrheit der neueren Gesetzgebungen es insoweit bei den allgemeinen Grundsätzen zu belassen, die Entscheidung jedes Falles mithin von der konkreten Prüfung abhängig zu machen, ob der Gebrauch objectiv oder nur aus einem in der Person des Miethers liegenden Grunde verhindert, oder ob und inwiefern anzunehmen ist, daß dem Miether für den betreffenden Fall ein Rücktrittsrecht stillschweigend hat zugestanden werden sollen."

2. Fristsetzung als Vorbedingung der Kündigung. Die dem Vermiether vor Ausübung der Kündigung zu setzende Frist muß eine angemessene sein; die Fristsetzung wird indeß, wenn sie sich etwa später als zu kurz bemessen herausstellen sollte, nicht unwirksam, sofern nur bei Ausübung der Kündigung ein für Beseitigung des Mangels genügender Zeitraum verflossen ist. Es genügt auch Herstellung binnen „angemessener Frist" zu verlangen, ohne die Dauer der Frist zu bestimmen. [4])

3. Theilweise Nichterfüllung. Sind von den überlassenen Räumen nur einzelne mangelhaft, so kann zwar grundsätzlich nur in Ansehung dieser gekündigt werden; wenn die Räume indeß als zusammengehörend vermiethet werden, kann Miether und auch Vermiether verlangen, daß die Kündigung auf alle Räume erstreckt wird, wenn die mangelhaften Räume nicht ohne Nachtheil von den übrigen getrennt werden können. Letzterer Fall wird bei der Miethung der normale sein. Im Falle der Kündigung wegen einzelner Räume findet die Minderung des Miethzinses nach den in § 11 dieser Schrift entwickelten Grundsätzen statt. (§§ 461—471.)

4. Kündigung auf sofort oder auf später. Der Miether kann, nachdem ihm das Kündigungsrecht erwachsen ist, die Kündigung anstatt auf sofortige Lösung auch zum Ablauf einer bestimmten angemessenen Frist ausüben, da dieses ein Minderes ist, welches im Rechte auf sofortige Lösung enthalten ist. Nicht zu verwechseln hiermit ist die Frage, ob der Miether von dem ihm infolge fruchtloser Fristsetzung einmal erwachsenen Kündigungsrecht unbeschränkt hinsichtlich der Zeitdauer Gebrauch machen kann, oder ob es durch Nichtausübung eine gewisse Zeit hindurch verloren geht. Im Gegensatz zu der Wandlung beim Kaufe (§§ 466, 467) enthält das B. G. B. über die Wandlung beim Miethvertrage keine Vorschrift über die Frist zur Ausübung. Es wird anzunehmen sein, daß das Kündigungsrecht dann erlischt, wenn der Vermiether die verlangte Abhülfe schafft, bevor die Kündigung ausgeübt wird, daß sich andererseits das Kündigungsrecht auch unbeschränkt so lange erhält, bis der Vermiether Abhülfe schafft. Daraus, daß der Miether nach fruchtlosem Ablaufe der gestellten Frist weiter wohnen bleibt, ohne zu kündigen, ist noch kein Verzicht auf das Kündigungsrecht zu folgern. Der Miether kann auch, statt zu kündigen, auf Beseitigung des Mangels bezw. der Gebrauchshinderung klagen, ferner auch, da der Vermiether regelmäßig durch die erfolglose Fristsetzung in Verzug kommt, Erstattung des ihm durch den Mangel seit Ablauf der Abhülfefrist erwachsenen Schadens verlangen.

5. Wirkung der erfolgten Kündigung. Ist die Kündigung einmal vom Miether ausgeübt, so tritt mit dem vom Miether bestimmten Zeitpunkt die Lösung des Miethverhältnisses ein;

---

[4]) Vergl. Dernburg, Band II § 33 Nr. 8.

auf sie kann sich **daher auch der** Vermiether berufen; eine einseitige **Zurücknahme** der Kündigung ist unwirksam. Die Beseitigung der Mängel bezw. die Ueberlassung der Miethräume kann der Miether nach der Kündigung nicht mehr verlangen; ebenso kann auch Vermiether durch nachträgliche Abhülfe die Wirkung der Kündigung nicht mehr gegen den Willen des Miethers beseitigen.

§ 14.

D. Der Anspruch auf Schadensersatz.

1. Schadensersatzpflicht wegen Nichterfüllung. Wenn der Vermiether die Miethräume zur festgesetzten Zeit nicht zur Verfügung des Miethers hält, (z. B. die Räume sind noch vom Vorbesitzer bewohnt oder wegen Reparaturarbeiten oder Mängel unbeziehbar), so hat der Miether außer der Klage auf Erfüllung und außer dem in § 13 beschriebenen Kündigungsrecht die weiteren Rechtsmittel nach § 326; er kann also insbesondere anstatt der Klage auf Erfüllung oder der Kündigung Schadensersatz wegen Nichterfüllung verlangen. Der § 326 bestimmt:

§ 326. Ist bei einem gegenseitigen Vertrage der eine Theil mit der ihm obliegenden Leistung im Verzuge, so kann ihm der andere Theil zur Bewirkung der Leistung eine angemessene Frist mit der Erklärung bestimmen, daß er die Annahme der Leistung nach dem Ablaufe der Frist ablehne. Nach dem Ablaufe der Frist ist er berechtigt, Schadensersatz wegen Nichterfüllung zu verlangen oder von dem Vertrage zurückzutreten, wenn nicht die Leistung rechtzeitig erfolgt ist; der Anspruch auf Erfüllung ist ausgeschlossen. Wird die Leistung bis zum Ablaufe der Frist theilweise nicht bewirkt, so findet die Vorschrift des § 325 Abs. 1 Satz 2 entsprechende Anwendung. (Ablehnung der theilweisen Erfüllung.)

Hat die Erfüllung des Vertrags infolge des Verzugs für den anderen Theil kein Interesse, so stehen ihm die im Abs. 1 bezeichneten Rechte zu, ohne daß es der Bestimmung einer Frist bedarf.

Beim Miethvertrage wird, wenn der Miether zur festgesetzten Zeit nicht antreten kann, die Sachlage meistens eine derartige sein, daß die Erfüllung infolge des Verzuges kein Interesse mehr für ihn hat.[1]) Demnach braucht der Miether, um Schadensersatz verlangen zu können, in der Regel gemäß § 326 Abs. 2 nicht vorher eine Nachfrist zu setzen.

Besondere Grundsätze greifen dann Platz, wenn die Nichtgewährung des Miethgebrauches auf Unmöglichkeit der Erfüllung beruht. In solchem Falle ist der Vermiether dann schadensersatzpflichtig, wenn er die Unmöglichkeit verschuldet, d. h. vorsätzlich oder fahrlässig herbeigeführt hat;[2]) z. B. der Vermiether hat das vermiethete Haus abgebrochen, oder den Untergang durch eine von ihm verschuldete Feuersbrunst herbeigeführt; oder er hat den Neubau, in welchem er eine Wohnung vermiethet hat, nicht rechtzeitig fertigstellen lassen, oder er hat die Wohnung einem anderen Miether überlassen,

---

[1]) M. II. S. 420.

[2]) Ist die Unmöglichkeit der Erfüllung ohne Verschulden des Vermiethers eingetreten, so hat der Miether nach § 275 keinerlei Schadensersatzansprüche.

den er nicht zur Räumung zwingen kann. In solchen Fällen muß, wenn die Unmöglichkeit der Gebrauchsgewährung feststeht, der Miether seinen Klageanspruch von vornherein auf Schadensersatz richten,[3]) so daß er also nicht den Anspruch auf Erfüllung d. h. Gewährung des Miethgebrauchs geltend machen kann. Häufig wird es indeß für den Miether ungewiß sein, ob der Vermiether im Stande ist, das Hinderniß zu beseitigen, z. B. dann, wenn die Räume von einem Anderen benutzt werden, den vielleicht der Vermiether zur Räumung veranlassen kann. Will der Miether in solchem Fall nicht von vornherein gemäß § 326 die Erfüllung ablehnen, so kann er auch auf Ueberlassung der Räume klagen[4]) und nach erwirktem rechtskräftigem Urtheil dem Vermiether eine angemessene Frist zur Erfüllung bestimmen mit der Erklärung, daß er die Antretung der Miethe nach Ablauf der Frist ablehne; nach fruchtlosem Ablauf kann er Schadensersatz wegen Nichterfüllung verlangen, während der Anspruch auf Erfüllung nunmehr ausgeschlossen ist. Auf Antrag muß die Frist zur Erfüllung auch bereits im Urtheil gesetzt werden. (§ 255 Abs. 1 C. P. O.)

Werden die Räume dem Miether zur bedungenen Antrittszeit nur theilweise zur Verfügung gestellt, so kann der Miether nach § 326 Abs. 1 letzter Satz unter Ablehnung der theilweisen Erfüllung Schadensersatz wegen Nichterfüllung verlangen, wenn die theilweise Erfüllung für ihn kein Interesse hat. Letztere Voraussetzung wird bei Miethverträgen wohl meistens zutreffen, es sei denn, daß es sich um entbehrliche Nebenräume oder unerhebliche Mängel handelt. Nimmt der Miether die theilweise Leistung an, so hat er wegen der fehlenden Räume außer der Klage auf Erfüllung das Recht der Miethzinsminderung (§ 323) und den Anspruch auf Schadensersatz.

2. Schadensersatzpflicht wegen Mängel. Neben diesen allgemeinen Grundsätzen der Schadensersatzpflicht wegen Nichterfüllung kommt die für das Miethverhältniß besonders geregelte Schadensersatzpflicht wegen Mängel der Wohnung in Betracht. Der § 538 bestimmt hierüber:

Ist ein Mangel der im § 537 bezeichneten Art bei dem Abschlusse des Vertrags vorhanden oder entsteht ein solcher Mangel später infolge eines Umstandes, den der Vermiether zu vertreten hat, oder kommt der Vermiether mit der Beseitigung eines Mangels in Verzug, so kann der Miether, statt die im § 537 bestimmten Rechte geltend zu machen, Schadensersatz wegen Nichterfüllung verlangen.

Im Falle des Verzugs des Vermiethers kann der Miether den Mangel selbst beseitigen und Ersatz der erforderlichen Aufwendungen verlangen.

Es werden also drei Fälle der Schadensersatzpflicht aufgestellt, nämlich:

---

[3]) Vergl. Dernburg Band II, § 60 Anm. 6. Anderer Meinung Planck II, Buch S. 43, welcher die Klage auf Erfüllung auch bei subjektiver Unmöglichkeit derselben für zulässig hält.

[4]) So Planck zweites Buch S. 47 Anmerkung 3 zu §§ 275—290.

a. Wenn der Mangel bezw. das Fehlen der zugesicherten Eigenschaft schon bei Vertragsschluß vorhanden war;[5])
b. wenn der Mangel später durch einen vom Vermiether zu vertretenden Umstand (Vorsatz oder Fahrlässigkeit) herbeigeführt ist (§ 276);[6])
c. wenn der Vermiether mit der Beseitigung des Mangels in Verzug ist. [7])

Die Fälle unter b und c stehen, da sie ein Verschulden des Vermiethers darstellen, mit allgemeinen Rechtsgrundsätzen in Einklang; auffallen kann dagegen der Fall unter a insofern, als die Schadensersatzpflicht schon bei dem bloßen Vorhandensein des Mangels bei Vertragsschluß eintritt, selbst wenn der Vermiether ohne Verschulden den Mangel nicht kennt. Nach den Motiven[8]) ist in solchem Falle zu unterstellen, daß der Vermiether eine den vertragsmäßigen Gebrauch der Miethsache bedingende Tauglichkeit stillschweigend garantirt habe. Es wird also ein Verschulden des Vermiethers fingirt.

Mit dem Anspruch auf Schadensersatz kann der Anspruch auf Beseitigung des Mangels in einer Klage verbunden werden; auch kann der Miether, wenn er nach erfolgloser Aufforderung den Mangel selbst beseitigt, die aufgewendeten Kosten als Theil des Schadensersatzes miteinfordern.

3. Inhalt des Schadensersatzanspruches. Für die Art und den Umfang der Schadenserstattung sind die Vorschriften in §§ 249—255 maßgebend. Als Beispiele von Schäden mögen erwähnt werden: Mehrkosten einer anderweit gemietheten Ersatzwohnung, Kosten des Aufenthalts im Hotel, bis Ersatzwohnung zu erlangen war; Kosten der Lagerung der Möbel bei einem Spediteur; der Geschäftsverdienst, der einem Kaufmann durch Nichtbenutzung des gemietheten Ladens entgangen ist; die Kosten des Umzuges, sofern dadurch nicht ein anderer Umzug erspart wird.

Der Miether muß die im Verkehr erforderliche Sorgfalt

---

[5]) Beispiel: Die Wohnung ist bereits zur Zeit des Vertragsschlusses mit Wanzen behaftet. Wenn dann letztere auf die Möbel des Miethers übertragen werden, so ist Vermiether schadensersatzpflichtig, auch wenn ihm das Vorhandensein der Wanzen unbekannt war.

[6]) Beispiel: Vermiether läßt während der Miethzeit einen Gasmotor aufstellen, der störenden Lärm verursacht; infolge des Lärms ziehen die Untermiether, an welche Miether laut vertraglichen Rechts vermiethet hat, aus. Hier muß Vermiether den entgangenen Miethzins dem Miether als Schaden erstatten.

[7]) Beispiel: Durch die Löscharbeiten bei einem Dachbrande werden die in der Etagenwohnung befindlichen Möbel des Miethers beschädigt, auch einzelne Räume unbewohnbar. Der Miether kann hier Erstattung des Schadens an den Möbeln nicht verlangen, weil den Vermiether kein Verschulden trifft. Wenn aber Vermiether trotz Aufforderung in angemessener Frist die Räume nicht ordnungsmäßig wieder in Stand setzt, so muß er den hieraus erwachsenen Schaden, z. B. die Kosten der anderweiten Unterbringung der Möbel sowie den Geldwerth des Gebrauchs der entzogenen Räume erstatten, weil die Aufforderung ihn in Verzug setzte.

[8]) M. II S. 377.

anwenden, um den Schaden thunlichst abzuwenden oder zu mindern.[9]) Hat bei der Entstehung des Schadens ein Verschulden des Miethers mitgewirkt, so wird nicht etwa, wie es nach vielen bisherigen Rechten der Fall war, die Schadensersatzpflicht des Vermiethers ausgeschlossen, sondern der Schaden wird unter Abwägen der beiderseitigen Schadensveranlassungen bemessen. Dies tritt sowohl dann ein, wenn bei der Ursache des Schadens, als auch dann, wenn bei der Höhe des Schadens ein Verschulden des Miethers mitgewirkt hat (§ 254).

4. Miethszinsminderung und Schadensersatz bestehen nur wahlweise nebeneinander. Der § 538 bestimmt, daß der Schadensersatz wegen Mängel unter den erwähnten Voraussetzungen anstatt der Miethzinsminderung geltend gemacht werden könne. Damit ist also die Geltendmachung beider Ansprüche neben einander ausgeschlossen und bestimmt, daß der Miether, wenn er Miethzinsminderung verlangt, nicht auch noch Schadensersatz fordern könne, und daß, wenn er Schadensersatz fordert, er daneben nicht auch noch den Miethzins mindern darf. Hierbei ist indeß zu berücksichtigen, daß der Schadensersatzanspruch das weitergehende Recht des Miethers ist und je nach den Umständen auch den Vermögenswerth, welcher dem Miether durch Beeinträchtigung des Miethgebrauchs entzogen ist, mit umfaßt. Werden z. B. einzelne Räume der Wohnung durch Schäden im Dach, die schon bei Vertragsschluß vorhanden waren (erster Fall des § 538), unbewohnbar und sind zugleich durch den eindringenden Regen die Möbel des Miethers beschädigt, so hat der Schadensersatzanspruch des Miethers zum Inhalt: Erstattung des Schadens an den Möbeln und Erstattung des Geldäquivalentes für den entzogenen Miethgebrauch der unbenutzbaren Räume[10]). Auf den aus diesen beiden Factoren zu berechnenden Schaden ist aber der volle Miethzins anzurechnen, weil der Miether ja auch die volle Gegenleistung, allerdings in Form der Schadenserstattung, erhält; würde also außer dieser Schadenserstattung dem Miether auch noch die Miethzinsminderung gewährt, so würde der Miether insoweit den Ersatz doppelt erhalten. Darauf beruht die wahlweise Gewährung entweder des einen oder des anderen Anspruches in § 538.[11])

5. Ausschluß des Schadensersatzes durch Kündigung. Ferner wird dadurch, daß der Miether gemäß § 542 das Miethverhältniß nach fruchtlosem Ablauf der Abhülfefrist kündigt, der Schadensersatzanspruch für die Zeit von der Aufhebung des Miethverhältnisses an ausgeschlossen; denn aus einem aufgehobenen Vertrags-

---

[9]) Treffend wird dies von Dernburg, Bd. II § 32 ausgedrückt: „Was der Geschädigte voraussichtlich thun würde, um dem Schaden zu begegnen, wenn er niemanden hätte, der ihm für denselben aufkommt, kann wohl gefordert werden, wenn man Dritte wegen des Schadens in Anspruch nehmen wird."

[10]) Dieser Werth ist nicht nach Maßgabe der §§ 472, 473 nach Verhältniß zum Miethzinse, sondern nach ihrem absoluten Gebrauchswerth festzustellen.

[11]) Entsprechend ist auch das Verhältniß beim Kauf in § 463 geregelt und allgemein bei gegenseitigen Verträgen in § 325 Abs. 1 letzter Satz.

verhältniß können keine Rechte mehr hergeleitet werden.[12]) Daher kann z. B. der Miether, welcher die Wohnung infolge eines erheblichen Mangels kündigt und auszieht, nicht die Umzugskosten und die Mehrkosten einer Ersatzwohnung verlangen. Der Kaufmann, welcher wegen eines Mangels den gemietheten Laden kündigt und räumt, kann nicht Erstattung des entgangenen Geschäftsgewinnes für die Dauer des gekündigten Vertrages verlangen. Der Miether, welcher sich seine Schadensersatzansprüche für die Zukunft[13]) wahren will, darf daher nicht nach § 542 ohne Vorbehalt kündigen, sondern muß den ihm durch § 326 oder durch § 283 vorgezeichneten Weg beschreiten, also dem Vermiether eine angemessene Frist zur Abhülfe bestimmen, **mit der Erklärung,** daß er bei fruchtlosem Ablaufe die Weiterbenutzung der Wohnung **ablehnen** und Schadensersatz wegen Nichterfüllung verlangen werde.

In Wirklichkeit werden, wenn der Miether wegen Vorenthaltung oder Mängel der Wohnung auszieht, die Erklärungen wohl selten so präcise in dem einen oder dem anderen Sinne abgegeben werden. In solchem Falle ist, wenn aus den Erklärungen des Miethers ersichtlich ist, daß er das Miethverhältniß mit allen Rechten und Pflichten hat aufheben wollen, der Schadensanspruch ausgeschlossen, während er ihm andernfalls verbleibt.[14]) Die einmal getroffene Wahl ist unwiderruflich.[15]) Daher kann der Miether, welcher das Miethverhältniß durch Kündigung aufgehoben hat, hinterher nicht Schadensersatz wegen Nichterfüllung verlangen.

§ 15.

Ausschließung der dem Miether wegen Mängel oder Nichterfüllung erwachsenden Rechte.

A. Die besonderen Ausschlußgründe. Die Ansprüche des Miethers auf Beseitigung des Mangels[1]), auf Miethzinsminderung,

---

[12]) Der § 326 giebt bei Verzug dem anderen Vertragstheile wahlweise das Recht, entweder Schadensersatz wegen Nichterfüllung zu verlangen, oder vom Vertrage zurückzutreten. Dasselbe gilt nach § 463 beim Kauf. Dem Rücktritt entspricht bei der Miethe die Kündigung.

[13]) Wegen des bis zur Kündigung erwachsenen Schadens bleibt dem Miether der Erstattungsanspruch auch bei Kündigung ungeschmälert, ebenso auch wahlweise anstatt des letzteren der Minderungsanspruch. So auch Borcherdt S. 52.

[14]) Die in ihren Rechtsfolgen so verschiedenen Erklärungen gemäß § 326, nämlich „Ablehnung der Leistung" und „Kündigung" laufen bei der Miethe auf denselben thatsächlichen Zustand, nämlich die Räumung der Wohnung, hinaus. Wenn der Miether erklärt: „er trete von der Miethe zurück oder er kündige, indeß behalte er sich seine Ansprüche auch für die Zukunft vor", so wird man diese Erklärung nicht als Kündigung im Sinne des § 542 oder Rücktritt im Sinne des § 326, sondern als Ablehnung der Erfüllung unter Vorbehalt der Schadensersatzansprüche nach § 326 behandeln müssen.

[15]) So auch Planck zu § 325 A. 2.

[1]) Daß auch der Anspruch auf Beseitigung des Mangels nach §§ 539 und 545 ausgeschlossen wird, ist zwar nicht besonders ausgesprochen, ergiebt sich indeß aus allgemeinen Grundsätzen, nämlich aus der den genannten Vorschriften zu Grunde liegenden Fiction des Verzichtes auf die Geltendmachung der Mängel.

Kündigung und Schadensersatz sind infolge der für das Miethverhältniß geltenden Sondervorschriften in folgenden Fällen ausgeschlossen:

1. wenn der Miether bei Abschluß des Vertrages den Mangel oder das Fehlen der zugesicherten Eigenschaft kannte[2]) (§ 539). Denn solchenfalls wäre es Sache des Miethers gewesen, die Abstellung der Mängel zu vereinbaren;

2. wenn ihm der Mangel beim Vertragsschluß aus grober Fahrlässigkeit unbekannt geblieben ist; dieser Ausschlußgrund bezieht sich indeß nicht auf Mängel im Recht des Vermiethers (§ 541), auch nicht auf das Fehlen zugesicherter Eigenschaften (§ 539 Satz 2) und wird auch hinsichtlich physischer Mängel dann hinfällig (die Rechte des Miethers bleiben also in Kraft), wenn der Vermiether den Mangel arglistig, d. h. in der Absicht zu täuschen, bei der Miethung verschwieg, oder wenn er die Abwesenheit des Mangels zugesagt hat. Arglist oder Zusicherung des Vermiethers überwiegt also die grobe Fahrlässigkeit des Miethers.

3. wenn Miether die Räume trotz Kenntniß der Mängel angetreten hat, ohne sich seine Rechte wegen der Mängel vorzubehalten; hier steht die grobfahrlässige Unkenntniß der Mängel der Kenntniß nicht gleich, es besteht also für den Miether keine Pflicht, die Wohnung beim Antritt auf Mängel zu untersuchen. Die Unterlassung des Vorbehalts schadet dem Miether nicht hinsichtlich der Mängel im Recht des Vermiethers (§ 541), auch nicht hinsichtlich des Fehlens zugesicherter Eigenschaften (§ 539 Satz 2). Wohl aber schließt die vorbehaltlose Antretung die Geltendmachung derjenigen Mängel aus, welche der Vermiether bei Vertragsschluß arglistig verschwiegen hat (§§ 464 und 539). Im Streitfalle hat der Miether zu beweisen, daß er bei Antretung den Vorbehalt erklärt habe; ist kein Vorbehalt gemacht, so muß Vermiether beweisen, daß dem Miether die Mängel bei Antretung bekannt gewesen seien (§ 464).

4. wenn durch besondere Vereinbarung die Verpflichtung des Vermiethers zur Vertretung von Mängeln erlassen oder beschränkt wird; doch ist auch hier die Arglist des Vermiethers stärker als die Vereinbarung; bei arglistigem Verschweigen verbleiben dem Miether die Rechte trotz solcher Vereinbarung (§ 540).

5. Durch Verabsäumung der Mängelanzeige seitens des Miethers. (Vergl. hierüber § 20 dieser Schrift.)

---

[2]) Die Kenntniß des Miethers ist für ihn dann unschädlich, wenn die Beschaffung der betr. Eigenschaft oder die Beseitigung des bekannten Mangels Inhalt des Versprechens ist. Wenn z. B. dem Miether, der von dem Vorgänger in der Wohnung weiß, daß die Oefen rauchen, bei der Miethung vom Vermiether versichert wird: „Die Oefen functionirten tadellos", so kann der Miether trotz Kenntniß Instandsetzung der Oefen verlangen. Vergl. B. Bendix, „Das deutsche Privatrecht", Abth. II § 43. Dasselbe gilt von Mängeln, deren Beseitigung der Miether auch ohne ausdrückliche Abmachung als selbstverständlich erwarten durfte (§ 242).

B. Unverschuldete Unmöglichkeit als Ausschlußgrund.

Daneben bleibt der für Verbindlichkeiten allgemein geltende Ausschlußgrund, nämlich die nach Vertragsschluß eintretende unverschuldete Unmöglichkeit der Erfüllung in Kraft[3]) (§ 275). Aus dem letzteren Gesichtspunkte wird der Vermiether von seiner Pflicht zur Gewährung des Miethgebrauchs dann frei, wenn die Miethssache durch Zufall untergeht (z. B. durch Feuer, Explosion, Ueberschwemmung). In diesem Falle ist der Vermiether nicht etwa verpflichtet, die Miethsache wiederherzustellen, um den Miethvertrag zu erfüllen, wie andererseits auch der Miether die wiederhergestellte Sache nicht als Erfüllung anzunehmen braucht, weil sie mit der ihm vermietheten Sache nicht identisch ist. Nur soweit die Wiederherstellung als Erhaltung der Miethsache unter Wahrung deren Identität anzusehen, ist der Miether zur Wiederherstellung zerstörter Theile und der Miether zu deren Annahme[4]) verpflichtet. Wann dies der Fall ist, ist Thatfrage.

Die unverschuldete Unmöglichkeit rechtzeitiger Erfüllung kann auch darin begründet sein, daß der bisherige Bewohner der Räume ohne Verschulden und ohne daß solches vorher zu sehen war, an der rechtzeitigen Räumung verhindert ist, z. B. infolge schwerer Krankheitsfälle. Wenn der bisherige Bewohner trotz abgelaufener Miethzeit ohne Rechtsgrund die Räumung verzögert, so ist der Vermiether von Schadensersatzpflicht nur dann frei, wenn er nachweist, daß es ihm trotz Anwendung aller zu Gebote stehenden Mittel nicht möglich gewesen sei, die rechtzeitige Räumung zu erzwingen.[5])

Ist die Unmöglichkeit eine theilweise, z. B. die Wohnung ist mit einem Mangel behaftet, dessen Beseitigung nur durch Abbruch und Wiederaufbau des ganzen Gebäudes möglich wäre, so ist der Vermiether wegen des Mangels dann schadensersatzpflichtig, wenn solcher schon bei Vertragsschluß vorlag, oder später durch Verschulden des Vermiethers herbeigeführt wurde (§ 538). Stellte sich der unheilbare Mangel ohne Verschulden des Vermiethers nach Vertragsschluß ein, so ist Vermiether von Schadensersatzpflicht frei und kann auch nicht durch Aufforderung zur Beseitigung des Mangels in Verzug gesetzt und dadurch schadensersatzpflichtig gemacht werden (§ 285). Dem Miether bleibt indeß das Recht zur Miethzinsminderung und zur Kündigung (§§ 537, 542).

---

3) Liegt die Unmöglichkeit schon bei Vertragsschluß vor, so ist der Miethvertrag nach § 306 von vornherein nichtig. Vergl. jedoch § 307. Bei der Wohnungsmiethe wird der Fall ursprünglicher Unmöglichkeit wohl selten vorkommen.

4) P. II 108 II.

5) So auch Niendorff Miethrecht § 16 A. 6. Vergl. § 285 B. G. B. Doch wird in solchem Falle der Dritte infolge der verzögerten Räumung schadensersatzpflichtig. Der Vermiether muß diesen ihm gegen den Dritten erwachsenden Schadensanspruch an den Miether, der nicht einziehen kann, auf Verlangen abtreten (§ 281 Abs. 1).

§ 16.

Das besondere Kündigungsrecht wegen gesundheitsgefährdender Beschaffenheit der Wohnung.

1. Voraussetzungen des Kündigungsrechts. Von besonderer Bedeutung für das ganze Miethrecht ist die gegenüber den meisten bisherigen Rechten neue Bestimmung des § 544:

Ist eine Wohnung oder ein anderer zum Aufenthalte von Menschen bestimmter Raum so beschaffen, daß die Benutzung mit einer erheblichen Gefährdung der Gesundheit verbunden ist, so kann der Miether das Miethsverhältniß ohne Einhaltung einer Kündigungsfrist kündigen, auch wenn er die gefahrbringende Beschaffenheit bei dem Abschlusse des Vertrags gekannt oder auf die Geltendmachung der ihm wegen dieser Beschaffenheit zustehenden Rechte verzichtet hat.

Diese Bestimmung verfolgt den socialpolitischen Zweck zur Besserung der Wohnungsverhältnisse in gesundheitlicher Beziehung beizutragen; daher ist auch bestimmt, daß das Kündigungsrecht nicht durch Vertrag ausgeschlossen werden kann. Voraussetzung des Kündigungsrechts ist, daß objectiv die Beschaffenheit der Wohnung die Gesundheitsgefährdung für jeden Bewohner mit sich bringt; es genügt nicht, wenn die Gefährdung nur durch die besondere Disposition des Miethers oder dessen Angehörigen begründet wird. Die Gefährdung muß eine erhebliche sein. Die Kündigung kann ohne Fristsetzung und ohne Nachweis eines besonderen Interesses an der sofortigen Räumung seitens des Miethers ausgeübt werden.

2. Einfluß der Verschuldung des Miethers. Ist die gesundheitsgefährdende Beschaffenheit durch eigenes Verschulden des Miethers, insbesondere vertragswidrigen Gebrauch herbeigeführt, so greift der § 544 nicht Platz. Der Miether kann zwar ausziehen, bleibt indeß nach § 324 wegen des Miethzinses für die volle Dauer des Miethvertrages haftbar. Im Streitfalle trifft den Vermiether die Beweislast hinsichtlich des Verschuldens des Miethers.

3. Kündigungsrecht, wenn nur einzelne Räume gesundheitsgefährdend. In den § 544 wurden die Worte „oder ein anderer zum Aufenthalte von Menschen bestimmter Raum" durch die Reichstagskommission eingeschaltet. Dadurch sollte zum Ausdruck gebracht werden, daß die Bestimmung nicht nur auf eigentliche Wohnräume, sondern auch auf andere zum Aufenthalt von Menschen bestimmte Räume, z. B. Comptoir, Laden, vermiethete Werkstätte zu beziehen sei. Sind von mehreren Räumen nur einzelne gesundheitsgefahrdrohend, so kann der Miether nach § 280 Abs. 2 und § 325 hinsichtlich aller Räume dann kündigen, wenn die Benutzung der mangelfreien Räume allein für ihn kein Interesse hat.

Bei Kündigung einzelner Räume findet verhältnißmäßige Minderung nach § 537 statt.[1])

4. Schadensersatzpflicht des Vermiethers. Ist dem Miether infolge der gesundheitgefährdenden Beschaffenheit der Wohnung ein Schaden an seiner Gesundheit oder an seinen Sachen erwachsen, so ist der Vermiether zu dessen Erstattung nur nach Maßgabe des § 538 verpflichtet, also nur, wenn der Mangel bereits bei Vertragsschluß vorhanden war oder später vom Vermiether schuldhaft herbeigeführt wurde, oder wenn der Schaden erst entstand, nachdem der Vermiether bereits mit der Beseitigung des Mangels in Verzug war. Der für die Zukunft, d. h. von der Räumung an erwachsende Schaden, insbesondere also die Umzugskosten und die Mehrkosten der Ersatzwohnung können, da der Miethvertrag infolge der Kündigung aufgehoben wird, nicht erstattet verlangt werden. Will der Miether sich diese Ansprüche wahren, so muß er nach § 326 bezw. nach § 283 vorgehen, also vor der Räumung dem Vermiether eine Frist zur Beseitigung des Mangels setzen mit der Erklärung, daß er die Fortsetzung der Miethe bei fruchtlosem Ablauf der Frist ablehne. (Vergl. § 14 Nr. 1 dieser Schrift.)

§ 17.

Ansprüche des Miethers wegen Verwendungen; Tragung der Lasten durch Vermiether.

A. Verwendungen. Der § 547 bestimmt:

Der Vermiether ist verpflichtet, dem Miether die auf die Sache gemachten nothwendigen Verwendungen zu ersetzen. Der Miether eines Thieres hat jedoch die Fütterungskosten zu tragen.

Die Verpflichtung des Vermiethers zum Ersatz sonstiger Verwendungen bestimmt sich nach den Vorschriften über die Geschäftsführung ohne Auftrag. Der Miether ist berechtigt, eine Einrichtung, mit der er die Sache versehen hat, wegzunehmen.

Durch diese Vorschrift ist für das Verhältniß zwischen Miether und Vermiether die Anwendbarkeit der Vorschriften in §§ 994—1003, welche die Erstattung der Verwendungen zwischen Besitzer und Eigenthümer regeln, ausgeschlossen.

Unter Verwendungen sind alle Ausgaben und Leistungen, welche der Miether im *Interesse der Miethsache* macht, zu verstehen. Nicht zu den Verwendungen sind zu rechnen Einrichtungen, mit denen der Miether die Miethsache erkennbar nur vorübergehend für *seine persönlichen Zwecke* mit dem Willen, sie bei Beendigung der

---

[1]) Daß auch der *Vermiether* bei Kündigung einzelner Räume verlangen kann, daß die Kündigung auf alle Räume erstreckt werde, wenn die Trennung für ihn von Nachtheil ist, ist für den Fall des § 544 nicht ausgesprochen, während es für den Fall der Kündigung nach § 542 durch § 543 ausdrücklich bestimmt ist (§ 469 Satz 2). Man wird indeß wohl auch hier den § 543 analog anwenden, also dem Vermiether jenes Recht zugestehen müssen.

Miethe wieder fortzunehmen, versieht.[1]) Der § 547 unterscheidet rücksichtlich der Erstattungspflicht des Vermiethers:

1. nothwendige Verwendungen;
2. sonstige Verwendungen;
3. Einrichtungen, mit denen der Miether die Miethsache versehen hat.

Zu 1. **Nothwendige Verwendungen.** Nothwendige Verwendungen sind dem Miether, sofern nicht durch Vertrag etwas anderes vereinbart ist, ohne weitere Voraussetzungen zu erstatten, also selbst dann, wenn sie gegen das Verbot des Vermiethers gemacht sind.[2]) Unter nothwendigen Verwendungen sind diejenigen zu verstehen, welche zur Erhaltung der Miethsache erforderlich sind Beispiele: Reparatur eines geplatzten Wasserleitungsrohres zur Verhütung weiterer Ueberschwemmung; Dichtungsarbeiten am Dach, um das Eindringen von Regen zu verhüten; Reparatur eines zerbrochenen Treppengeländers; Unterstützung oder Ausbesserung einer Mauer, die umzufallen droht. Da das Gesetz den Begriff der nothwendigen Verwendungen nicht näher bestimmt, so hat im einzelnen Fall richterliches Ermessen zu entscheiden. Selbstverständlich fällt die Erstattungspflicht auch bei nothwendigen Verwendungen dann weg, wenn sie durch Verschulden des Miethers selbst, insbesondere vertragswidrigen Gebrauch nothwendig geworden waren. Letzteres hat im Streitfalle der Vermiether zu beweisen.

Zu 2. **Sonstige Verwendungen.** Die sonstigen Verwendungen — also die nicht nothwendigen[3]) — hat der Vermiether dem Miether dann zu erstatten, wenn sich diese Erstattungspflicht nach den Grundsätzen über Geschäftsführung ohne Auftrag (§§ 677 bis 687) begründen läßt. Darnach ist die Verwendung nur dann zu erstatten, wenn sie vom Miether in der Absicht, den Vermiether zum Ersatz zu verpflichten, vorgenommen wird und überdies dem Interesse und dem wirklichen oder dem muthmaßlichen des Vermiethers entspricht oder vom Vermiether nachträglich genehmigt wird. Die Erstattungspflicht tritt also — abgesehen von einigen in § 679 vorgesehenen Ausnahmefällen — nicht ein, wenn der Vermiether die Verwendung ausdrücklich verboten hatte, oder wenn der Miether nach dessen Gepflogenheit oder den sonstigen Umständen

---

[1]) Ebenso wenig, wie der Miether das Recht hat, für solche Einrichtungen vom Vermiether seine Auslagen erstattet zu verlangen, hat der Vermiether das Recht, sie gegen den Willen des Miethers als zur Wohnung gehörig zu behalten, selbst wenn er zur Erstattung der Kosten bereit ist.

[2]) P. II Bd. 2 S. 176: „Vermiether wird mit der Behauptung, er habe beabsichtigt, die Sache verkommen zu lassen, nicht gehört."

[3]) Beispiele nicht nothwendiger Verwendungen: Einrichtung einer elektrischen Hausleitung, von Doppelfenstern, Borten in Keller oder Küche, Wäschepfähle auf dem Hof u. s. w. ist immer vorausgesetzt, daß sie nach Absicht des Miethers dauernd der Miethwohnung verbleiben sollen.

annehmen mußte, daß der Vermiether mit der Verwendung nicht einverstanden sei; in solchem Falle braucht der Vermiether nur das, was er durch die Verwendung ohne rechtlichen Grund erlangt, herauszugeben. (§§ 684, 812.)

Läßt sich die Erstattungspflicht aus den Vorschriften über Geschäftsführung ohne Auftrag nicht begründen, so ist im einzelnen Falle weiter zu prüfen, ob die Erstattungspflicht nicht aus dem Miethvertrage, insbesondere aus der Gewährleistungspflicht des Vermiethers herzuleiten ist. So kann namentlich der Miether nach § 538 Abs. 2., wenn die Verwendung in der Beseitigung eines vom Vermiether zu gewährleistenden Mangels oder in der Erfüllung einer vom Vermiether gegebenen Zusicherung besteht, die Kosten stets erstattet verlangen, wenn eine vorherige Aufforderung an den Vermiether erfolglos war. Auf der anderen Seite fällt hinsichtlich derjenigen Verwendungen, welche der Vermiether an sich als nothwendig, oder aus dem Gesichtspunkte der Geschäftsführung ohne Auftrag zu erstatten hätte, die Erstattungspflicht dann weg, wenn sie dem Miether nach dem Miethvertrage obliegen, z. B. wenn sie zu der vom Miether vertraglich übernommenen Instandhaltungspflicht gehören.[4]) Diejenigen Verwendungen, welche der Vermiether nach den vorstehenden Grundsätzen zu erstatten hat, oder zu denen der Miether verpflichtet war, verbleiben damit der Miethssache und gehen, soweit es sich um körperliche Sachen handelt, in das Eigenthum des Hauseigenthümers über; der Miether ist daher, wenn erst die Erstattungspflicht des Vermiethers feststeht, namentlich, wenn der Vermiether die Verwendung als für seine Rechnung erfolgt genehmigt hat,[5]) oder wenn dem Miether die Verwendung vertraglich oblag, nicht mehr berechtigt, den mit der Miethsache verbundenen Gegenstand wieder wegzunehmen; andererseits kann auch der Vermiether nicht vom Miether deren Wegnahme verlangen. Die Erstattung kann vom Miether auch noch während bestehender Miethe verlangt werden; der Anspruch verjährt in sechs Monaten seit Beendigung des Miethverhältnisses (§ 558).

Zu 3. **Wegnahme einer Einrichtung.** Hat der Miether die gemietheten Räume mit einer Einrichtung versehen, so ist er zur Wegnahme berechtigt; unter der wegzunehmenden „Einrichtung" sind alle körperlichen Sachen zu verstehen, welche der Miether mit der Miethsache in Verbindung gebracht hat in der Absicht, sie bei Beendigung der Miethe wieder fortzunehmen. Hierher ist auch der Fall zu rechnen, daß der Miether Pflanzen in den

---

[4]) In dem Entwurf zum einheitlichen Miethvertrage, welcher im August 1899 auf dem Verbandstage der deutschen Hausbesitzervereine zu Elberfeld beschlossen wurde, findet sich in § 5 die Bestimmung, daß der Miether auf Ersatz der Auslagen für nothwendige Reparaturen verzichte, wenn er nicht vorher dem Vermiether Anzeige gemacht, oder eine angemessene Abhülfefrist abgewartet hat.

[5]) Wohl zu unterscheiden von der Genehmigung im Sinne des § 684 Satz 2 ist die Erlaubniß des Vermiethers an Miether, für Miethers eigene Rechnung Verwendungen oder Anlagen herstellen zu dürfen.

zur Miethwohnung gehörigen Garten für seine persönlichen Zwecke einpflanzt; er darf daher solche Pflanzen zu jeder Zeit, auch nach beendeter Miethzeit, wieder herausnehmen. Das Gleiche gilt von Baulichkeiten, wie Stallungen, Schuppen, Gartenhäusern, Stacketten, Zäunen, Fenstervorsätzen, Treppen zc., ferner von maschinellen Anlagen, welche der Miether für seine Zwecke auf dem Miethgrundstück hat herstellen lassen. Das Wegnahmerecht als ein obligatorischer Anspruch bleibt grundsätzlich auch dann bestehen, wenn die wegzunehmenden Sachen etwa durch die Verbindung nach §§ 94, 946 fg. in das Eigenthum des Vermiethers als Grundeigenthümers übergegangen sein sollten. Immerhin wird ein solcher Fall des Wegnahmerechts wohl selten vorkommen; denn nach § 95 Satz 1 und Abs. 2 erlangt der Grundeigenthümer an denjenigen Sachen, welche der Miether nur zu einem vorübergehenden Zwecke einfügt, kein Eigenthum.[6]) Hat ausnahmsweise der Miether die Sachen in der Absicht dauernder Verbindung dem Grundstück oder Gebäude eingefügt bezw. die Pflanzen eingepflanzt — in welchem Fall sie nach § 94 als wesentliche Bestandtheile Eigenthum des Grundeigenthümers werden — so wird man in dieser dauernden Verbindung einen Verzicht auf das Wegnahmerecht erblicken, das Wegnahmerecht also ausschließen müssen. Daß der Miether eine dauernde Verbindung beabsichtigt habe, hat im Streitfall der Vermiether zu beweisen.

Wenn die Wegnahme der Einrichtung unmöglich ist, haftet der Vermiether, soweit er durch dieselbe bereichert ist, nach §§ 812, 818 aus dem Gesichtspunkte der ungerechtfertigten Bereicherung auf Ersatz des Werthes.

Der Miether hat im Falle der Wegnahme der Einrichtung nach § 258 die Miethssache auf seine Kosten in den vorherigen Stand zu setzen; Vermiether muß die Wegnahme auch noch nach Rückgewähr der Miethsräume gestatten; doch kann er in diesem Fall die Gestattung verweigern, bis ihm für den mit der Wegnahme verbundenen Schaden Sicherheit geleistet wird. Der Anspruch auf Ausübung des Wegnahmerechts verjährt in sechs Monaten seit Beendigung des Miethverhältnisses (§ 558).

Uebrigens ist auf das Wegnahmerecht die Vorschrift des § 226 anzuwenden, nach welcher die Ausübung eines Rechtes unzulässig ist, wenn sie nur den Zweck haben kann, einem Anderen Schaden zuzufügen. Daher darf Miether z. B. keine Papiertapeten, auch wenn solche Vermiether ihm nicht zu erstatten braucht, herunterreißen; er darf, wenn er die Stubendecke während der Miethzeit mit Malereien versehen ließ, diese, auch wenn Vermiether die Erstattung weigert, nicht übertünchen lassen. Thut der Miether solches dennoch, so wird

---

[6]) Keine Anwendung findet der § 95 Satz 2 auf den Miether, weil § 95 Satz 2 die Ausübung eines dinglichen Rechts im Auge hat. So auch Planck A. 4 zu § 95, A. M. Fischer und Henle.

er dem Vermiether schadensersatzpflichtig, d. h. er muß denjenigen Zustand wiederherstellen, den er zerstört hat, oder nach Wahl des Vermiethers den dazu erforderlichen Geldbetrag baar zahlen (§ 249).

B. Tragung der Lasten. Daß Vermiether die auf der Miethssache ruhenden Lasten zu tragen hat, bestimmt der § 546; es handelt sich hierbei um dingliche Lasten, sowohl öffentlich-rechtliche als auch privatrechtliche, z. B. Renten, Reallasten u. s. w. Nicht hierher gehört die Einquartierungslast, welche nach den Reichsgesetzen vom 25. Juni 1868, 13. Januar 1873, 13. Februar 1875 und 21. Juni 1887 jedem obliegt, welcher den nöthigen Raum zur Einquartierung hergeben kann, welche daher keine dingliche auf der Miethssache ruhende Last ist.

Dritter Abschnitt.

Pflichten des Miethers.

§ 18.

Die Pflicht zur Miethzinszahlung.

1. Voraussetzungen der Zahlungspflicht. Die Voraussetzungen der Zahlungspflicht richten sich, da der Miethvertrag ein gegenseitiger Vertrag ist, nach den allgemeinen Grundsätzen über gegenseitige Verträge (§§ 320—327); deshalb kann der Miether, so lange ihm nicht der Miethsgebrauch gewährt wird, die Miethzinszahlung verweigern; dies gilt auch dann, wenn der Miethzins vertraglich im Voraus zahlbar ist [1]; z. B. die Anfangszeit der Miethe ist auf den 1. April 1900 festgesetzt; die erste Miethsrate für ein Vierteljahr ist am 1. April 1900 zahlbar; am 1. April 1900 ist indeß die Wohnung noch nicht beziehbar; in solchem Fall braucht auch der Miethzins, obgleich am 1. April zahlbar, erst nach Ueberlassung der Wohnung gezahlt zu werden. Hat der Vermiether seine Pflicht zur Gewährung des Miethgebrauches nicht vollständig erfüllt (z. B. die überlassene Wohnung hat Mängel, oder zugesagte Verbesserungen fehlen, oder einzelne Räume sind nicht benutzbar), so kann der Miethzins insoweit nicht verweigert werden, als die Verweigerung nach den Umständen, insbesondere wegen verhältnißmäßiger Geringfügigkeit des rückständigen Theils gegen Treu und Glauben verstoßen würde (§ 320 Abs. 2); bei angetretener Miethe wird die letztere Voraussetzung in der Regel zutreffen, Miether also nicht berechtigt sein, bis zur Nachholung des fehlenden den ganzen Miethzins zu verweigern. [2]) Wird dem Vermiether die Gewährung

---

[1]) Entscheidung R. G. Bd. 20 S. 286.

[2]) Keine Anwendung findet hier der § 273, weil es sich bei der Miethe nicht um die Einrede des Zurückbehaltungsrechts, sondern um die Einrede des nicht erfüllten Vertrages handelt. So Schollmeyer Bd. II S. 90.

des Miethgebrauchs unmöglich (z. B. das Haus brennt durch Blitzstrahl ab, oder wird zwangsweise enteignet), so fällt für Miether die Pflicht zur Miethzinszahlung insoweit weg (§ 323); dagegen bleibt die Zahlungspflicht bestehen, wenn diese Unmöglichkeit der Leistung durch ein Verschulden des Miethers herbeigeführt ist (§ 324); z. B. Miether hat durch vertragswidrigen Gebrauch die Räume zerstört oder in einen derart unbewohnbaren Zustand gesetzt, daß durch Polizeiverfügung die Weiterbenutzung untersagt wird. Daneben bleibt in solchem Fall der Miether wegen des verringerten Werthes der Miethssache schadensersatzpflichtig.

2. Zeit der Fälligkeit. Die Zeit der Zahlung ist durch § 551 folgendermaßen geregelt:

Der Miethzins ist am Ende der Miethzeit zu entrichten. Ist der Miethzins nach Zeitabschnitten bemessen, so ist er nach dem Ablauf der einzelnen Zeitabschnitte zu entrichten.

Der Miethzins für ein Grundstück ist, sofern er nicht nach kürzeren Zeitabschnitten bemessen ist, nach dem Ablauf je eines Kalendervierteljahres am ersten Werktage des folgenden Monats zu entrichten.

Hiernach ist der Miethzins für Wohnungen dann, wenn die Miethsdauer mindestens ein Vierteljahr beträgt und der Miethzins nicht nach kürzeren Zeitabschnitten als nach Vierteljahren bemessen ist, in vierteljährigen Raten am 1. April, 1. Juli, 1. Oktober und 2. Januar nachträglich zahlbar; dies gilt auch dann, wenn die Miethzeit im Laufe eines Vierteljahres beginnt; für die 20. März bezogene Wohnung ist demnach am 1. April die erste Miethsrate für 11 Tage fällig. Aus dem § 551 mögen Miether und Vermiether sich klar machen, wie wichtig bei Einigung über die Höhe des Miethzinses die gebrauchten Worte sind, daß es namentlich durchaus nicht gleichgültig ist, ob beim Abschluß des Miethvertrages gesagt ist: Der Miethzins beträgt monatlich 30 Mark, oder ob gesagt ist, der Miethzins beträgt jährlich 360 Mark. Im Streitfalle hat der Vermiether, wenn er die für ihn günstigeren Zahlungstermine (z. B. monatsweise) beansprucht, zu beweisen, daß dementsprechend der Miethzins beim Abschluß des Miethvertrags bemessen sei. Wenn die Fälligkeitstermine auf einen Sonntag oder allgemeinen Feiertag fallen, so tritt der nächstfolgende Werktag an die Stelle (§ 193); dies gilt auch für die vertragsmäßig festgesetzten Miethzahlungstermine.

3. Ort der Zahlung. Für den Ort der Zahlung gelten die allgemeinen Grundsätze über Zahlungsort bei Geldschulden, nämlich: Der Miether hat auf seine Gefahr und Kosten dem Vermiether an dessen Wohnsitz den Miethzins zu übermitteln, also in dessen Wohnung zu leisten (§ 270). Wenn der Vermiether seinen zur Zeit des Abschlusses des Miethvertrages bestehenden Wohnsitz ändert (z. B. vom Orte der Miethwohnung nach auswärts verzieht), so muß ihm der Miether auch nach dem neuen Wohnsitze den Miethzins übermitteln; wenn sich aber in diesem Falle die Kosten oder die Gefahr der Uebermittelung erhöhen, so hat der Vermiether die

Mehrkosten bezw. die Gefahr zu tragen. Als Erfüllungsort für die Miethzinszahlung, nach welchem sich namentlich auch der Gerichtsstand des Erfüllungsortes (§ 29 der Civilprozeßordnung) richtet, muß nach § 269, wenn nicht ein anderer Vertragswille ersichtlich ist, der Ort, an welchem sich die Miethwohnung befindet, gelten, nicht der etwa davon abweichende Ort, wo der Miether zur Zeit des Vertragsschlusses wohnte. Deshalb kann die Klage auf den Miethzins immer bei dem Gericht, in dessen Bezirk die Miethwohnung liegt, erhoben werden.

4. Zahlungsempfänger. An wen der Miethzins gezahlt werden muß bezw. mit befreiender Wirkung gezahlt werden kann, richtet sich gleichfalls nach den allgemeinen Grundsätzen über Erfüllung von Verbindlichkeiten; es mögen hieraus folgende den Miether und Vermiether interessirende Sätze hervorgehoben werden: Wenn der Miether den Miethzins nicht dem Vermiether persönlich, sondern einem Dritten (z. B. einem Gehülfen, Dienstboten, dem Ehegatten) aushändigt, so wird er nur dann befreit, wenn der Vermiether denselben zur Empfangnahme bevollmächtigt hat oder nachträglich die Zahlung genehmigt (§§ 362, 185, 130, 177) oder wenn der auch unbevollmächtigte Empfänger das Geld dem Vermiether aushändigt.

Wenn der Miether den Miethzins durch Postanweisung an Vermiether absendet und der Postanweisungsbetrag an ein erwachsenes Familienglied des Vermiethers ausgehändigt wird (was nach § 34 V der Postordnung vom 8. März 1879 bei Beträgen bis zu 300 Mk. zulässig ist), so ist, wenn das Geld nicht in den Besitz des Vermiethers gelangt, der Miether nicht befreit, weil er die Gefahr der Uebermittelung trägt. (§ 270 Abs. 1.)

Die Vollmacht zur Empfangnahme des Miethzinses bedarf nicht der Schriftlichkeit (§ 167); ist eine schriftliche Vollmachtsurkunde an den Bevollmächtigten ausgehändigt, so bleibt die Vollmacht, wenn nicht deren Erlöschen dem Miether bekannt wird, bestehen, bis die Vollmachtsurkunde dem Vermiether zurückgegeben oder für kraftlos erklärt wird (§§ 172, 173). Die Vollmacht zum Miethzinsempfang braucht nicht ausdrücklich auf solchen zu lauten; sie kann auch aus dem sonstigen Inhalt der Vollmacht sich ergeben; so ist namentlich der Verwalter, dem der Hauswirth die Verwaltung des Hauses allgemein überträgt, im Zweifel auch zum Empfang des Miethzinses als bevollmächtigt anzusehen; dagegen ist dies nicht der Fall bei denjenigen Personen, welche nur zur Besorgung von Diensten und Verrichtungen, welche die Benutzung des Miethhauses mit sich bringt, bestellt sind, wie z. B. Hauswarte, Vicewirthe 2c. Hat jedoch der Vermiether längere Zeit hindurch die Zahlung an den Vicewirth geduldet, ohne diese Zahlungsweise zu rügen, so wird eine Bevollmächtigung auch für die Zukunft auf so lange anzunehmen sein, bis Vermiether seinen entgegengesetzten Willen dem Miether erklärt. Nach § 370 gilt auch der Ueberbringer einer Quittung als ermächtigt, die

Zahlung in Empfang zu nehmen, sofern nicht die dem Miether bekannten Umstände der Annahme einer solchen Ermächtigung entgegenstehen.

Ist der Miethvertrag von mehreren Personen als Vermiethern z. B. von den Miteigenthümern des Grundstücks abgeschlossen, so steht jedem der Miethzins nur antheilsweise zu (§ 420). Ist dagegen die Personenmehrheit auf Seiten des Vermiethers durch Erbgang entstanden — z. B. der Vermiether ist verstorben und von mehreren Erben beerbt, — so kann der rückständige und der bis zur Erbtheilung laufende Miethzins nicht etwa an jeden einzelnen Erben antheilsweise, sondern nur an alle Erben gemeinschaftlich geleistet werden (§ 2039). Können die mehreren Miterben dem Miether auf dessen Verlangen die gemeinsame Zahlung an alle nicht ermöglichen, z. B. eine von allen unterschriebene Miethzinsquittung nicht beschaffen, so kann sich der Miether nur dadurch befreien, daß er den Miethzinsbetrag hinterlegt (§§ 368, 372). Der Miether braucht in allen Fällen, mag er an den Vermiether direkt oder an einen Bevollmächtigten zahlen, nur gegen Ausstellung einer Quittung zu zahlen, kann also, ohne in Verzug zu kommen, die Zahlung ablehnen, wenn ihm nicht Zug um Zug gegen die Zahlung die Quittung ausgehändigt wird (§ 368). Hat er einmal ohne Quittung bezahlt, so kann Miether auch nachträglich noch die Ausstellung einer Quittung verlangen.[1])

5. Verjährung des Miethzinses. Die Verjährung der Miethzinsforderung unterliegt einer Frist von vier Jahren, beginnend mit dem Schluß desjenigen Jahres, in welchem der Miethzins fällig geworden ist, ohne Rücksicht auf die Zeit, auf welche der Miethzins sich bezieht (§ 197, 201). Ist z. B. der Miethzins kontraktlich in halbjährlichen Raten am 1. April und 1. Oktober im Voraus zahlbar, so verjährt der am 1. Oktober 1900 fällige Miethzins für die Zeit vom 1. Oktober 1900 bis 31. März 1901 mit dem 31. Dezember 1904, obgleich bis dahin seit 31. März 1901 noch nicht vier Jahre verflossen sind.

Unterbrochen wird die Verjährung nach § 209 unter Anderem durch Zustellung der Klage oder eines Zahlungsbefehls, durch Anerkennung im Konkurse des Miethers (nicht durch außergerichtliche Geltendmachung des Absonderungsrechts gegenüber dem Verwalter), durch Abschlagszahlungen, Zinszahlungen, Pfandbestelluug und sonstige Anerkennung durch Miether (§ 209). In diesem Falle beginnt die vierjährige Verjährungsfrist von Neuem, indeß jetzt vom Zeitpunkt der Unterbrechung an. Ist über die Forderung ein rechtskräftiger Schuldtitel (Urtheil, vollstreckbarer Zahlungsbefehl, Feststellung in der Konkurstabelle) erwirkt, so tritt die Verjährung erst nach dreißig Jahren ein (§ 218).

---

[1]) So Planck, Band 3 S. 148 und Dernburg Bd. II § 115 A. 13.

§ 19.

Die Miethzinszahlungspflicht bei nicht benutzter Wohnung.

I. Nichtbenutzung der Miethräume ohne Einfluß auf die Zahlungspflicht. Der Miether wird durch den Miethvertrag zu dem Gebrauch der Miethssache berechtigt, ist indeß in Ermangelung besonderer Vereinbarung nicht verpflichtet, den Miethgebrauch auszuüben.[1]) Uebt er den Miethgebrauch nicht aus, so ist dies auf die Miethzinszahlungspflicht (§ 324) ohne Einfluß, sofern nur der Vermiether den Miethgebrauch zur Verfügung des Miethers hält. Nach allgemeinen Vertragsgrundsätzen könnte dies in dem Falle zweifelhaft sein, daß Miether ohne seine Schuld z. B. durch nothwendige Abwesenheit, Versetzung, am Miethgebrauche gehindert ist. Dieser Fall ist daher positiv geregelt in § 552, welcher lautet:

Der Miether wird von der Entrichtung des Miethzinses nicht dadurch befreit, daß er durch einen in seiner Person liegenden Grund an der Ausübung des ihm zustehenden Gebrauchsrechts verhindert wird. Der Vermiether muß sich jedoch den Werth der ersparten Aufwendungen, sowie derjenigen Vortheile anrechnen lassen, welche er aus einer anderweitigen Verwerthung des Gebrauchs erlangt. Solange der Vermiether infolge der Ueberlassung des Gebrauchs an einen Dritten außer Stande ist, dem Miether den Gebrauch zu gewähren, ist der Miether zur Entrichtung des Miethzinses nicht verpflichtet.

II. Die Ausnahmefälle, in denen die Miethzahlungspflicht wegfällt. Der § 552 schafft zwei verschiedene Ausnahmefälle, in denen der Miether den Miethzins für die nicht benutzte Wohnung nicht oder nicht ganz zu bezahlen braucht, nämlich erstens, soweit der Vermiether aus der Nichtbenutzung anderweite Vortheile zieht (Satz 2) und zweitens, wenn er sich zur Erfüllung außer Stand setzt durch Ueberlassung des Gebrauchs an einen Dritten.

Beide Fälle beruhen auf zwei ganz verschiedenen Rechtsgedanken und sind daher zum richtigen Verständniß des § 552 auseinander zu halten.

1. Anrechnung ersparter Aufwendungen und anderweiter Vortheile. Die Anrechnung der genannten Vortheile kommt nur dann in Frage, wenn der Vermiether im Stande bleibt, jederzeit den Gebrauch zu gewähren, er also an sich nach den Grundsätzen über gegenseitige Verträge durch Erfüllungsbereitschaft seinerseits auch den Anspruch auf die Gegenleistung behält. Es soll in diesem Fall durch jene Anrechnung verhütet werden, daß der Vermiether besser gestellt wird, als beim Gebrauch durch Miether.

---

[1]) Eine solche Pflicht ist im Gesetz nirgends ausgesprochen; daß sie nicht besteht, ergiebt sich indirekt daraus, daß beim Kauf (§ 433 Abs. 2) die Pflicht zur Abnahme durch Käufer ausdrücklich festgesetzt ist; das Gegentheil würde übrigens auch auf eine Beschränkung der persönlichen Freiheit hinauslaufen. Ebenso auch Dernburg Bd. II S. 163.

Eine ersparte Aufwendung liegt beispielsweise dann vor, wenn der Vermiether bei Abschluß des Miethvertrages eine nur den besonderen Zwecken des Miethers dienende Umänderung der Wohnung oder Einrichtung zugesagt hat und letztere wegen Nichtgebrauchs unterbleibt, nicht dagegen, wenn der Vermiether eine der Wohnung allgemein zu Gute kommende Renovirung oder Verbesserung, wie Gasleitung, Wasserleitung, Badeanlage ꝛc. zusagte und dann infolge Nichtbeziehens diese Arbeiten unterließ. Denn in diesem Fall hätte die Renovirung bezw. Verbesserung auch eine entsprechende Erhöhung des Werthes der Wohnung, die dem Vermiether verblieben wäre, mit sich gebracht. Durch Anrechnung der vermiedenen Kosten würde also Vermiether zu kurz kommen, weil ihm das Aequivalent dafür, nämlich die Wertherhöhung, fehlen würde

Die Vortheile durch anderweite Verwerthung können darin bestehen, daß der Vermiether die leerstehende Wohnung ganz oder theilweise von anderen zufolge eines zu jeder Zeit löslichen Miethvertrages[2]) benutzen läßt — in welchem Falle der erzielte Miethzins anzurechnen ist — oder die Wohnung selbst benutzt, in welchem Falle der Miethwerth der benutzten Räume anzurechnen ist.[3]) Der Vermiether ist nicht verpflichtet, sich um die anderweite Vermiethung im Interesse des Vermiethers zu bemühen, oder eine sich ihm bietende Gelegenheit zu gleich vortheilhafter Vermiethung zu benutzen.[4])

2. Unvermögen durch Ueberlassung des Gebrauchs an einen Dritten. Wenn der Vermiether sich durch Ueberlassung des Gebrauchs an einen Dritten außer Stande setzt, den Miethgebrauch zu gewähren, so fällt der ganze Miethzinsanspruch weg gemäß dem allgemeinen Grundsatze, daß, wer bei gegenseitigen Verträgen seinerseits nicht erfüllt, auch die Erfüllung von der Gegenseite nicht verlangen kann. (§§ 323 und 325.) Daher kann Vermiether hinsichtlich der Zeit, für welche er die Miethsache dem andern durch den nicht jederzeit löslichen Vertrag überließ, auch nicht den Ausfall infolge erzielten geringeren Miethzinses verlangen.[5]) Nach Aufhebung eines solchen Zwischenvertrages tritt allerdings der alte Miethzins wieder in Kraft; doch kann der Miether den nicht jederzeit löslichen Zwischenvertrag dazu benutzen, um sein Miethverhältniß nach § 542 durch erfolglose Fristsetzung und Kündigung zur Auflösung zu bringen. Erzielt der Vermiether für die Wohnung von dem Dritten, an den er sie ohne Erlaubniß des ersten Miethers während dessen Miethzeit vermiethet, einen höheren Miethzins, so kann der erste Miether den Mehrbetrag, nämlich den höheren Miethzins unter

---

[2]) Bei unlösbarer Vermiethung an einen Dritten fällt der Anspruch auf Miethzins nach § 552 Satz 3 wegen Unmöglichkeit der Erfüllung weg.

[3]) Vergl. M. II. S. 400.

[4]) Dies würde indirekt auf einen Zwang zur Gestattung der Untermiether hinauslaufen.

[5]) Wohl kann er bei einem jederzeit löslichen Miethvertrage Erstattung des Ausfalls nach § 552 Satz 2 verlangen.

Anrechnung des von ihm geschuldeten Miethzinses verlangen (§§ 325, 323, 281 [6]). Vermiether thut daher wohl daran, vor jeder Verfügung die Genehmigung seines Miethers einzuholen.

In den meisten Fällen der nicht benutzten Miethwohnung wird allerdings hauptsächlich der Miether Interesse daran haben, daß die Wohnung baldigst anderweit vermiethet werde; hat der Miether den Vermiether zu anderweiter Vermiethung beauftragt, so bleibt letzterem auch bei unlöslicher anderweiter Vermiethung der Anspruch auf den Ausfall bei Erzielung eines geringeren Miethzinses, weil in solchem Auftrage ein Verzicht auf die Einrede des nicht erfüllten Vertrages zu finden ist.

Der § 552 Satz 3 erwähnt nur den Fall, daß der Vermiether sich durch Ueberlassung des Gebrauchs an einen Dritten zur Erfüllung außer Stand setzt. Man darf hieraus nicht folgern, daß der Wegfall des Miethzinses auf diesen Fall der Unmöglichkeit beschränkt sei; vielmehr macht jede vom Vermiether selbst herbeigeführte Unmöglichkeit den Miethzins hinfällig, namentlich also auch der Fall, daß der Vermiether sich durch Umbauten oder wesentliche bauliche Aenderungen in der leerstehenden Wohnung zur Gewährung des Miethgebrauchs außer Stand setzt.[7]) Der praktisch am häufigsten zu Differenzen führende Fall ist der, daß der Vermiether in der leerstehenden Wohnung während der Miethzeit Reparaturen und Renovirungen vornehmen läßt. Dieser Fall ist nach §§ 325 und 552 folgendermaßen zu beurtheilen: In der Vornahme solcher Arbeiten ist eine Verwerthung der Wohnung, wegen deren nach § 552 Satz 2 Vortheile anzurechnen wären, nicht zu erblicken; der Anspruch auf den Miethzins wird vielmehr nach § 325 nur dann hinfällig, wenn und solange der Vermiether sich durch die Arbeiten außer Stand setzt, den Miethgebrauch zu gewähren. Solche Arbeiten also, welche der Vermiether auch während der Benutzung der Wohnung hätte vornehmen dürfen, ohne den Miethgebrauch zu beeinträchtigen, darf er auch in der leerstehenden Wohnung unbeschadet des Miethzinses ausführen; soweit die Arbeiten über diese Grenze hinausgehen, also zur Erfüllung außer Stand setzen, mindert sich der Miethzins entsprechend dem Maße der Gebrauchsbeeinträchtigung, möglicherweise also bis zum völligen Wegfall (§ 225 Satz 3).

§ 20.

Die Mängelanzeigepflicht des Miethers.

1. Allgemeine Haftung des Miethers. Bei Erfüllung der aus dem Miethvertrage sich ergebenden Verpflichtungen hat jede

---

[6]) So auch Schollmeyer zu § 281, Anm. 2 c. Der Vermiether erlangt den Miethzins für den einem andern zustehenden Miethgebrauch. Daß dem Miether selbst die Gebrauchsüberlassung an einen Dritten nicht zugestanden hätte, steht nicht entgegen.

[7]) Dies folgt aus der allgemeinen Vorschrift des § 325.

Partei Vorsatz und Fahrlässigkeit, d. h. jede Außerachtlassung der im Verkehr erforderlichen Sorgfalt zu vertreten (§ 276), also jeden durch Vorsatz oder Fahrlässigkeit herbeigeführten Schaden der anderen Partei zu erstatten. Dies gilt namentlich auch für den Miether hinsichtlich der Behandlung der Miethsache.

2. Mängelanzeigepflicht. Eine besondere Verschärfung für den Miether hat diese Pflicht zur Anwendung der erforderlichen Sorgfalt durch die ihm nach § 545 auferlegte Anzeigepflicht erfahren, welche bislang nur in vereinzelten Gesetzgebungen, z. B. nach §§ 1200, 1206 des Sächsischen bürgerlichen Gesetzbuchs, bestand. Der § 545 bestimmt nämlich:

Zeigt sich im Laufe der Miethe ein Mangel der gemietheten Sache oder wird eine Vorkehrung zum Schutze der Sache gegen eine nicht vorhergesehene Gefahr erforderlich, so hat der Miether dem Miether unverzüglich Anzeige zu machen. Das gleiche gilt, wenn sich ein Dritter ein Recht an der Sache anmaßt.

Unterläßt der Miether die Anzeige, so ist er zum Ersatz des daraus entstehenden Schadens verpflichtet; er ist, soweit der Vermiether infolge der Unterlassung der Anzeige Abhilfe zu schaffen außer Stande war, nicht berechtigt, die im § 537 bestimmten Rechte geltend zu machen oder nach § 542 Abs. 1 Satz 3 ohne Bestimmung einer Frist zu kündigen oder Schadenersatz wegen Nichterfüllung zu verlangen.

Die Anzeigepflicht bezieht sich auf jeden Mangel und auf jede Gefahr oder Rechtsanmaßung eines Dritten, ohne Rücksicht darauf, ob durch dieselben der Miethgebrauch beeinträchtigt wird oder nicht.[1]) Anzuzeigen ist z. B., wenn sich in einer Bodenkammer, auf deren Benutzung der Miether keinerlei Werth legt, Wanzen zeigen.

Auch solche Mängel, welche durch den vertragsmäßigen Gebrauch des Miethers selbst herbeigeführt werden, sind anzuzeigen, nicht weniger auch solche Mängel, welche der Wohnung schon vor Antritt der Miethe anhafteten, sich indeß erst im Laufe der Miethzeit zeigten.[2]) Zeigen sich in solchen Räumen, welche in einem Miethshause den mehreren Miethern zur gemeinsamen Benutzung vermiethet sind (z. B. Trockenboden, Waschküche, Hof) Mängel, so ist jeder Einzelne für Unterlassung der Anzeige solidarisch haftbar; z. B. wenn die Entwässerungsrohre oder Senkschächte, welche das Abflußwasser aus den Küchen 2c. aufnehmen und weiter leiten, verstopft sind und hieraus ein Schaden droht; im Uebrigen ist jeder Miether nur hinsichtlich derjenigen Mängel, welche *seine Miethräume* betreffen, zur Anzeige verpflichtet; es sind hierzu allerdings auch die nach außen liegenden Theile der Räume, z. B. der betr. Theil der Facade, das Dach über der Bodenkammer zu rechnen.

---

[1]) Auch auf das Fehlen einer zugesicherten Eigenschaft dürfte der § 545 zu beziehen sein, zumal solche Zusicherung häufig gleichbedeutend ist mit der Zusicherung der Abwesenheit bestimmter Mängel. Eine verschiedene Behandlung erscheint innerlich nicht gerechtfertigt.

[2]) Kannte der Miether den Mangel schon bei Antritt der Miethe, so sind seine Rechte auf Gewährleistung erloschen, wenn er ohne Vorbehalt angetreten hat (§ 539). Trotzdem muß er auch in diesem Falle die Mängelanzeige machen behufs Abwendung der Schadensersatzpflicht.

3. Bei Kenntniß des Vermiethers keine Anzeigepflicht. Eine Anzeigepflicht liegt für den Miether dann nicht mehr vor, wenn der Vermiether bereits anderweit Kenntniß von den Mängeln hatte.[3]) Dagegen befreit es den Miether von der Haftung wegen unterbliebener Anzeige nicht, wenn Miether infolge Fahrlässigkeit keine Kenntniß von dem Mangel erhält; das Kennenmüssen steht der Kenntniß gleich; kraft der ihm im Interesse des Vermiethers obliegenden Obhut muß er sich eben um die Miethsache kümmern.[4])

4. Folgen der Verabsäumung der Mängelanzeige. Die Folge der Unterlassung der Anzeige ist eine doppelte, nämlich:

a. Verlust des aus dem Mangel sonst herzuleitenden Anspruchs auf Miethzinsminderung und Schadensersatz, sowie Einschränkung des Kündigungsrechts;

b. Schadensersatzpflicht gegenüber dem Vermiether.

Hinsichtlich beider Rechtsfolgen ist im Auge zu behalten, daß für den Umfang der Zeitpunkt, in welchem die Anzeigepflicht eintrat, als Anfangszeit und der Zeitpunkt, in welchem der Vermiether Kenntniß vom Mangel erhielt, als Endzeit maßgebend ist und demnach aus der vorhergehenden und nachfolgenden Zeit für den Miether keine nachtheiligen Folgen hergeleitet werden können.[5]) Die Rechtsnachtheile für Miether gestalten sich hiernach im Einzelnen folgendermaßen:

Zu a.: Die Miethzinsminderung fällt bei unterlassener Anzeige für die Zeit bis Erstattung der Anzeige bezw. Kenntniß des Vermiethers völlig fort, namentlich in der Regel auch hinsichtlich derjenigen Zeit, wo der Mangel zwar bestand, indeß dem Miether unbekannt war und der Anzeigepflicht nicht unterlag; denn in dieser Zeit wird der Mangel den Miethgebrauch meistens nicht beeinträchtigt haben, weil diese Beeinträchtigung ohne Kenntniß des Miethers nur selten möglich ist.

Das Kündigungsrecht wegen Mängel kommt bei unterlassener Mängelanzeige nicht in Wegfall, sondern wird nur dahin eingeschränkt, daß der Kündigung stets die Bestimmung einer Abhülfefrist vorhergehen muß, auch dann, wenn infolge des Mangels die Weiterbenutzung für den Miether kein Interesse hat. Ist die

---

[3]) M. II S. 401. (Vergl. auch Fuld S. 103.)

[4]) Eine positive Pflicht, die Wohnung auf Mängel zu untersuchen, wird man dem Miether nicht aufbürden können. Wegen unterbliebener Anzeige unbekannter Mängel wird man den Miether nur dann verantwortlich machen können, wenn ihm der Mangel bei normaler Benutzung unter Anwendung der im Verkehr erforderlichen Sorgfalt bekannt sein mußte.

[5]) Insofern sind die Folgen der unterlassenen Mängelanzeige gelinder, als die Unterlassung des Vorbehalts der Ansprüche bei Antretung der mangelhaften Miethssache. Durch letztere werden die Ansprüche des Miethers für alle Zukunft und auch dann, wenn Vermiether die Mängel kennt, ausgeschlossen.

Wohnung infolge unterbliebener Mängelanzeige in einen Zustand gerathen, der an sich nach § 542 die Kündigung ohne Abhülfefrist rechtfertigt, so ist der Miether zwar nach § 545 für diesen Zustand verantwortlich. Trotzdem wird, wenn in solchem Fall der Miether gemäß § 542 die Abhülfefrist gesetzt hat, der Vermiether genöthigt sein, um das Erwachsen des Kündigungsrechts zu verhindern, die Mängel zu beseitigen und zwar auch solche Mängel, zu deren Beseitigung gerade der Miether selbst infolge der unterlassenen Mängelanzeige verpflichtet wäre. Vermiether kann dann aber die für die Mängelbeseitigung aufgewandten Kosten von dem Miether kraft dessen Schadensersatzpflicht wieder einfordern.

Der Schadensersatzanspruch des Miethers bleibt auch bei unterlassener Mängelanzeige hinsichtlich desjenigen Schadens bestehen, der schon zur Zeit der Kenntniß oder des Kennenmüssens seitens des Miethers vorlag, ferner hinsichtlich desjenigen Schadens, der sich seit dem Zeitpunkt, in welchem der Vermiether Kenntniß vom Mangel erhielt, entwickelte.

Zu b.: Die Schadensersatzpflicht des Miethers bezieht sich auf denjenigen Schaden, den der Vermiether bei rechtzeitiger Mängelanzeige hätte vermeiden können, also nicht auf den Schaden, der damals, als der Mangel sich zeigte, schon entstanden war oder mit anderen Worten: Die Schadensersatzpflicht bezieht sich nur auf die Vergrößerung des Schadens seit dem ersten Auftreten des Mangels. Hat der nicht angezeigte Mangel einen solchen Umfang genommen, daß der Miether infolge dessen gemäß § 544 zur Kündigung wegen gesundheitsgefährdender Beschaffenheit berechtigt wird und auch thatsächlich kündigt, so gehört zu dem vom Miether zu erstattenden Schaden auch der Ausfall an Miethzins, den der Vermiether für die volle Dauer des Vertrages infolge Nichtvermiethung oder ungünstigerer anderweiter Vermiethung erleidet. (Vergl. § 16 Nr. 2 dieser Schrift.) Der zum Schadensersatz verpflichtende Umstand besteht in diesem Falle darin, daß infolge Verabsäumung der Anzeigepflicht der Miethvertrag zu einem löslichen und auch aufgelöst wurde (§ 324). Dagegen würde Erstattung dieses Schadens bei Kündigung gemäß § 542 wegfallen, weil diese Kündigung voraussetzt, daß Vermiether eine ihm gesetzte Frist zur Abhülfe unbenutzt verstreichen läßt, also in Erfüllungsverzug kommt, dessen Folgen er selbst zu tragen hat.[6])

---

[6]) Das Rechtsverhältniß gestaltet sich an einem praktischen Beispiel veranschaulicht folgendermaßen:

Am 1. Oktober 1901 verlangt der Miether vom Vermiether Schadensersatz, weil zu dieser Zeit sein ganzes Mobiliar, sowohl in Bodenkammern als auch in der Etage mit Wanzen inficirt ist, die aus den Räumen übertragen sind. Demgegenüber weist der Vermiether nach, daß bereits am 1. April 1901 die Wanzen sich in den Bodenkammern und den dort lagernden Möbeln des Miethers zeigten, dagegen nicht in der Etage vorhanden waren. Eine Mängelanzeige ist vor dem 1. Oktober 1901 nicht erfolgt. In diesem Falle kann der Miether den Schaden am Mobiliar in den Bodenkammern nur dann erstattet verlangen, wenn diese bereits bei Vertragsschluß

5. Ausbesserung des Mangels durch den Miether. Wenn der Miether den Mangel, statt ihn dem Vermiether anzuzeigen, selbst beseitigt, so ist die Unterlassung der Anzeige auf seinen Anspruch, die Kosten aus dem Gesichtspunkte der Verwendungen erstattet zu verlangen (§ 17 dieser Schrift), ohne Einfluß. Wenn er dagegen den Mangel weder anzeigt, noch Abhülfe schafft, so ist die dadurch eintretende Vergrößerung des Mangels stets zu seinen Lasten.

6. Anzeigepflicht bei nicht benutzter Wohnung. Wenn der Miether die gemietheten Räume nicht benutzt, so bleibt für ihn die Anzeigepflicht unverändert bestehen, da der Vermiether durch diese Nichtbenutzung nicht schlechter gestellt werden darf; das Gleiche gilt, wenn der Miether längere Zeit abwesend ist; bestellt Miether in solchem Fall Jemanden zur Aufsicht über die Wohnung, so haftet er, selbst wenn er bei dessen Auswahl die erforderliche Sorgfalt anwandte, auch für dessen Versehen und Versäumnisse (§ 278). Eine andere Behandlung wird man dann eintreten lassen müssen, wenn der vorzeitig ausziehende Miether dem Vermiether unter weiterer Haftung für den Miethzins die Wohnung behufs anderweiter Vermiethung oder sonst zu freier Verfügung zurückgiebt, namentlich ihm auch die Schlüssel aushändigt. In solchem Fall erlangt an Stelle des Miethers der Vermiether den Besitz und damit die Obhut über die Wohnung und gilt damit als vereinbart, daß der Miether damit der Pflicht zur Obhut und auch der Anzeigepflicht enthoben sein soll.[7])

7. Beweislast hinsichtlich der durch die Anzeigepflicht berührten Ansprüche. Die Beweislast hinsichtlich der durch die Mängelanzeige beeinflußten Ansprüche gestaltet sich folgendermaßen:

---

mit Wanzen behaftet waren (§ 538). Der Schaden an den Möbeln in der Etage fällt dem Miether wegen der unterlassenen Anzeige selbst zur Last, auch kann er bis 1. Oktober 1901 keine Miethzinsminderung verlangen. Ferner muß der Miether dem Vermiether die Kosten der Säuberung der Etagenwohnung erstatten, weil die Uebertragung der Wanzen auf diese bei rechtzeitiger Anzeige hätte vermieden werden können.

Man ersieht hieraus, wie leicht der § 545 für Miether verhängnißvoll werden kann, namentlich auch für solche Miether, welche nicht wegen „jeder Kleinigkeit" den Hauswirth behelligen mögen. Behufs Sicherung des Beweises ist dem Miether zu empfehlen, die Mängelanzeige schriftlich zu bewirken.

Wenn der Miether in vorstehendem Beispiel wegen der Wanzenplage kündigen will, muß er zuvor dem Vermiether eine ausreichende Abhülfefrist setzen. Der Vermiether kann dann durch gehörige Säuberung das Kündigungsrecht abwenden. Die Kosten dieser Säuberung muß indeß hinsichtlich der Etagenräume der Miether erstatten. Auch ist Miether verpflichtet, sein Mobiliar in den Etagenräumen säubern zu lassen, andernfalls der Vermiether nach § 553 kündigen kann.

7) In dem Entwurf des einheitlichen Miethvertrages, aufgestellt im August 1899 vom Centralverband der Hausbesitzervereine, findet sich die Bestimmung, daß der Miether, wenn er vor Ablauf der Miethzeit auszieht oder längere Zeit abwesend ist, dem Vermiether die Schlüssel der Wohnung zu behändigen habe, damit dieser sie jederzeit vorzeigen und untersuchen 2c. könne.

Es wird anzunehmen sein, daß, wenn Vermiether von diesem Rechte Gebrauch macht, für den Miether die Anzeigepflicht wegfällt.

Diese Bestimmung, welche in der Presse als „den Miether bedrückend" angegriffen ist, gereicht demselben in Wirklichkeit eher zum Vortheil.

a. Ansprüche des Miethers. Der Anspruch des Miethers auf Miethzinsminderung ist durch die bloße Thatsache, daß die behauptete Zeit hindurch gebrauchbeeinträchtigende Mängel vorhanden gewesen seien, an sich begründet. Für den Schadensersatzanspruch wegen Mängel muß noch der Miether weiter nachweisen, daß die Mängel schon bei Vertragsschluß vorhanden oder später vom Vermiether schuldhaft herbeigeführt seien oder daß der Schaden erst nach Verzug des Vermiethers in der Mängelbeseitigung entstanden sei. (§ 538.) Behauptet nun demgegenüber der Vermiether das Unterbleiben der Mängelanzeige, so trifft den Miether die Beweislast dafür, daß er die Mängelanzeige erstattet habe.

Mißlingt ihm dieser Beweis, gilt also als feststehend, daß die Mängelanzeige nicht erfolgt ist, so ist damit der Minderungsanspruch regelmäßig hinfällig, weil meistens der Beginn der Gebrauchsbeeinträchtigung mit dem Eintritt der Mängelanzeigepflicht, d. h. der Kenntniß bezw. des Kennenmüssens des Mangels zeitlich zusammenfällt. Den Schadensersatzanspruch des Miethers kann der Vermiether durch den ihm obliegenden Nachweis entkräften, daß zu der von ihm nachzuweisenden Zeit, als Miether von dem Mangel Kenntniß erlangte oder hätte erlangen müssen, der Schaden noch nicht oder nicht in dem Maße entstanden war. Der Miether kann demgegenüber den Minderungs- und Schadensersatzanspruch durch den ihm obliegenden Nachweis wieder zu Kräften bringen, daß der Vermiether Kenntniß von den Mängeln gehabt, für den Miether daher keine Pflicht zur Anzeige vorgelegen habe.

Wenn der Miether wegen Mängel ohne Bestimmung einer Abhülfefrist kündigt und auszieht und eine Mängelanzeige nicht erfolgt ist, so ist die Kündigung des Miethers an sich durch den Nachweis begründet, daß die Mängel vorhanden gewesen seien und die Weiterbenutzung der Wohnung für ihn kein Interesse gehabt habe (§ 542). Demgegenüber hat der Vermiether nachzuweisen, daß zu der von ihm nachzuweisenden Zeit, wo Miether den Mangel kannte oder hätte kennen müssen, der Mangel noch nicht so erheblich gewesen sei, um ein Kündigungsrecht ohne Abhülfefrist zu rechtfertigen; durch diesen Nachweis erreicht der Vermiether, daß die Kündigung wegen mangelnder Bestimmung einer Abhülfefrist als unwirksam behandelt wird.

b. Schadensersatzanspruch des Vermiethers. Zur Begründung des dem Vermiether aus der unterlassenen Mängelanzeige erwachsenen Schadens hat der Vermiether nachzuweisen, daß der Schaden zu der von ihm nachzuweisenden Zeit, wo der Miether den Mangel zuerst kannte oder kennen mußte, noch nicht oder in welchem Maße vorlag und erst seit dieser Zeit entstanden ist. Der Miether muß einredeweise behaupten und nachweisen, daß und wann er die Mängelanzeige erstattet habe oder, wenn dies nicht nachzuweisen ist, daß und zu welchem Zeitpunkte der Vermiether Kenntniß von dem Mangel erhalten und damit die Anzeigepflicht für den Miether weggefallen sei.

§ 21.

Rechte des Vermiethers bei vertragswidrigem Gebrauch durch Miether.

1. Klage auf Unterlassung. Was als vertragswidriger Gebrauch der Miethsache anzusehen ist, ergiebt sich aus dem in § 8 dieser Schrift beschriebenen Inhalt und Umfang der dem Miether zustehenden Gebrauchsrechte. Ueber die Folgen des vertragswidrigen Gebrauches bestimmt der § 550:

Macht der Miether von der gemietheten Sache einen vertragswidrigen Gebrauch und setzt er den Gebrauch ungeachtet einer Abmahnung des Vermiethers fort, so kann der Vermiether auf Unterlassung klagen.

Die Klage auf Unterlassung ist hiernach erst dann begründet, wenn der Miether den vertragswidrigen Gebrauch trotz Abmahnung fortsetzt.[1]) Die Klage des Vermiethers ist also abzuweisen, wenn er nicht im Prozeß die Abmahnung und die Fortsetzung trotz Abmahnung nachweist. Hierbei ist indeß zu berücksichtigen, daß auch schon in der Zustellung der Klage auf Unterlassung eine Abmahnung zu erblicken ist. Wenn also der Miether auch nach Zustellung der Klage den in derselben gerügten vertragswidrigen Gebrauch fortsetzt, so wird er zur Unterlassung zu verurtheilen sein, auch wenn eine weitere Abmahnung der Klage nicht vorhergegangen sein sollte.

Die Vollstreckung des den Miether zur Unterlassung verurtheilenden Urtheils erfolgt nach § 890 der Civilprozeßordnung in der Weise, daß der Miether nach Erlaß des Urtheils wegen jeder Zuwiderhandlung auf Antrag zu einer Geldstrafe bis zu 1500 Mark oder Haft bis zu sechs Monaten nach voraufgegangener Strafandrohung zu verurtheilen ist. In dem Klageantrage und dem Urtheile auf Unterlassung muß die bestimmte Art des vertragswidrigen Gebrauchs, dessen Unterlassung der Vermiether verlangt, angegeben sein.

2. Schadensersatzpflicht des Miethers. Unberührt durch die Vorschrift des § 550 bleibt die dem Miether nach allgemeinen Grundsätzen obliegende Schadensersatzpflicht wegen vertragswidrigen Gebrauchs; letztere besteht daher auch bei einer einmaligen vertragswidrigen Behandlung der Miethsache, sofern an derselben dadurch ein Schaden entstanden ist. Denn die Fortsetzung trotz Abmahnung ist nur für die Klage auf Unterlassung als Vorbedingung aufgestellt.

§ 22.

Rückgewähr der Wohnung nach beendeter Miethe.

1. Allgemeines. Nach Beendigung der Miethe, mag dieselbe normaler Weise durch Ablauf der verabredeten Miethzeit oder infolge

---

[1]) Nicht erforderlich für die Klage ist, daß der vertragswidrige Gebrauch die Rückgewähr der Miethsache gefährde. P. II Bd. 2 S. 188.

Kündigung wegen besonderer Anlässe (z. B. Miethzinsrückstand, vertragswidrigen Gebrauchs) erfolgen, hat der Miether die Miethssache zurückzugeben. Hierüber wird des Näheren Folgendes bestimmt:

§ 556. Der Miether ist verpflichtet, die gemiethete Sache nach Beendigung des Miethverhältnisses zurückzugeben.

Dem Miether eines Grundstücks steht wegen seiner Ansprüche gegen den Vermiether ein Zurückbehaltungsrecht nicht zu.

Hat der Miether den Gebrauch der Sache einem Dritten überlassen, so kann der Vermiether die Sache nach der Beendigung des Miethverhältnisses auch von dem Dritten zurückfordern.

Giebt der Miether die gemiethete Sache nach der Beendigung des Miethverhältnisses nicht zurück, so kann der Vermiether für die Dauer der Vorenthaltung als Entschädigung den vereinbarten Miethzins verlangen. Die Geltendmachung eines weiteren Schadens ist nicht ausgeschlossen.

Die Rückgewähr der Miethsache bezeichnet man bei der Wohnungsmiethe als Räumung; eine wirkliche Rückgabepflicht besteht indeß auch bei der Wohnungsmiethe hinsichtlich des beweglichen Zubehörs, z. B. Schlüssel.

2. Zustand, in welchem die Wohnung zurückzugewähren ist. Ueber den Zustand, in welchem die Miethssache zurückzugeben ist, wird vom Gesetz zwar ausdrücklich nichts bestimmt; es ergiebt sich dies aber aus der Vorschrift des § 548, nach welcher Veränderungen oder Verschlechterungen der gemietheten Sache, die durch den vertragsmäßigen Gebrauch herbeigeführt werden, nicht vom Miether zu vertreten sind. Der Miether hat hiernach nur für solche Beschädigungen der Miethsräume aufzukommen, welche von ihm oder von seinen Hausangehörigen (§ 278) entweder unter Ueberschreitung des vertragsmäßigen Gebrauchs, oder durch Vorsatz oder Fahrlässigkeit bei Ausübung des vertragsmäßigen Gebrauchs herbeigeführt sind.

Steht fest, daß die Miethssache im Vergleich zu dem Zustande bei Antretung der Miethe Schaden gelitten hat, so trifft die Beweislast, daß der Schaden Folge des vertragsmäßigen Gebrauchs ist, wenn dies nicht ohne Weiteres ersichtlich ist, den Miether. Wenn der Vermiether indeß die Miethswohnung vorbehaltslos wieder zurückgenommen hat, so geht die Beweislast, daß die Wohnung durch vertragswidrigen Gebrauch verschlechtert sei, auf Vermiether über (§ 363).

Werden die Räume beim Auszuge durch Fahrlässigkeit der mit dem Transport der Möbel beauftragten Leute beschädigt, z. B. durch deren Unvorsichtigkeit wird eine Scheibe entzwei geschlagen oder das Treppengeländer zerbrochen, o haftet der Miether auch für diese Beschädigung (§ 278).

Mit der Wohnung sind auch alle beweglichen Zubehörstücke, welche dem Miether zum Gebrauch übergeben sind, was im Streitfalle Vermiether zu beweisen, zurückzugeben, z. B. Doppelfenster, Gaskocher, Jalousien, Börte, Schlüssel. Wenn von den bei Antretung der Miethe übergebenen Schlüsseln welche fehlen, ohne daß Miether deren Verbleib nachweisen kann, so ist dem Vermiether noch nicht Genüge geschehen, wenn der Miether auf eigene Kosten neue Schlüssel beschaffen läßt; denn durch die Nichtbeschaffung der dem Miether übergebenen Schlüssel ist auch das zugehörige Schloß unbrauchbar geworden, weil es nicht mehr die genügende Sicherheit gewährt. Der Miether muß daher solchenfalls auch die Kosten erstatten, wenn der Vermiether die Schlösser umändern oder durch andere ersetzen läßt und neue Schlüssel dafür anschafft. Hat der Miether selbst sich Schlüssel anfertigen lassen, so braucht er diese, da sie sein Eigenthum bleiben, zwar nicht an den Vermiether herauszugeben; giebt er sie aber nicht heraus, so haftet er wie im vorerwähnten Falle dem Vermiether wegen Unbrauchbarkeit des Schlosses.

Was den Zustand der Wohnung in Bezug auf Sauberkeit anbetrifft, so müssen die Räume bei der Rückgabe derart gereinigt sein, wie sie es bei normalem Miethsgebrauch sind, also besenrein; Miether ist nicht zur Vornahme besonderer Scheuerungsarbeiten verpflichtet, wenn er sonst die Wohnung reinlich benutzt hat; wohl wird dies bei Unsauberkeit in der Benutzung verlangt werden können, weil Unsauberkeit als vertragswidrige Benutzung anzusehen ist (§ 548).

3. Loslösung der vom Miether eingefügten Sachen. Sachen, welche der Miether für seinen persönlichen Gebrauch in den Räumen hat anbringen oder befestigen lassen, kann der Miether da sie sein Eigenthum bleiben, wegnehmen und muß dies auch auf Verlangen des Vermiethers. Dies gilt namentlich auch von Haken und Nägeln, welche vom Miether in Wänden und Decken befestigt sind. Wegen geringfügiger Schäden, welche beim Herausziehen der Nägel und Haken zurückbleiben müssen, wird der Vermiether nach dem Grundsatz, daß Leistungen so zu bewirken sind, wie Treu und Glauben mit Rücksicht auf die Verkehrssitte es erfordern, den Miether nicht in Anspruch nehmen können.[1])

4. Ersatzansprüche des Vermiethers wegen Beschädigung. Die Ersatzansprüche des Vermiethers wegen Veränderungen und Verschlechterungen der Miethssache, auch wenn solche auf eine unerlaubte Handlung des Miethers gegründet werden,[2]) verjähren in sechs Monaten, beginnend mit dem Zeitpunkt, in welchem Vermiether die Räume zurückerhält (§ 558 Abs 2). Die Ersatzansprüche gelten indeß ohne Rücksicht hierauf dann verjährt, wenn der ganze Anspruch auf Rückgabe der Miethsräume verjährt ist, wofür bei Grundstücken eine dreißigjährige Verjährungsfrist gilt (§§ 195, 927).

---

[1]) Auf die Wegnahme von Haken, Nägeln und dergl. wird man die Vorschrift des § 258 über „Wegnahme von Einrichtungen" nicht anwenden dürfen, weil das Einschlagen von Haken und Nägeln ꝛc. als Ausübung normalen Miethgebrauchs, nicht als Herstellung einer „Einrichtung" anzusehen ist. Deshalb ist der Miether nicht verpflichtet, wenn er sorgfältig zu Werke gegangen ist, die trotzdem zurückbleibenden Beschädigungen zu ersetzen (§ 276).

[2]) P. II Bd. 2 IV.

In vielen Fällen, in denen die Miethwohnung infolge der Benutzung durch Miether mit Schäden behaftet ist, kann es zweifelhaft sein, ob die Schäden als Folge des vertragsmäßigen Gebrauchs anzusehen sind und demnach zu Lasten des Vermiethers gehen, oder ob der Miether für deren Beseitigung aufzukommen hat; wer muß z. B. für die Desinfektionskosten aufkommen, wenn die Wohnung durch ansteckende Krankheit des Miethers oder seiner Haus-Angehörigen mit Krankheitsstoffen behaftet worden? Wie ist es zu halten, wenn Schäden, die den eingebrachten Sachen des Miethers oder seiner Angehörigen anhafteten, z. B. Ungeziefer, Schwammpilze u. s. w. auf die Miethräume übertragen wurden, ohne daß der Miether die schadenbringende Beschaffenheit der betr. Sachen kannte? Solche Fälle sind nach folgenden Grundsätzen zu entscheiden: Die Rückgewährpflicht des Miethers geht gesetzlich nicht etwa dahin, daß er die Miethsache in dem Zustande, wie er sie empfangen hat, zurückzuliefern hat, sondern nur dahin, daß er sie in dem Zustande, in welchen die Miethsache durch den vertragsmäßigen Gebrauch versetzt ist, zurückzuliefern hat, mag auch der vertragsmäßige Gebrauch eine Veränderung oder Verschlechterung der Wohnung im Gefolge gehabt haben (§ 548). Bei diesem vertragsmäßigen Gebrauch hat der Miether nur Vorsatz und Fahrlässigkeit seiner selbst und der von ihm zur häuslichen Gemeinschaft in die Miethräume aufgenommenen Personen zu vertreten (§§ 276, 278). Den Miether trifft indeß bei Schäden, die nicht offensichtlich auf den vertragsmäßigen Gebrauch zurückzuführen sind, die Beweislast, daß ihm weder Vorsatz noch Fahrlässigkeit zur Last falle. Bei Anwendung dieser Sätze wird man die erwähnten Fälle folgendermaßen zu entscheiden haben:

Die Uebertragung von Krankheitsstoffen oder von Ungeziefer auf die Räume ist im Allgemeinen nicht als Folge des vertragsmäßigen Miethgebrauchs anzusehen, demnach ist in den erwähnten Fällen die Desinfektion bezw. die Säuberung der Räume dem Miether zur Last zu legen, es sei denn daß dieser nachweist: er habe trotz Anwendung der im Verkehr erforderlichen Sorgfalt die Uebertragungder betreffenden Schäden auf die Räume nicht verhüten können. Dieser Nachweis wird allerdings, wenn es sich um Uebertragung von Ungeziefer handelt, wohl selten zu führen sein, da in solchen Fällen ohne Weiteres anzunehmen ist, daß der Miether es an der nöthigen Sauberkeit habe fehlen lassen. Grundsätzlich kann indeß auch in diesem Falle dem Miether der Gegenbeweis, daß ihn keine Fahrlässigkeit treffe, nicht abgeschnitten werden.[3])

5. Zeit der Rückgewähr. Die Zeit der Rückgewähr, also bei Wohnungen die Zeit der Räumung wird in § 556 dahin bestimmt, daß die Zurückgabe nach Beendigung des Miethverhältnisses zu erfolgen habe. Als Zeitpunkt des Ablaufs der Miethe

---

[3]) Vergl. Niendorff § 26.

gilt, wenn als Beginn der Miethe ein bestimmter Tag bezeichnet ist, nach §§ 187, 188 der letzte Augenblick desjenigen Tages des letzten Zeitabschnitts (Monats, Jahres), welcher (nämlich Tag) dem Tage vorhergeht, welcher durch seine Benennung oder Zahl dem Anfangstage entspricht. Miethet z. B. Jemand vom 1. April 1900 an auf ein Jahr, so läuft die Miethe ab mit Ablauf des 31. März 1901 Nachts 12 Uhr mit dem ersten Glockenschlage; ebenso wenn auf einen oder mehrere Monate vom 1. des Monats an gemiethet wird, mit Ablauf des letzten Tages des Monats. Dies ist auch im Zweifel dann als Vertragsabsicht anzusehen, wenn Parteien incorrecter Weise im Miethvertrage sagen: Die Miethzeit ist festgesetzt auf ein Jahr, nämlich vom 1. April 1900 bis 1. April 1901. Da der ganze Tag am 1. April 1900 als Miethzeit mitgerechnet wird, so würde, wenn die Miethe auch noch den 1. April 1901 über dauerte, als Miethsdauer sich ein Jahr und ein Tag ergeben, also mit der Bestimmung, daß die Miethzeit ein Jahr dauern solle, in Widerspruch stehen [4]) Da die Miethzeit mit dem letzten Tage Nachts 12 Uhr endet, so tritt die Räumungspflicht mit Beginn des folgenden Tages ein; ist dieser Tag ein Sonntag oder ein allgemeiner Feiertag, so tritt der nächstfolgende Werktag an Stelle des Sonntags oder des Feiertags.

Wenn nun die Räumungspflicht juristisch auch mit Anbruch des auf den Ablauf der Miethzeit folgenden Tages beginnt, so regelt sich die Ausführung der Räumung nach Treu und Glauben mit Rücksicht auf Verkehrssitte. Gerade hierbei wird der Ortsgebrauch eine wichtige Rolle spielen. Im Allgemeinen wird man sagen können, daß die Räumung bezw. der Umzug an dem Tage nach Ablauf der Miethe so zeitig auszuführen ist, daß noch an demselben Tage der Einzug des Nachfolgers möglich ist.

Nach Art. 93 des Einführungsgesetzes zum bürgerlichen Gesetzbuch bleiben in Kraft die landesgesetzlichen Vorschriften über die Fristen, bis zu deren Ablauf gemiethete Räume bei Beendigung des Miethverhältnisses zu räumen sind.[5])

6. Ausschluß des Zurückbehaltungsrechts. Ein Zurückbehaltungsrecht steht dem Miether eines Grundstücks bezw. einer Wohnung (§ 580) wegen Ansprüche gegen den Vermiether nicht zu. Diese Vorschrift des § 556 Abs. 2 weicht von den allgemeinen Grundsätzen über das Zurückbehaltungsrecht (§§ 273, 274) ab. Sie bezieht

---

[4]) So auch Niendorff, Preuß. Miethrecht S. 154.

[5]) Für Preußen bleibt hiernach in Kraft das Gesetz vom 30. Juni 1834, welches in § 2 bestimmt:

§ 2. Wo es nöthig gefunden werden sollte, bei größeren Wohnungen die gesetzliche Räumungsfrist zu verlängern, kann solches, unter Berücksichtigung der bestehenden örtlichen Gewohnheiten, durch eine von der Orts-Polizeibehörde zu erlassende Verordnung mit verbindlicher Kraft für alle Einwohner des betreffenden Orts angeordnet werden; solche Verordnungen bedürfen jedoch der Bestätigung der vorgesetzten Regierung. Die Regierungen werden hierüber von dem Ministerium des Innern und der Polizei mit Instruktion versehen werden.

sich namentlich auch auf Ansprüche wegen Verwendungen auf die Miethsache[6]), nicht weniger auf den Rückerstattungsanspruch wegen des im Voraus gezahlten Miethzinses bei vorzeitiger Aufhebung der Miethe in den Fällen der §§ 553 und 554.

7. Folgen der nicht rechtzeitigen Rückgewähr. Die Folge der Nichtrückgewähr nach beendeter Miethzeit ist nach § 557 dahin bestimmt, daß Miether unbeschadet weiterer Schadensersatzpflicht für die Dauer der Vorenthaltung den vereinbarten Miethzins bezahlen muß; dieser Miethzins ist auch dann zu zahlen, wenn der Vermiether auch bei rechtzeitiger Räumung die Wohnung nicht anderweit hätte verwerthen können, ferner dann, wenn dem Miether ohne sein Verschulden z. B. infolge schwerer Krankheit die rechtzeitige Räumung unmöglich war. Die Schadensersatzpflicht, z. B. Erstattung des Schadens, wenn infolge der Vorenthaltung der nachfolgende Miether nach § 542 die Miethe kündigt, fällt dann weg, wenn dem Miether ohne sein Verschulden die rechtzeitige Räumung unmöglich war (§§ 275, 285), z. B. infolge schwerer Erkrankung. Uebrigens muß der Vermiether, wenn der Miether ohne sich zu erklären, nach Ablauf der Miethzeit wohnen bleibt, binnen vierzehn Tagen dem Miether erklären, daß er mit Fortsetzung der Miethe nicht einverstanden sei, andernfalls die Miethe nach § 568 als auf unbestimmte Zeit verlängert gilt, womit dann jeder weitere Schadensersatzanspruch ausgeschlossen ist. (Das Nähere ist in § 27 dieser Schrift behandelt.)

§ 23.

Der Räumungsprozeß.

1. Zuständigkeit des Amtsgerichts. Nach § 23 Nr. 2 des Gerichtsverfassungsgesetzes sind die Amtsgerichte ohne Rücksicht auf den Werth des Streitgegenstandes zuständig für Streitigkeiten:

„Zwischen dem Vermiether und dem Miether oder Untermiether von Wohnräumen oder anderen Räumen oder zwischen dem Miether und dem Untermiether solcher Räume wegen Ueberlassung, Benutzung oder Räumung sowie wegen Zurückhaltung der von dem Miether oder dem Untermiether in die Miethsräume eingebrachten Sachen."

Damit die vorstehende Zuständigkeitsvorschrift auf die Räumungsklage Anwendung finde, ist erforderlich, daß letztere als „Streitigkeit zwischen Vermiether und Miether" erscheint, also auf das Miethverhältniß oder richtiger: auf das Erlöschen eines Miethverhältnisses gestützt wird. Zuständig bei Ueberschreitung der Werthstufe von 300 Mark ist daher das Amtsgericht dann nicht, wenn der Räumungsanspruch lediglich auf das Eigenthum oder ein

[6]) Die Vorschrift ist nach P. II Bd. 2 S. 189 aufgenommen auf Grund der Erwägung, daß der Miether das Zurückbehaltungsrecht leicht dazu mißbrauchen könne, den Vermiether zur Befriedigung ungerechtfertigter Ansprüche zu nöthigen.

sonstiges dingliches Recht, z. B. Nießbrauch gestützt wird, ohne daß nach Behauptung des Klägers jemals ein Miethverhältniß bestanden hat.[1]) Wird mit der auf das Erlöschen der Miethe gestützten Räumungsklage eine andere Klage (z. B. auf Zahlung des Miethzinses) verbunden, welche für sich unter 300 Mark bleibt aber zusammengerechnet mit dem Werth der Räumungsklage 300 Mark überschreitet, so bleibt trotzdem das Amtsgericht zuständig, weil bei der nach § 5 der Civilprozeßordnung stattfindenden Zusammenrechnung mehrerer in einer Klage geltend gemachten Ansprüche diejenige Klage außer Betracht bleibt, für welche das Amtsgericht ohne Rücksicht auf den Werth des Streitgegenstandes zuständig ist.

2. Gegen wen die Räumungsklage zu richten ist. Die auf das Erlöschen der Miethe gestützte Räumungsklage kann gegen den Miether und den Untermiether und zwar gemeinsam gegen beide oder auch nur gegen einen derselben gerichtet werden, nicht dagegen auch gegen deren in die Miethwohnung aufgenommenen Hausangehörigen wie Ehefrau, Kinder, Geschäftspersonal, Dienstpersonal 2c.; denn mit letzteren besteht oder bestand keinerlei Miethsverhältniß. Die auf Eigenthum oder ein sonstiges dingliches Recht gestützte Räumungsklage wird allerdings gegen die genannten Personen an sich begründet sein (§ 1004); doch können dieselben sich auf das Miethrecht desjenigen, der sie in die Wohnung aufgenommen hat, berufen und wenn sie solches nachweisen, die Abweisung der Klage herbeiführen.[2]) Dagegen kann die auf Erlöschen des Miethverhältnisses gestützte Räumungsklage vom Vermiether gegen den Untermiether nach der positiven Vorschrift des § 556 gerichtet werden, obgleich auch hier ein Miethverhältniß zwischen beiden nicht besteht oder bestanden hat. Die Klage gegen den Untermiether kann sowohl darauf, daß das Miethrecht des Hauptmiethers nicht mehr bestehe, als auch darauf, daß die Untermiethe ohne Erlaubniß des Hauptvermiethers abgeschlossen sei, gestützt werden. Darüber, wann eine vom Miether in die Miethsräume aufgenommene Person als Untermiether anzusehen sei, vergleiche man § 24 dieser Schrift.

3. Besitz des Beklagten ist Voraussetzung der Räumungsklage. Da mit der Räumungsklage Rückgabe der Wohnung verlangt wird, so ist weitere Voraussetzung derselben, daß der Beklagte zur Zeit der Zustellung der Klage noch in der Lage ist, die Wohnung „zurückgeben" zu können (§ 556), also noch den Besitz der Wohnung hat. Den Besitz übt der Miether auch dann

---

[1]) Vergl. Niendorff S. 229.

[2]) Der § 76 der C. P. O. (Benennung des mittelbaren Besitzers) findet auf diesen Fall keine Anwendung, weil der Hausangehörige nach § 855 Besitzgehülfe, der Miether dagegegen der unmittelbare Besitzer ist. Eine Räumungsklage gegen Hausstandsangehörige des Miethers wird z. B. dann angebracht sein, wenn dieselben gegen den Willen des ausgezogenen Miethers zurückgeblieben sind. Sie ist juristisch als Klage wegen Eigenthumsstörung nach § 1004 zu beurtheilen.

noch aus, wenn er zwar seine Sachen fortgeschafft sind, indeß die Schlüssel der Wohnung dem Vermiether vorenthält, oder Hausangehörige des Miethers sich noch mit seinem Willen in den Räumen aufhalten, denn so lange hat der Miether seiner Rückgabepflicht noch nicht genügt (§ 556).

Hat bei Beendigung der Hauptmiethe ein Untermiether die Wohnung allein inne, so kann zwar Vermiether den Untermiether allein auf Räumung verklagen (§ 556); er kann indeß auch zugleich den Hauptmiether oder auch diesen allein auf Räumung verklagen, da der Hauptmiether seiner Rückgabepflicht nicht genügt hat, so lange noch ein von ihm angenommener Untermiether die Wohnung inne hat. Allerdings kann ein solches Urtheil nach § 325 der Civilprozeßordnung nur gegen den Hauptmiether vollstreckt werden, daneben auch gegen den Untermiether nur dann, wenn dieser erst nach Zustellung der Räumungsklage an den Hauptmiether eingezogen ist. Allerdings muß in letzterem Falle zuvor noch die vollstreckbare Ausfertigung gegen den Untermiether nach § 727 der Civilprozeßordnung erwirkt werden.[3])

4. Processualische Besonderheiten des Räumungsprozesses. Für den Räumungsprozeß gelten als weitere processualische Besonderheiten, daß nach § 257 der Civilprozeßordnung wenn die Räumung an einem bestimmten Kalendertage zu erfolgen hat, die Klage auch schon vorher auf künftige Räumung erhoben werden kann. Es ist nicht Voraussetzung der Klage, daß der Miether durch Bestreitung seiner Räumungspflicht oder in sonstiger Weise Anlaß zur Klage gegeben hat. Die Folge des mangelnden Anlasses zur Klage ist nur die, daß der Kläger, sofern der Beklagte den Anspruch sofort anerkennt, die Prozeßkosten zu tragen hat (§ 93 C. P. O.)

Weiter ist eine Milderung für Vollstreckung der Räumungsurtheile durch § 721 der C. P. O. dahin eingeführt, daß das Gericht nach Erlaß des Räumungsurtheils dem Schuldner auf dessen Antrag eine den Umständen nach angemessene Frist zur Räumung gewähren kann. Diese Vorschrift kann nicht durch Parteivereinbarung außer Kraft gesetzt werden.

Wichtig für den Vermiether, welcher ein Räumungsurtheil erwirkt hat, ist auch die Bestimmung des § 717 C. P. O., nach welcher der Kläger, wenn ein vorläufig vollstreckbares Urtheil aufgehoben oder abgeändert wird, zum Ersatze des Schadens verpflichtet ist, der dem Beklagten durch die Vollstreckung des Urtheils oder durch eine zur Abwendung der Vollstreckung gemachte Leistung entstanden ist. Der Beklagte kann den Anspruch auf Schadensersatz in dem anhängigen Rechtsstreit geltend machen. Als Schadensersatz kann der infolge Räumungsurtheils ausgezogene Miether bei Aufhebung des Urtheils neben Erstattung anderer Schäden auch nach § 249 die

[3]) Vergl. P. II Bd. 2 S. 190 fg.

Wiedereinräumung der Wohnung verlangen. Da Vermiether gegenüber dem exmittirten Miether infolge des Räumungsprozesses stets in Erfüllungsverzug sein wird, so kann Miether, wenn der Wiedereinzug in die Wohnung kein Interesse für ihn hat, auch die Wiedereinräumung der Wohnung ablehnen und Schadensersatz wegen Nichterfüllung fordern. Unberührt bleibt ferner auch das Recht des Miethers, den Miethvertrag nach § 542 infolge Entziehung des Miethgebrauchs zu kündigen, in welchem Falle dann der Schadensersatz vom Zeitpunkte der Kündigung an, wie bereits in § 14 dieser Schrift erörtert, wegfällt.

Vierter Abschnitt.

Die Untermiethe.

§ 24.

Die Einwilligung des Vermiethers.

Der § 549 bestimmt:

§ 549. Der Miether ist ohne die Erlaubniß des Vermiethers nicht berechtigt den Gebrauch der gemietheten Sache einem Dritten zu überlassen, insbesondere die Sache weiter zu vermiethen. Verweigert der Vermiether die Erlaubniß, so kann der Miether das Miethverhältniß unter Einhaltung der gesetzlichen Frist kündigen, sofern nicht in der Person des Dritten ein wichtiger Grund vorliegt.

Ueberläßt der Miether den Gebrauch einem Dritten, so hat er ein dem Dritten bei dem Gebrauche zur Last fallendes Verschulden zu vertreten, auch wenn der Vermiether die Erlaubniß zur Ueberlassung ertheilt hat.

1. Was als unzuläſſige Gebrauchsüberlassung anzusehen ist. Nach § 549 ist nicht allein die Untervermiethung, d. h. die Ueberlassung des Gebrauchs an einen Dritten gegen Entgelt, sondern auch die unentgeltliche Ueberlassung des Gebrauchs an die Erlaubniß des Vermiethers geknüpft. Dasselbe gilt von der Abtretung des Miethrechts, da auch diese auf eine Gebrauchsüberlassung an Dritte hinausläuft. Im Gegensatz zum Preußischen Landrecht, welches in § 310 I 21 dem Miether die unentgeltliche Mitbenutzung durch Dritte gestattet, macht der § 549 keinen Unterschied zwischen gänzlicher und theilweiser Ueberlassung des Gebrauchs an Dritte, sei es der ganzen Räume oder einzelner Räume, verbietet also namentlich auch die Ueberlassung der Mitbenutzung einzelner Räume an Dritte. Zu unterscheiden hiervon ist die Aufnahme bezw. der Aufenthalt von Personen in den Miethsräumen, wie sie der vertragsmäßige Miethgebrauch mit sich bringt; es gehören hierher die zum Hausstand des Mieihers gehörigen Personen, ferner Dienstboten, Haushälterinnen, Erzieher, bei Geschäftsleuten das Geschäftspersonal u. s. w., ohne Rücksicht darauf ob sie schon zur Zeit des Vertragsschlusses zum Hausstand des Miethers gehörten, oder etwa in geringerer Zahl vorhanden waren. Ebenso darf der

Miether kraft des Miethgebrauchs auch Verwandte bei sich aufnehmen und Gäste bei sich beherbergen. In vielen Fällen kann es zweifelhaft sein, ob der Aufenthalt Dritter in den Miethsräumen als unzulässige Gebrauchsüberlassung oder als zum erlaubten Miethgebrauch gehörig anzusehen ist; z. B. Aufnahme von Schülern ꝛc. in volle Pension. Für die Abgrenzung dieser Fälle ist nach dem Grundsatz von Treu und Glauben mit Rücksicht auf die Verkehrssitte zu entscheiden (§§ 242, 157). Beispielsweise wird man wohl die Aufnahme eines Schülers in die häusliche Gemeinschaft des Miethers als im erlaubten Miethsgebrauch enthalten ansehen dürfen, wenn nicht die Abnutzung der Wohnung dadurch eine erheblich größere wird.[1]) Die Aufnahme dritter Personen ganz auszuschließen, würde jedenfalls zu unannehmbaren Resultaten führen.

2. Folgen der unzulässigen Untervermiethung. Hat der Miether ohne Erlaubniß des Vermiethers den Gebrauch einem Dritten als Untermiether oder unentgeltlich überlassen, so kann der Vermiether gegen den Dritten auf sofortige Räumung klagen.[2]) Der Vermiether kann auch gegen den Hauptmiether nach vorheriger erfolgloser Aufforderung auf Entfernung des Untermiethers aus den Räumen klagen (§§ 550 und 553). Man wird ferner auch dem Untervermiether das Recht zustehen müssen, seinerseits gegen den Untermiether auf Räumung zu klagen, wenn der Hauptvermiether die Räumung verlangt; denn durch letzteres Verlangen wird das dem Untermiether vom Untervermiether eingeräumte Miethrecht hinfällig, der Untermiether benutzt also die Räume ohne Recht; sein Anspruch aus dem Miethvertrage verwandelt sich in einen Schadensersatzanspruch gegen den Hauptmiether wegen verschuldeter Unmöglichkeit der Erfüllung (§ 280). (Vergl. auch § 6 dieser Schrift.)

Eine weitere für den Miether bedenklichere Folge der unbefugten Gebrauchsüberlassung der Miethräume an einen Dritten besteht darin, daß der Vermiether das Miethverhältniß ohne Einhaltung einer Kündigungsfrist kündigen kann (§ 553), vorausgesetzt, daß der Miether trotz Abmahnung dem Untermiether den Gebrauch beläßt. Aus dem Worte „beläßt“ ist zu folgern, daß nach der Abmahnung noch eine angemessene Frist, in der sich zeigt, daß der Miether nicht mit voller Energie die Entfernung des Untermiethers betreibt, verstreichen muß, bevor die Kündigung mit Erfolg geschehen kann.

---

[1]) Es wird hier auch der erkennbare Zweck bei Abschluß des Miethvertrages von Bedeutung sein. Miethet z. B. Jemand eine Wohnung zu dem erkennbaren Zweck, in derselben ein Pensionat zu führen, so wird die Aufahme von Pensionären nicht als unzulässige Gebrauchsüberlassung zu behandeln sein. Ein weiteres Moment für die Entscheidung, ob erlaubte Aufnahme oder unzulässige Gebrauchsüberlassung stattfindet, dürfte darin zu finden sein, daß unzulässige Gebrauchsüberlassung dann nicht vorliegt, wenn der Aufgenommene nur Besitzgehilfe des Miethers nach § 855 ist.

[2]) Dies ist zwar in den Bestimmungen über das Miethrecht nicht ausdrücklich ausgesprochen, wie dies im Preuß. Landrecht in § 345 I 21 geschieht, folgt aber aus § 986 Satz 2.

Wenn der Miether infolge der Kündigung räumt, stehen dem Vermiether Schadensersatzansprüche für die Zeit von der Räumung an, z. B. auf Erstattung des Ausfalls bei ungünstigerer anderweiter Vermiethung nicht zu, da die Aufhebung des Vertrages auf dem freien Willen des Vermiethers beruht, der statt dessen auch auf Entfernung des Untermiethers und Aushaltung des Vertrages durch den Miether hätte bestehen können.[3])

3. Rechtsverhältniß bei erlaubter Untervermiethung.

Wenn der Vermiether zu der Untervermiethung bezw der unentgeltlichen Gebrauchsüberlassung seine Erlaubniß ertheilt hat, was formlos geschehen kann, so kann weder der Miether noch der Vermiether den Untermiether zur Räumung zwingen, so lange der Untermiethvertrag und der Hauptmiethvertrag dauert. Da indeß der Untermiether die Aufhebung des Hauptmiethvertrages nicht hindern kann, so wird er auch bei ertheilter Erlaubniß des Vermiethers seines Miethrechts nicht sicher. Er muß vielmehr, auch wenn der Untermiethvertrag auf längere Zeit abgeschlossen ist, räumen, wenn der Hauptmiethvertrag endigt, sei es normaler Weise, sei es vorzeitig, z. B. infolge Kündigung wegen Miethzinsrückstand oder vertragswidrigen Gebrauchs des Hauptmiethers, oder sei es infolge einer Vereinbarung, die dem Vermiether und Hauptmiether jederzeit freisteht. Während das Preußische Landrecht in § 322 I 21 die Bestimmung enthielt, daß dann, wenn der Vermiether dem auf längere Zeit geschlossenen Untermiethverträge ausdrücklich beigetreten sei, der Untermiether mit Ablauf der Zeit des Hauptmiethers an dessen Stelle trete, enthält das bürgerliche Gesetzbuch eine analoge Bestimmung nicht.

Der Hauptmiether hat nach § 549 Abs. 2 auch bei ertheilter Erlaubniß[4]) ein dem Dritten bezw. dem Untermiether bei dem Gebrauche zur Last fallendes Verschulden zu vertreten, also dem Vermiether die Beschädigungen zu ersetzen, welche durch Vorsatz oder Fahrlässigkeit des Dritten beim Miethgebrauch entstehen. Man wird diese Haftung auch auf schuldhafte Beschädigungen durch Hausangehörige des Untermiethers erstrecken dürfen, weil nach § 278 der Untermiether selbst für Verschulden der von ihm aufgenommenen Personen beim Gebrauch der Miethräume für haftbar zu erachten ist und die Haftbarkeit des Untermiethers nach § 549 Abs. 2 auch den Miether belastet.

4. Ertheilung und Zurücknahme der Erlaubniß.

Die Erlaubniß zur Untervermiethung kann, da es sich um ein Vertragsverhältniß zwischen Vermiether und Miether handelt, nur gegen-

---

[3]) Ueberdies kommt hier der Gesichtspunkt in Betracht, daß der Miethvertrag vom Zeitpunkte der Kündigung aufgehoben ist, während mit dem Schadensersatzanspruch auf den Miethzinsausfall gerade die Fortdauer des Miethvertrages geltend gemacht würde. (Vergl. Schollmeyer zu § 325).

[4]) Ist die Untervermiethung ohne Erlaubniß erfolgt, so haftet der Miether auch für zufällige Beschädigungen durch Untermiether oder dessen Hausangehörige, weil in diesem Falle dem Miether Verletzung seiner Vertragspflicht zur Last fällt.

über dem Miether nicht gegenüber dem Dritten wirksam erklärt worden. Sie kann auch stillschweigend z. B. durch wissentliche Duldung der Benutzung durch Vermiether erklärt werden. Ist die Erlaubniß dem Miether einmal ertheilt, so kann sie nach allgemeinen Grundsätzen über Verträge nicht zurückgenommen werden. Im Gebiete des Preußischen Landrechts war es streitig, ob, wenn die Parteien im Miethvertrage vereinbart haben, die Untermiethe solle nur mit schriftlicher Genehmigung des Vermiethers zulässig sein, die nur mündlich ertheilte Erlaubniß gültig sei bezw. zurückgenommen werden könne. Diese Frage dürfte nach dem bürgerlichen Gesetzbuch dahin zu entscheiden sein, daß die mündlich ertheilte Erlaubniß gilt, wenn anzunehmen ist, daß die Parteien hierbei von der Vereinbarung betreffend die schriftliche Form abgehen wollten; letzteres ist im Zweifel der Fall — die mündliche Erlaubniß gilt also unwiderruflich —, wenn der Vermiether nach der mündlich ertheilten Erlaubniß auch den Einzug des Untermiethers duldet.[5])

Ist die Erlaubniß nur für einen bestimmten Untermiether ertheilt, so folgt daraus nicht die allgemeine Erlaubniß, also nicht die Pflicht des Vermiethers, auch in Zukunft Untermiether zu dulden.

§ 25.

Das Kündigungsrecht des Miethers bei Versagung der Erlaubniß.

1. Was unter Versagung der Erlaubniß zu verstehen ist. Zur Abmilderung der für den Miether im Verbot der Untervermiethung liegenden Härte giebt das Gesetz in § 549 Satz 2 dem Miether ein Kündigungsrecht, wenn der Vermiether die Erlaubniß verweigert, sofern nicht in der Person des Dritten ein wichtiger Grund vorliegt.

Das Kündigungsrecht entsteht, wenn der Vermiether die erwähnte Erlaubniß verweigert; die Verweigerung setzt begrifflich voraus, daß der Miether vorher um die Erlaubniß nachgesucht hat. Das Kündigungsrecht erwächst daher noch nicht, wenn der Vermiether dem Miether ohne solche Anfrage aus anderem Anlaß erklärt, er werde keine Untermiether dulden. Dagegen entsteht das Kündigungsrecht infolge Versagung der nachgesuchten Erlaubniß auch dann, wenn der Miether um die Erlaubniß nur allgemein ohne Benennung eines bestimmten Miethers nachsucht; allerdings braucht, so lange der Untermiether nicht benannt wird, der Vermiether sich nicht über die

---

[5]) Die Motive Band I S. 183 bemerken: „Beruht die Nothwendigkeit einer besonderen Form auf dem Willen der Betheiligten, so ist die Zurückforderung des Geleisteten allerdings dann ausgeschlossen, wenn nach den Umständen des Falles in der Leistung und deren Annahme ein Abgehen der Betheiligten von der auf die besondere Form bezüglichen Vereinbarung zu finden ist; wie es in ihrem Belieben steht, die Form zu bestimmen, so können sie auch diese Bestimmung wieder aufheben."

Erlaubniß zu erklären, kann sich vielmehr die Entscheidung bis zur Benennung vorbehalten.

2. Wichtiger Grund in der Person des Dritten. Die Versagung der Erlaubniß begründet dann kein Kündigungsrecht, wenn in der Person des Dritten ein wichtiger Grund vorliegt. Was als ein wichtiger Grund anzusehen sei, hat das Gesetz nicht näher bestimmt, sondern absichtlich[1]) dem richterlichen Ermessen im einzelnen Fall überlassen. Es muß abgewartet werden, ob sich in der Rechtssprechung hinsichtlich dieser Frage bestimmte Grundsätze entwickeln werden; begründete Besorgniß, daß der Dritte einen die Miethssache über Gebühr stärker abnutzenden Gebrauch, z. B. infolge zahlreicher Familie oder Unsauberkeit oder einen Gebrauch zu unsittlichen Zwecken machen werde, wird wohl meistens als ein „wichtiger" Grund anzuerkennen sein. Auch hier wird bei Entscheidung des Einzelfalles der Grundsatz von Treu und Glauben und die Rücksicht auf Verkehrssitte von Bedeutung sein; die Beweislast, daß ein wichtiger Grund vorliege, trifft, wie sich aus der Fassung des § 549 Satz 2 ergiebt, den Vermiether.

3. Kündigungsrecht nicht von unbeschränkter Dauer. Die Ausübung des dem Miether nach § 549 einmal erwachsenen Kündigungsrechts ist an eine bestimmte Frist nicht gebunden. Der Miether kommt daher durch die ungerechtfertigte Versagung der Erlaubniß in die vortheilhafte Lage, daß er seinerseits kündigen kann, während der Vermiether gebunden bleibt; immerhin wird man auch hier nicht die Kündigung unbeschränkte Zeit hindurch für zulässig halten dürfen, vielmehr dann für ausgeschlossen halten müssen, wenn das Verhalten des Miethers erkennen läßt, daß er von der Kündigung keinen Gebrauch machen wolle.[2])

4. Einzuhaltende Kündigungsfrist. Die Kündigungsfrist bei Ausübung der Kündigung ist nach § 565 Abs. 4 die kalendervierteljährliche; die Kündigung wirkt also nur zum Schluß eines Kalendervierteljahres (31. März, 30. Juni, 30. September und 31. Dezember) und muß spätestens am dritten Werktage des Vierteljahres erfolgen.

5. Feststellungsklage, wenn Zulässigkeit der Kündigung zweifelhaft ist. Ein unsicheres Verhältniß entsteht bei Ausübung der Kündigung immer dann, wenn der Vermiether sich bei Weigerung der Erlaubniß auf einen in der Person des Dritten liegenden wichtigen Grund beruft und deshalb die Kündigung nicht

---

[1]) Vergl. Prot. II. S. 184.

[2]) Es dürften hier die Vorschriften über wahlweise Leistungen — § 263 — entsprechend anzuwenden sein, wie auch Planck diese Vorschriften auf das Wahlrecht nach § 325 für entsprechend anwendbar hält. S. Planck Bd. 3 S. 102. Die Erklärung über die Wahl kann auch stillschweigend, nämlich durch Nichtausübung des Kündigungsrechts eine angemessene Zeit hindurch geschehen.

gelten lassen will. Da die Parteien in vielen Fällen nicht mit Sicherheit im Voraus werden beurtheilen können, ob der Versagungsgrund vom Gericht als ein wichtiger und demnach die Kündigung als unwirksam erachtet werden wird, so empfiehlt sich in solchen Fällen die Erhebung einer Feststellungsklage, welche der Miether darauf richten kann, daß die Kündigung zu Recht bestehe und die Miethe zum Schluß des betr. Kalendervierteljahres ablaufe, der Vermiether darauf, daß die Kündigung wegen wichtigen Grundes der Erlaubnißverweigerung unwirksam sei. (§ 256 der Civilprozeßordnung.)

6. Ausschluß durch Parteivereinbarung. Das Kündigungsrecht des Miethers aus § 545 Satz 2 kann durch Vereinbarung zwischen Miether und Vermiether ausgeschlossen werden. Diese Ausschließung wird schon darin zu finden sein, daß im Miethvertrage die Bestimmung getroffen wird, „Untervermiethung dürfe nur mit Genehmigung oder schriftlicher Genehmigung des Vermiethers erfolgen“ oder „Untermiethe sei verboten“ 2c.[3]) Denn die gesetzlichen Bestimmungen über die Folgen der Untermiethung treten nur insoweit ein, als nicht eine vertragsmäßige Regelung erfolgt ist. Immerhin ist die Frage zweifelhaft und daher zu empfehlen, den Verzicht auf das Kündigungsrecht besonders zum Ausdruck zu bringen.

Fünfter Abschnitt.

Dauer der Miethe.

§ 26.

Normale Beendigung der Miethe.

1. Vertragsfreiheit hinsichtlich der Dauer der Miethe. Hinsichtlich der Dauer der Miethe ist der Vertragsfreiheit durch § 567 eine Grenze dahin gesetzt, daß wenn ein Miethvertrag für längere Zeit als dreißig Jahre abgeschlossen wird, nach dreißig Jahren jeder Theil das Miethverhältniß unter Einhaltung der gesetzlichen Frist kündigen könne, die Kündigung indeß unzulässig sei, wenn der Vertrag für die Lebenszeit des Vermiethers oder des Miethers geschlossen sei. Abgesehen hiervon haben die Parteien völlige Freiheit in ihren Vereinbarungen über die Dauer und die Bedingungen der Beendigung der Miethe. Die gesetzlichen Bestimmungen über die Dauer und die Beendigungsgründe treten nur insoweit ein, als nicht zwischen Parteien abweichendes vereinbart ist. Man hat die Fälle der bestimmten und unbestimmten Miethzeit zu unterscheiden.

2. Endigung bei bestimmter Miethzeit. Ist die Miethzeit bestimmt, so endigt die Miethe nach § 564 Abs. 1 von selbst mit Ablauf der Zeit, für die es eingegangen ist, ohne daß es

---

3) A. M. Fuld S. 108.

einer Kündigung bedarf. Bestimmt ist die Miethzeit dann, wenn von vornherein der Tag der Beendigung kalendermäßig festgesetzt wird (z. B. es heißt im Vertrage: die Miethzeit wird auf drei Jahre vom 1. April 1900 an festgesetzt), ferner auch dann, wenn die Beendigung durch ein künftiges bestimmt eintretendes Ereigniß oder durch sonstige Umstände bestimmbar festgetzt wird, z. B. ein Student miethet eine Wohnung für ein Semester.

3. Endigung bei nicht bestimmter Miethzeit. Man hat zwei Fälle der unbestimmten Miethzeit zu unterscheiden, nämlich:

a. den Fall, wo auf unbestimmte Zeit ohne Festsetzung von Kündigungsfristen gemiethet ist;

b. den Fall, wo zwar auf unbestimmte Zeit, indeß mit bestimmt festgesetzten Kündigungsfristen gemiethet ist.

Zu a.: Nur der Fall unter a. ist hinsichtlich der Kündbarkeit durch gesetzliche Vorschrift geregelt. Der § 564 Abs. 2 bestimmt nämlich:

Ist die Miethzeit nicht bestimmt, so kann jeder Theil das Miethverhältniß nach den Vorschriften des § 565 kündigen.

§ 565. Bei Grundstücken ist die Kündigung nur für den Schluß eines Kalendervierteljahrs zulässig; sie hat spätestens am dritten Werktage des Vierteljahrs zu erfolgen. Ist der Miethzins nach Monaten bemessen, so ist die Kündigung nur für den Schluß eines Kalendermonats zulässig; sie hat spätestens am fünfzehnten des Monats zu erfolgen. Ist der Miethzins nach Wochen bemessen, so ist die Kündigung nur für den Schluß einer Kalenderwoche zulässig; sie hat spätestens am ersten Werktage der Woche zu erfolgen.

Bei beweglichen Sachen hat die Kündigung spätestens am dritten Tage vor dem Tage zu erfolgen, an welchem das Miethverhältniß endigen soll.

Ist der Miethzins für ein Grundstück oder für eine bewegliche Sache nach Tagen bemessen, so ist die Kündigung an jedem Tage für den folgenden Tag zulässig.

Die Vorschriften des Abs. 1 Satz 1, Abs. 2 gelten auch für die Fälle, in denen das Miethverhältniß unter Einhaltung der gesetzlichen Frist vorzeitig gekündigt werden kann.

Der Fall der unbestimmten Miethzeit tritt ferner kraft Gesetzes ein bei der stillschweigenden Verlängerung der Miethe nach § 568 (vergl. § 27 dieser Schrift), ferner bei Verabsäumung der schriftlichen Form nach § 566 (vergl. § 3 dieser Schrift).

Bei unbestimmter Miethzeit ist also stets eine Kündigung sowie der Ablauf einer Kündigungsfrist zur Beendigung der Miethe nothwendig; auch wirkt die Kündigung immer nur auf den Schluß entweder einer Kalenderwoche (also mit Ablauf des Sonnabend) bei wochenweise gemietheten Wohnungen oder auf den Schluß eines Kalendermonats bei monatsweise gemietheten Wohnungen oder auf den Schluß eines Kalendervierteljahres (31. März, 30. Juni, 30. September, 31. Dezember), wenn der Miethzins nach längeren Zeitabschnitten, z. B. jährlich, halbjährlich, vierteljährlich, zweimonatlich bestimmt ist. Zu beachten ist, daß die Frage, welche Kündigungsfrist Platz greift, sich lediglich darnach richtet, nach welchem Zeitraum die Höhe des Miethzinses vereinbart wird (z. B. jährlicher Miethzins 1200 Mk., monatlicher Miethzins 30 Mark), sich dagegen nicht darnach richtet, welche Zahlungstermine für den Miethzins festgesetzt werden. Verabreden z. B. die Parteien: der jährliche Miethzins beträgt 1200 Mark und ist in monatlichen Raten zahlbar, so greift die kalendervierteljährliche Kündigungsfrist nach Satz 1 des § 565 Platz; lautet die Abmachung: „Der Miethzins beträgt monatlich 100 Mark und ist in vierteljährigen Raten zahlbar", so greift die Kündigungsfrist für monatsweise Miethungen (bis zum 15. auf den 1. des folgenden Monats) Platz. Für die gesetzliche kalendervierteljährige Kündigungsfrist gilt die Besonderheit, daß die Kündigung noch bis zum dritten Werktage des Vierteljahrs erfolgen kann (selbstverständlich ist auch die früher erfolgende Kündigung auf den Schluß des Kalendervierteljahres wirksam).

Zu b.: Im Falle zu b. ist stets ohne Rücksicht darauf, wie der Miethzins bemessen ist, die vereinbarte Kündigungsfrist innezuhalten. Ist vertragsmäßig bei unbestimmter Miethzeit eine vierteljährliche Kündigungsfrist zum Schluß der Kalendervierteljahre oder anderer Monate vereinbart, so ist auf diese vertragsmäßige Kündigungsfrist die Vorschrift, daß die Kündigung auch noch bis zum dritten Werktage erfolgen könne, nicht anwendbar, vielmehr ist solchen Falls die volle Frist zu wahren, sodaß z. B. die Kündigung, um bei vertragsmäßiger vierteljähriger Frist auf den 30. Juni 1901 zu wirken, spätestens am 31. März 1901 erfolgen muß.[1])

4. Auslegung unklarer Vereinbarungen über Kündigungsfristen. Sehr häufig sind die Vereinbarungen der Parteien über die Aufhebung der Miethe durch Kündigung lückenhaft und unpräcise; so findet sich z. B. häufig eine Abmachung, die weiter nichts enthält, als daß die Miethe beiderseits nach vierteljähriger oder monatlicher Kündigung solle aufgehoben werden können. Streng genommen würde auf Grund einer solchen Abmachung jede Partei auch zu abnormaler Zeit die Miethe zur Auflösung bringen können, z. B. am 17. Februar auf den 17. Mai kündigen können, was in den meisten Fällen für jede Partei höchst lästig wäre und nur in seltenen Fällen beabsichtigt gewesen sein wird. In solchen Fällen ist auch entgegen dem strikten Wortlaut der wirkliche Vertragswille maßgebend (§ 133). Haben die Parteien also beiderseits gemeint, die Kündigung solle stets nur auf den Schluß eines Kalendermonats oder eines Kalendervierteljahres zulässig sein, so ist dies inne zu halten; doch muß im Streitfalle solches derjenige beweisen, der auf jenen nicht klar zum Ausdruck gebrachten Vertragswillen seinen Anspruch stützt; für diesen Beweis kann er sich namentlich darauf berufen, wie nach Ortsgebrauch jene unpräcise Vereinbarung ausgelegt wird und welche Ziehzeiten am Orte üblich sind.

---

[1]) Vergl. P. II Bd. 2 S. 2151. So auch Borcherdt „Das Miethrecht" S. 79, während Fränkel „Mieth- und Pachtrecht" S. 57 ohne Angabe von Gründen die Vorschrift des § 565 Satz 1 auch auf vertragsmäßige Kündigungsfristen anwenden will. Dies wird durch die Vorarbeiten direkt widerlegt.

§ 27.

Die stillschweigende Verlängerung der Miethe.

1. Voraussetzungen der Verlängerung. Der § 568 bestimmt:

§ 568. Wird nach dem Ablaufe der Miethzeit der Gebrauch der Sache von dem Miether fortgesetzt, so gilt das Miethverhältniß als auf unbestimmte Zeit verlängert, sofern nicht der Vermiether oder der Miether seinen entgegenstehenden Willen binnen einer Frist von zwei Wochen dem anderen Theile gegenüber erklärt. Die Frist beginnt für den Miether mit der Fortsetzung des Gebrauchs, für den Vermiether mit dem Zeitpunkt, in welchem er von der Fortsetzung Kenntniß erlangt.

Damit diese Vorschrift über stillschweigende Verlängerung in Anwendung trete, ist zunächst erforderlich, daß die Miethzeit abgelaufen, die Miethe also beendet ist; von einer stillschweigenden Verlängerung im Sinne des vorstehenden Paragraphen kann daher in dem Falle keine Rede sein, wenn die Verlängerung infolge Nichtkündigen deshalb eintritt, weil zwischen den Parteien abgemacht ist, die Miethe gelte stets auf einen weiteren Zeitabschnitt (z. B. Monat, Jahr) als verlängert, wenn nicht von einer Seite gekündigt werde. Auf der anderen Seite tritt, wenn einmal die Miethzeit beendet ist, die Vorschrift des § 568 nicht allein dann in Anwendung, wenn eine *bestimmte* Vertragsdauer festgesetzt war, sondern auch dann, wenn ein auf *unbestimmte* Zeit eingegangenes Miethverhältniß durch Kündigung beendet ist, ferner auch dann, wenn die Miethe vorzeitig durch Kündigung aus besonderen Gründen (z. B. wegen Miethzinsrückstandes, vertragswidrigen Gebrauchs) beendet ist.

Das Gesetz fingirt[1]), daß die Parteien einen neuen Miethvertrag auf unbestimmte Zeit abgeschlossen haben, wenn der Miether nach Ablauf der Miethzeit den Gebrauch fortsetzt und binnen 14 Tagen keine Partei ihren gegen die Verlängerung gerichteten Willen der anderen Partei erklärt. Es ist gleichgültig, ob die Parteien auch wirklich den Willen auf Verlängerung der Miethe gehabt haben; letztere tritt daher auch dann ein, wenn der Miether durch zufällige Umstände, z. B. durch einen Krankheitsfall oder Sterbefall genöthigt gewesen ist, den Gebrauch noch einige Zeit fortzusetzen, ohne daß er an Verlängerung der Miethe gedacht hat.[2]) Dagegen tritt die Verlängerung der Miethe nicht ein, wenn eine der Parteien die vierzehntägige Frist hindurch geschäftsunfähig und ohne Vertreter also nicht im Stande war, einen Vertrag abzuschließen.[3]) Ferner tritt die Verlängerung nicht ein, wenn Parteien vereinbart haben, daß der Miether wegen besonderer Verhältnisse, z. B. Krankheitsfall noch einige Zeit über die fortgesetzte Miethzeit hinaus solle wohnen bleiben können; denn hier endet die Miethe in Wirklichkeit erst mit Ablauf der weiter concedirten Zeit.

---

1) M. II S. 414.
2) M. II S. 414.
3) So auch *Kuhlenbeck* „Das bürgerliche Gesetzbuch", Anmerkung 2 zu § 568.

Uebrigens können die Parteien mit rechtlicher Wirksamkeit im Voraus vereinbaren, daß die stillschweigende Verlängerung infolge Unterlassung des Widerspruchs nicht eintreten solle.

2. Form des Widerspruchs gegen die Verlängerung. Die Erklärung, daß die Miethe nicht verlängert sein solle, kann formlos erfolgen, sie liegt auch darin, daß der Miether innerhalb der vierzehntägigen Frist auszieht, sodaß in diesem Falle eine ausdrückliche Erklärung, die Miethe solle nicht verlängert sein, nicht mehr erforderlich ist. Streng genommen würde, wenn der Miether, nachdem von einer Seite rechtzeitig der Widerspruch gegen die Verlängerung erklärt ist, weiter wohnen bleibt, ohne daß in den folgenden vierzehn Tagen der Widerspruch wiederholt wird, die Verlängerung trotz des Widerspruchs eintreten; es wird indeß dies nicht Absicht des Gesetzes sein, diese vielmehr dahin gehen, daß, wenn einmal der Widerspruch rechtzeitig erfolgt ist, damit die stillschweigende Verlängerung ausgeschlossen ist. Wenn die Parteien nachher anderen Sinnes werden und die Miethe fortsetzen wollen, so wird hierzu der Abschluß eines neuen Vertrages nöthig sein oder doch der beiderseitige Verlängerungswille erkennbar hervortreten müssen.

3. Folgen der Verlängerung. Für den Verlängerungsvertrag bleiben, wie schon das Wort „Verlängerung" ergiebt, alle Bestimmungen des früheren Vertrages maßgebend; nur die etwa im früheren Vertrage getroffene Bestimmung über die Dauer und die Kündigungsfristen treten außer Kraft. Die Kündigungsfristen für die verlängerte Miethe richten sich nach § 565, ohne Rücksicht darauf, ob für den früheren Vertrag andere Kündigungsfristen vereinbart waren. Von wesentlicher Bedeutung bleibt also, nach welchen Zeiträumen in dem abgelaufenen Vertrage der Miethzins bemessen gewesen ist. (Vergl. § 26 unter 3 a. dieser Schrift.)

§ 28.

Begriff und Erfordernisse der Kündigung.

1. Begriff der Kündigung. Kündigung ist die einseitige Willenserklärung, das Vertragsverhältniß für die Zukunft nicht fortsetzen zu wollen, sei es auf sofort, sei es nach Ablauf einer bestimmten Frist oder zu einem bestimmten Termin. Die Kündigung unterscheidet sich nach der Terminologie des B. G. B. von dem in §§ 346 bis 361 geregelten Rücktritt vom Vertrage dadurch, daß der Rücktritt das Vertragsverhältniß auch für die Vergangenheit auflöst, während die Kündigung das Rechtsverhältniß nur für die Zukunft zum Erlöschen bringt.[1])

2. Form und Inhalt der Kündigungserklärung. Die Kündigung ist an keine Form gebunden, sie kann mündlich und

---

[1]) Planck, Bd. 3 S. 128 und P. II Bd. 2 Nr. 145 V.

schriftlich, auch durch Telegramm und Fernsprecher erfolgen; damit eine Erklärung als Kündigung gelte, ist nicht nöthig, daß gerade das Wort „kündigen“ gebraucht wird, es genügt ist aber auch erforderlich, daß der Wille, das Vertragsverhältniß auflösen zu wollen, unzweideutig zum Ausdruck kommt. Als Kündigung ist es z. B. anzusehen, wenn der Miether am 1. April dem Vermiether erklärt, er werde am 1. Juli ausziehen. Eine Kündigung des Vermiethers liegt auch in der Zustellung einer Räumungsklage; wenn daher die Klage zur Zeit der Anstellung noch nicht begründet war, die Kündigungsfrist indeß bis zum Urtheil abgelaufen ist, so ist der Räumungsklage stattzugeben. Auch bei Abweisung der Räumungsklage bleibt die in derselben liegende Kündigung bestehen. Die Kündigung unter einer Bedingung, z. B. die Erklärung des Miethers, „er kündige wenn der Vermiether nicht die zugesagte Ausbesserung ausführen lasse“, ist in der Regel unwirksam.[2]) Bei der Kündigung braucht nicht der Zeitpunkt, zu welchem sie das Miethverhältniß auflösen soll, angegeben zu werden; sie wirkt, wenn kein anderer Zeitpunkt angegeben ist, zu dem nächsten Termin, für welchen nach den Parteivereinbarungen oder in Ermangelung von solchen nach dem Gesetze gekündigt werden kann. Ob eine verspätete Kündigung, für den nächstfolgenden Termin noch gilt oder gänzlich wirkungslos ist, muß nach Lage des einzelnen Falles beurtheilt werden.[3]) Wenn aus dem Inhalte der Kündigungserklärung erhellt, daß der Kündigende das Miethverhältniß nicht bloß zu einem bestimmten Zeitpunkte, sondern überhaupt beendigen wolle, so wirkt die verspätete Kündigung für den nächstfolgenden Termin. Dies ist namentlich dann anzunehmen, wenn bei der Kündigung ein bestimmter Zeitpunkt nicht angegeben ist. Wenn dagegen ein bestimmter Zeitpunkt angegeben ist, so ist im Zweifel anzunehmen, daß sie nur für diesen Zeitpunkt gelten, mithin wenn für diesen verspätet, überhaupt nicht gelten soll.

3. Kündigungserklärung an Abwesende. Auf die Erklärung der Kündigung an die andere Partei finden die Vorschriften der §§ 130—132 Anwendung; darnach wird die Kündigung, wenn sie in Abwesenheit der Gegenpartei erklärt wird, erst in dem Zeitpunkte wirksam, in welchem sie derselben zugeht; sie wird nicht wirksam, wenn der Gegenpartei vorher oder gleichzeitig ein Widerruf der Kündigung zugeht. Als „zugegangen“ ist die Kündigung dann anzusehen, wenn der Gekündigte in die Lage gesetzt ist, daß er unter regelmäßigen Verhältnissen von der Kündigung sich Kenntniß ver-

---

[2]) M. II S. 314. Es dürfte zu weit gehen, die bedingte Kündigung schlechthin in allen Fällen für unwirksam zu erklären. Erklärt z. B. der Vermiether dem Miether: „Er kündige, wenn nicht bis zum 30. März der rückständige Miethzins gezahlt sei,“ so wird die Kündigung als am 30. März geschehen gelten müssen, wenn bis dahin nicht der Miethzins gezahlt ist. So auch Fuld S. 153; A. M. Planck § 564 A. 2. Der entscheidende Gesichtspunkt dürfte sein, daß kein Schwebezustand, der eine Partei über Gebühr belastet, entstehen darf.

[3]) M. II S. 413.

schaffen konnte.[4]) Dies ist z. B. der Fall, wenn das Kündigungsschreiben in den an der Wohnung des Gekündigten angebrachten Briefkasten geworfen oder in der Wohnung des Gekündigten an die Ehefrau oder einen Dienstboten desselben abgegeben wird. Es hängt in solchem Falle die Wirksamkeit der Kündigung nicht mehr davon ab, ob und wann sie zur Kenntniß des Gekündigten kommt. Deshalb gilt die Kündigung auch dann als erfolgt, wenn der Gekündigte die Annahme des Kündigungsschreibens ablehnt (§ 130 Abs. 1). Auf alle Fälle gilt die Kündigung dann als zugegangen, wenn sie durch Vermittelung des Gerichtsvollziehers zugestellt wird (§ 132).

4. Kündigung durch und an Bevollmächtigte. Die Kündigung kann auch durch einen Bevollmächtigten geschehen; die Vollmacht zur Kündigung braucht grundsätzlich nicht schriftlich zu sein; doch ist die Kündigung durch einen Bevollmächtigten unwirksam, wenn der letztere eine Vollmachtsurkunde nicht vorlegt und der Gekündigte die Kündigung aus diesem Grunde unverzüglich zurückweist; die Zurückweisung ist ausgeschlossen, wenn die kündigende Partei die Gegenpartei von der Bevollmächtigung in Kenntniß gesetzt hat (§ 174).

Die Kündigung muß ferner an die Gegenpartei also Miether oder Vermiether erklärt werden; auch hier ist Stellvertretung zulässig. Ob die Vollmacht zur Entgegennahme der Kündigung in einer allgemeinen Vollmacht, z. B. Vollmacht zur Hausverwaltung enthalten ist, ist Thatfrage. Die Ehefrau, Kinder und Dienstboten des Miethers oder Vermiethers sind, wenn kein besonderer Auftrag vorliegt, zur Vertretung desselben nicht befugt.

5. Kündigung seitens Unbevollmächtigter oder an Unbevollmächtigte. Man nehme folgenden Fall:

Der Miethvertrag ist vereinbart vom 1. April 1900 bis 1. April 1901 mit der Maßgabe, daß er sich um ein Jahr verlängert, wenn nicht ein Vierteljahr vor Ablauf gekündigt wird. Am 31. Dezember 1900 kündigt die Ehefrau des Miethers in Abwesenheit ihres Mannes und ohne dessen Wissen und Ermächtigung, aber Namens desselben die Miethe auf den 31. März 1901.

In diesem Falle ist die Wirksamkeit der Kündigung nach § 180 zu beurtheilen. Darnach kann der gekündigte Vermiether die Kündigung dadurch unwirksam machen, daß er sie bei Empfang oder unverzüglich hinterher wegen der fehlenden Vollmacht zurückweist. Alsdann ist es so zu halten, als ob überhaupt nicht gekündigt wäre. Läßt dagegen der Vermiether sich die Kündigung ohne Beanstandung der Vertretungsmacht gefallen, so entsteht, falls er die mangelnde Vertretungsmacht der Ehefrau kannte, als Folge seiner wissentlichen Einlassung mit einem Unbevollmächtigten zu seinen Ungunsten ein Schwebezustand, den der Miether ausnutzen kann.

---

[4]) Planck Bd. 2 S. 164.

Der Miether, dessen Ehefrau unbevollmächtigt gekündigt hat, ist nämlich in der Lage, nach seinem Belieben die Kündigung entweder durch nachträgliche Genehmigung mit rückwirkender Kraft wirksam zu machen (§ 184) oder durch Versagung der Genehmigung jeder Wirksamkeit zu entkleiden (§ 178). Der gekündigte Vermiether muß also die Entschließung des Miethers abwarten; er kann indeß eine Entscheidung dadurch herbeiführen, daß er den Miether zur Erklärung über die Genehmigung auffordert; erfolgt innerhalb zwei Wochen seit Aufforderung keine Erklärung, so gilt die Genehmigung als verweigert, die Kündigung also als nicht erfolgt. Auf diese Weise kann es kommen, daß der eine Theil (im vorstehenden Beispiel der Vermiether) infolge der nicht zurückgewiesenen Kündigung eines Unlegitimirten nicht die volle bedungene Kündigungsfrist für anderweite Dispositionen zur Verfügung hat. Versäumt im vorstehenden Beispiel der Vermiether überhaupt, den Miether zur Erklärung über die Genehmigung aufzufordern, so würde dieser noch bis zum 31. März 1901 frei bestimmen können, ob die Kündigung gelten soll oder nicht.

Anders liegt der Fall, wenn der Vermiether bei Empfang der Kündigung die kündigende Ehefrau für ermächtigt hielt; alsdann kann er die Kündigung nicht nur bei Empfang, sondern auch zu jeder beliebigen Zeit hinterher durch einfache Zurückweisung, welche an Miether oder auch an die kündigende Ehefrau erklärt werden kann, unwirksam machen (§ 178). Dieses Zurückweisungsrecht steht ihm so lange zu, bis der Miether ihm erklärt, daß er die geschehene Kündigung genehmige. Genehmigt also der Miether die Kündigung, bevor Vermiether die Zurückweisung erklärt, so besteht die Kündigung zu Recht. Erfolgt dagegen die Zurückweisung der Kündigung, bevor Miether die Genehmigung erklärt, so ist die Kündigung nicht mehr genehmigungsfähig. Giebt daher im vorliegenden Beispiele keine der Parteien bis zum 31. März 1901 eine Erklärung ab, so ist, falls Vermiether die mangelnde Vertretungsmacht der kündigenden Ehefrau nicht kannte, am 1. April 1901 hinsichtlich der Fortsetzung oder Beendigung der Miethe der Wille desjenigen Vertragstheils entscheidend, der seinen Willen zuerst dem anderen kund giebt. Allerdings wird, wenn der Miether die Genehmigung der Kündigung weigert, die kündigende Ehefrau dem Vermiether schadensersatzpflichtig (§ 179).

Die gleichen Grundsätze gelten in dem umgekehrten Fall, wenn die Kündigung nicht an den gekündigten Vertragstheil direkt (im vorstehenden Beispiel den Vermiether), sondern an einen unbevollmächtigten Dritten, der die Kündigung für denselben als Vertreter ohne Vollmacht entgegennimmt, erklärt wird, z. B. an die unbevollmächtigte Ehefrau des Vermiethers.

Weitere Komplikationen können sich ergeben, wenn in dem vorliegenden Beispiel die unbevollmächtigte Ehefrau des Miethers am 31. Dezember 1900 die Kündigung an die sich als Vertreterin gerirende unbevollmächtigte Ehefrau des Vermiethers erklärt. Lassen es in solchem Falle beide Theile bei der aktiv und passiv unlegitimirten Kündigung bewenden, so ist das Endergebniß, daß die Kündigung nur durch beiderseitige Genehmigung in Kraft gesetzt werden kann also thatsächlich völlig wirkungslos ist und demnach die Miethzeit in dem erwähnten Beispiel wegen unterbliebener Kündigung vom 1. April 1901 an auf ein Jahr verlängert gilt.

Wohl zu unterscheiden von der Kündigung gegenüber einem unbevollmächtigten Vertreter des Gekündigten ist der Fall, daß das an den Miether oder Vermiether adressirte Kündigungsschreiben diesem durch Abgabe an die Ehefrau, Kinder, Dienstboten rc. „zugeht" oder die mündliche Kündigung an solche Personen mit dem Auftrage zur Weitergabe an den Gekündigten erklärt wird. Hier kommt ein Vollmachtsverhältniß gar nicht in Frage; der Empfänger der Kündigung kommt nur als Bote des Gekündigten in Betracht, nicht als juristischer Stellvertreter; die Kündigung gilt daher, sofern sie zur Kenntniß des Gekündigten gelangt oder bei brieflicher Kündigung demselben „zugeht" (vergl. die Ausführungen unter 3 dieses Paragraphen). Im Zweifel wird man, wenn die Kündigung an einen Hausangehörigen des anderen Theils erklärt wird, als Absicht annehmen dürfen, daß der Empfänger der Erklärung nur als Mittelsperson zur Uebermittelung der Kündigung benutzt werden soll, sodaß die Kündigung, wenn sie dem Gekündigten übermittelt wird, damit zu Recht besteht.

6. Wirkung der Kündigung. Die Wirkung der Kündigung, nämlich das demnächstige oder sofortige Erlöschen des Miethverhältnisses tritt, wenn der Kündigende ein Recht zur Kündigung hatte, für und gegen beide Theile ein; jeder Theil hat daher auf Grund der Kündigung ein Recht auf Aufhebung des Vertrages. Deshalb ist die Zurücknahme der Kündigung durch den Kündigenden ohne Einwilligung des Gekündigten wirkungslos; zur Aufhebung der Wirkungen der Kündigung, also zur Fortsetzung des Vertragsverhältnisses bedarf es vielmehr eines neuen Vertrages. Das bloße Stillschweigen des Gekündigten auf die Erklärung, daß die Kündigung zurückgenommen werde, genügt also noch nicht, um die Wirkung der Kündigung aufzuheben.

Bestand für den Kündigenden kein Recht zur Kündigung, so ist die Kündigung wirkungslos; sie wirkt auch nicht gegen den Kündigenden etwa dergestalt, daß dieser nun auf Verlangen des Gekündigten das Vertragsverhältniß zu dem von ihm angegebenen Termine aufheben müßte. Erklärt die Gegenseite sich mit der unberechtigt erfolgenden Kündigung einverstanden, so ist hierin allerdings ein Vertrag auf Aufhebung des Miethverhältnisses zu erblicken, ebenso auch in dem Falle, daß der Miether auf Aufforderung des Vermiethers zur Räumung thatsächlich die Wohnung räumt.

Sechster Abschnitt.

Die vorzeitige Beendigung der Miethe aus besonderen Gründen.

§ 29.

Uebersicht.

Außer dem bereits in § 13 dieser Schrift behandelten Falle der Kündigung durch Miether wegen Nichtgewährung oder Entziehung des Gebrauchs kommen als weitere Fälle vorzeitiger Beendigung in Betracht:

A. Kündigung des Vermiethers wegen Miethzinsrückstand (§ 30).
B. Kündigung des Vermiethers wegen vertragswidrigen Gebrauchs (§ 31).
C. Kündigung des Miethers infolge Versetzung (§ 32).
D. Kündigung beim Tode des Miethers (§ 33).
E. Konkurs des Miethers oder Vermiethers (§ 34).

§ 30.

A. Kündigungsrecht des Vermiethers wegen Miethzinsrückstand.

1. Verhältniß zu allgemeinen Grundsätzen. Der § 554 bestimmt:

§ 554. Der Vermiether kann ohne Einhaltung einer Kündigungsfrist das Miethverhältniß kündigen, wenn der Miether für zwei auf einander folgende Termine mit der Entrichtung des Miethzinses oder eines Theiles des Miethzinses im Verzug ist. Die Kündigung ist ausgeschlossen, wenn der Miether den Vermiether befriedigt, bevor sie erfolgt.

Die Kündigung ist unwirksam, wenn sich der Miether von seiner Schuld durch Aufrechnung befreien konnte und unverzüglich nach der Kündigung die Aufrechnung erklärt.

Die Vorschrift erscheint als Fortentwickelung des für gegenseitige Verträge allgemein geltenden Grundsatzes, daß derjenige — hier der Miether —, welcher die ihm obliegende Leistung nicht macht, auch keinen Anspruch auf die Gegenleistung hat und beim Verzuge desselben der andere Theil unter gewissen Voraussetzungen den Vertrag aufheben kann. (§§ 320, 326).

Der § 554 modifizirt diesen Grundsatz in seiner Anwendung auf den Verzug des Miethers bei bereits angetretenem Miethverhältniß.

2. Verzug mit zwei Miethsraten als Voraussetzung des Kündigungsrechts. Die Entstehung des Kündigungsrechts für Vermiether ist an eine doppelte Voraussetzung geknüpft, nämlich:

a. daß Miether für zwei aufeinander folgende Fälligkeitstermine den Miethzins ganz oder theilweise nicht berichtigt hat;
b. daß er mit diesem nicht berichtigten Miethzinse in Verzug ist.

Zu a: Rückstand zweier Miethzinsraten. Die Fälligkeits-Termine richten sich, wenn sie nicht vereinbart sind, nach § 551 (vergl. § 18 dieser Schrift). Die Termine, an denen der Miethzins rückständig bleibt, müssen unmittelbar auf einander folgen. Gleichgültig ist, ob die Miethe im Voraus oder nachträglich zahlbar ist. Ist z. B. die Miethe in monatlichen Raten im Voraus am 1. jeden Monats zahlbar, so hat der Vermiether am 2. Juni das Kündigungsrecht, wenn der Miether mit der Mai-Miethe und Juni-Miethe in Verzug ist; war dagegen die April-Miethe rückständig die Mai-Miethe aber gezahlt, so erwächst wenn der Miether auch mit der Juni-Miethe in Rückstand kommt, kein Kündigungsrecht.

Es ist daher, wenn bei Miethzinsrückstand Theilzahlungen des Miethers erfolgen, für beide Theile von wesentlicher Bedeutung wie die Zahlungen anzurechnen sind. Nach § 366 Abs. 1 wird diejenige Schuld durch die Zahlung getilgt, welche der Schuldner bei der Zahlung bestimmt. Nimmt der Gläubiger die Zahlung an, so gilt die vom Schuldner bestimmte Schuld auch dann als getilgt, wenn der Gläubiger beim Empfang erklärt, die Zahlung auf eine andere Forderung anrechnen zu wollen oder über eine andere Forderung eine Quittung ausstellt.[1]) Will der Vermiether also die vom Miether bei der Theilzahlung bestimmte Anrechnung nicht gelten lassen, so muß er die Annahme verweigern, wozu er nach dem Satze daß ein Gläubiger Theilzahlungen nicht anzunehmen brauche (§ 266) befugt ist. Zahlt der Miether ohne Bestimmung der Miethsrate, so wird unter entsprechender Anwendung des § 366[2]) die Zahlung auf die älteste Miethzinsrate anzurechnen sein.

Wenn der Vermiether infolge des Rückstandes kündigt und die Räumung verlangt, so braucht er nicht zu beweisen, daß der Miethzins für zwei auf einander folgende Termine nicht gezahlt sei, sondern der Miether muß seinerseits die Zahlung beweisen. (Vergl. § 358.)

Zu b.: Verzug des Miethers. Die weitere Voraussetzung: der Zahlungsverzug tritt wenn die Zahlungstermine kalendermäßig feststehen, was bei der Wohnungsmiethe entweder kraft Vereinbarung oder kraft Gesetzes wohl stets der Fall sein wird, von selbst ohne weitere Mahnung ein. (§§ 284, 551). Da der Erfüllungsort für Zahlung des Miethzinses nach § 270 Abs. 4 und § 269 die Miethwohnung ist, so genügt um den Verzug auszuschließen, die rechtzeitige Absendung des Geldes.[3]) Sendet daher Miether den am 1. April fälligen Miethzins am 1. April durch Postanweisung ab und wird das Geld bei ordnungsmäßiger Beförderung dem Ver-

---

1) Planck Bd. 3 S. 142.

2) Direkte Anwendung findet § 366 nicht, weil derselbe mehrere Schuldverhältnisse voraussetzt, während es sich hier um Theilzahlungen auf ein einziges Schuldverhältniß handelt.

3) Vergl. Dernburg Bd. II S. 116.

miether am 2. April ausgehändigt, so ist die am 2. April vor Einhändigung des Geldes bewirkte Kündigung unwirksam, weil Zahlungsverzug nicht eingetreten ist.

Von Bedeutung für den Verzug und damit auch für die Entstehung des Kündigungsrechtes ist namentlich die Vorschrift des § 285, daß der Schuldner nicht in Verzug kommt, so lange die Leistung in Folge eines Umstandes unterbleibt, den er nicht zu vertreten hat, der also weder auf Vorsatz noch auf Fahrlässigkeit des Schuldners beruht (§ 276). So kann z. B. ein Verschulden an der Zahlungszögerung dadurch ausgeschlossen sein, daß der Miether sich entschuldbar im Irrthum über den Aufenthalt oder die Adresse des Vermiethers befindet. Hat der Vermiether dem Miether erklärt, es komme mit der Miethzinszahlung auf ein paar Tage nicht an und dergl., so kommt der Miether erst dann in Verzug, wenn er auch die damit bewilligte Frist unbenutzt verstreichen läßt. Bei Fristbewilligung auf unbestimmte Zeit kommt der Miether nicht eher in Verzug, als bis er zur Zahlung aufgefordert ist.

Von dem Vorwurfe des Verzuges wird der Miether dann noch nicht frei, wenn er den Miethzins vorenthält oder kürzt in dem irrthümlichen Glauben, dazu wegen Mängel oder Gegenforderungen berechtigt zu sein, während später die Kürzung für unberechtigt befunden wird. Wenn es sich hier allerdings um kleine Unterschiede in der Schätzung handelt, wird der Irrthum als entschuldbar gelten müssen. Immerhin ist dem Miether bei Kürzungen wegen Mängel mit Rücksicht auf die Gefahr der Kündigung Vorsicht anzuempfehlen.

Ein Verzug des Miethers liegt selbstverständlich nicht vor, wenn der Vermiether die Annahme des ihm baar angebotenen Miethzinses ohne Grund verweigert. Grund zur Weigerung hat der Vermiether allerdings dann, wenn ihm nicht der geschuldete Betrag voll, also bei Rückstand mehrerer Raten alle Raten angeboten werden, weil er Theilzahlungen nicht anzunehmen braucht. Lehnt der Vermiether die ihm angebotene vollständige Zahlung ab, so kommt er in Annahmeverzug; er kann dann den Miether nur dadurch wieder in Verzug setzen, daß er sich zur Annahme des Miethzinses bereit erklärt und den Miether zur Zahlung auffordert; die Kosten des erfolglosen Angebots z. B. Porto der zurückgekommenen Geldsendung kann der Miether abziehen (§ 304).

Ein Verzug des Miethers tritt ferner nicht ein, wenn der Vermiether sich weigert, über die ihm angebotene volle Zahlung Quittung zu leisten und Miether deshalb die Zahlung zurückhält (§ 368); denn dem Schuldner steht ein Zurückbehaltungsrecht bis Ertheilung einer Quittung zu.

Wird eine Miethzinsrate vom Vermiether an einen Dritten abgetreten oder von diesem gepfändet, bevor hinsichtlich des abgetretenen bezw. gepfändeten Betrages Zahlungsverzug des Miethers vorlag, so kommt der demnächst für diesen Betrag eintretende Zahlungsverzug zu Gunsten des Vermiethers nicht in Betracht, wohl dagegen, wenn die Abtretung bezw. Pfändung erst erfolgte, nachdem der Zahlungsverzug gegenüber dem Vermiether schon vorlag.[4])

Das Kündigungsrecht aus § 554 erwächst dem Vermiether dann nicht, wenn der Miether, bevor der Verzug mit den beiden Miethzinsraten eintritt, in Konkurs geräth. In diesem Falle sind lediglich die Bestimmungen der Konkursordnung über die Kündigung des Miethverhältnisses maßgebend.[5]) (Vergl. § 34 dieser Schrift.)

3. Erlöschen des Kündigungsrechtes. Das Erlöschen des zur Entstehung gelangten Kündigungsrechts tritt dann ein, wenn der Miether den Vermiether befriedigt, bevor die Kündigung erfolgt. Aus dem Worte „befriedigt" ist zu folgern, daß wenn der in Verzug befindliche Miether dem Vermiether den Miethzins anbietet, letzterer aber die Annahme, wenn auch unberechtigt verweigert, das Kündigungsrecht bestehen bleibt.[6])

Die Kündigung ist daher noch wirksam, wenn der Vermiether sie nach Eintritt des Verzuges dem Miether der ihm die Zahlung bringt erklärt, bevor er das Geld annimmt; sie ist unwirksam, wenn der Vermiether erst das Geld annimmt und dann kündigt. Hat der Vermiether in dem Augenblicke, wo der Miether oder der Postbote

---

[4]) Anderer Ansicht Borcherdt „Miethsrecht" S. 89. Ueber die Rechtsprechung unter der Herrschaft des Preuß. Landrechts; vergl. Niendorff S. 239 und Koch „Preußisches Landrecht" zu § 392 I. 21. A. L. R. Die Frage ist vom bürgerlichen Gesetzbuch nicht direkt entschieden und wird vorläufig noch wohl eine Streitfrage bleiben. Borcherdt hält anscheinend das Kündigungsrecht des Vermiethers für begründet ohne Rücksicht darauf, ob die Abtretung vor oder nach dem Verzuge erfolgt. Für die hier vertretene Ansicht spricht die Erwägung, daß durch die Abtretung die Miethzinsforderung aus dem Vermögen des Vermiethers ausscheidet und nunmehr der Cessionar der alleinige Gläubiger ist. Durch den Verzug verletzt also der Miether lediglich die Rechte des nunmehrigen Gläubigers nicht die Rechte des Vermiethers. Den Verzug und dessen Folgen kann daher nur der neue Gläubiger geltend machen. Diesem erwächst aber das Kündigungsrecht aus dem Grunde nicht, weil er durch die Abtretung der Miethzinsforderung noch kein Verfügungsrecht über das Miethverhältniß erlangt.

[5]) So auch Kuhlenbeck zu § 554 A. 5. Ein Verzug kann nach Eröffnung des Konkurses des Miethers nicht mehr eintreten, weil die Abwickelung des Miethverhältnisses Sache des Konkursverwalters ist.

[6]) Die Frage mag zweifelhaft sein. Man könnte sagen: Durch Anbieten der vollen Zahlung wird der Verzug geheilt und wenn kein Verzug mehr vorliegt kann Vermiether auch nicht mehr kündigen. Dem steht indeß entgegen, daß der § 554 das Kündigungsrecht giebt, nicht „solange", sondern „wenn" der Miether in Verzug ist. Das Kündigungsrecht erwächst mit dem Verzuge; mit Aufhebung des Verzuges werden noch nicht ohne Weiteres auch dessen Folgen beseitigt. Ueberdies wäre, wenn schon mit Anbieten der Zahlung das Kündigungsrecht wegfiele, der Satz, daß es durch Befriedigung ausgeschlossen wird, überflüssig und inkorrect. Gegen mißbräuchliche Verlängerung des Kündigungsrechts durch Ablehnen der Zahlung kann Miether sich durch Hinterlegung nach § 372 schützen. Auch dürfte die Kündigung nach Ablehnung der angebotenen vollen Zahlung dann unzulässig sein, wenn das Verhalten des Vermiethers gegen Treu und Glauben verstößt (§ 242). Ob dies zutrifft, ist nach Lage des Einzelfalls zu beurtheilen. Daß dies unter allen Umständen der Fall sei, läßt sich nicht behaupten.

ihm den Miethzins hinzählt, bereits das Kündigungsschreiben an den Miether abgesandt, so kommt es darauf an, ob das Schreiben in diesem Augenblicke dem Miether schon zugegangen ist oder nicht. (Vergl. § 28 Nr. 4 dieser Schrift). Ist es bereits zugegangen, so kann der Vermiether den Miethzins in Empfang nehmen, die Kündigung bleibt wirksam; ist es noch nicht zugegangen, so ist die Kündigung wenn Vermiether das Geld annimmt unwirksam. Wenn der Vermiether bei Empfangnahme des Miethzinses dem Miether erklärt, daß er sich das Kündigungsrecht vorbehalte, ohne indeß die Kündigung auszusprechen, so ist trotz des Vorbehaltes das Kündigungsrecht erloschen.

Nimmt der Vermiether eine Theilzahlung vom säumigen Miether an, so bleibt ihm das Kündigungsrecht, auch wenn der gezahlte Betrag sich schon theilweise auf die Zukunft miterstreckt. Dagegen ist das Kündigungsrecht als erloschen anzusehen, wenn der Vermiether nach Eintritt des Verzuges wegen der beiden für das Kündigungsrecht erheblichen Miethzinsraten befriedigt ist, selbst wenn eine andere für das Kündigungsrecht nicht in Betracht kommende Miethzinsrate unberichtigt ist, z. B. Miether berichtigt die Mai- und Juni-Miethe, während die Märzmiethe rückständig bleibt.

Das Kündigungsrecht erhält sich unbeschränkte Zeit hindurch, so lange der Miethzinsrückstand unberichtigt ist.[6a] Auch eine Befristung, die nach eingetretenem Verzuge ertheilt wird, hebt das Kündigungsrecht nicht auf, weil in der Befristung noch kein Verzicht auf die bereits erwachsenen Folgen des Verzuges liegt.

Uebrigens ist zu beachten, daß zur vollständigen Befriedigung des Vermiethers auch die Zahlung von Verzugszinsen gehört, welche nach § 246 vier vom Hundert seit Eintritt des Verzuges betragen.

4. Wirkung der Kündigung. Die vom Vermiether rechtzeitig erklärte Kündigung hat zur Folge, daß das Miethverhältniß sofort erlischt. Hierauf kann sich auch der Miether berufen, sodaß eine Zurücknahme der Kündigung nur mit seiner Einwilligung wirksam ist Die Ausübung des Kündigungsrechts liegt auch in der Zustellung einer Räumungsklage; wird diese indeß erhoben, ohne daß eine Kündigung vorhergegangen, so treffen, wenn Miether den Räumungsanspruch sofort anerkennt, den Vermiether die Prozeßkosten (§ 93 der Civilprozeßordnung), selbst wenn erfolglose Aufforderung zur Miethzinszahlung vorhergegangen ist.[7])

6a) Anderer Meinung Fuld S. 136, welcher das Kündigungsrecht erlöschen läßt, wenn der Vermiether den säumigen Miether während längerer Zeit in der Wohnung beläßt, ohne zu kündigen. Dies steht m. E. mit dem Wortlaut des § 554 Satz 2 nicht in Einklang.

7) Zu beachten ist, daß die Räumungsklage nicht gerechtfertigt wird durch den Miethzinsrückstand, sondern durch die auf Grund des Miethzinsrückstandes erfolgte Kündigung, welche das Miethverhältniß zum Erlöschen brachte. Klagt der Vermiether auf Räumung, ohne vorher zu kündigen, so liegt die Kündigung in der Räumungsklage. Daher muß, weil Beklagter erst durch Zustellung der Klage zur Räumung verpflichtet wird, Kläger nach § 93 C. P. O. bei sofortigem Anerkenntniß die Prozeßkosten tragen.

Der Vermiether ist für berechtigt zu erachten kraft des Kündigungsrechts die Miethe anstatt auf sofort auch zu einem späteren Termin zu kündigen, weil dies als ein Minderes in dem Rechte auf sofortige Aufhebung enthalten ist.[8]) Allerdings darf nach dem Grundsatz von Treu und Glauben dieser dem Vermiether zustehende Spielraum nicht in einer die Interessen des Miethers über Gebühr schädigenden Weise vom Vermiether ausgenutzt werden; in der Regel wird der Termin zu welchem gekündigt wird, nicht über den nächsten üblichen Umzugstermin hinaus angesetzt werden dürfen.[9]) Hat der Vermiether einmal durch Ausübung des Kündigungsrechts die Miethe, sei es auf sofort oder zu einem bestimmten Termin zum Erlöschen gebracht, so ändert es an der hierdurch geschaffenen Rechtslage nichts, wenn der Vermiether jetzt den geschuldeten Miethzins annimmt; zur Fortsetzung des Miethverhältnisses bedarf es vielmehr — abgesehen von der auf § 568 sich gründenden stillschweigenden Verlängerung — eines neuen Vertrages, der in der Annahme des Miethzinses für die Zukunft noch nicht ohne Weiteres zu erblicken ist.[10]) Wohl aber findet die stillschweigende Verlängerung der Miethe nach § 568 statt, wenn nach Aufhebung der Miethe durch Kündigung der Miether noch länger wohnen bleibt und von keiner Seite ein Widerspruch erfolgt.[11])

5. Einfluß einer dem Miether zustehenden Gegenforderung. Wenn dem Miether gegen den Vermiether eine Gegenforderung an Geld zusteht, so wird dadurch nicht ohne Weiteres die Miethzinsforderung in gleicher Höhe aufgehoben, sondern nur beiden Theilen die Möglichkeit gegeben, die Forderung der Gegenpartei statt durch Baarmittel durch eine Erklärung nämlich die Erklärung, daß aufgerechnet werde, zu tilgen (§ 387). So lange die Aufrechnungserklärung von keiner Seite abgegeben ist, bleiben Miethzinsforderung und Gegenforderung in ihrem Bestande völlig unberührt; dem Vermiether erwächst daher, wenn der Miether mit den beiden Miethzinsraten nach § 554 Abs. 1 in Verzug kommt, das Kündigungsrecht. Die rücksichtslose Durchführung dieses Grundsatzes würde indeß für den Miether eine nicht zu rechtfertigende Härte sein angesichts der Erwägung, daß dieser vielleicht gerade durch seine Gegenforderung veranlaßt wird, die Miethzinszahlung zurückzuhalten. Deshalb trifft das Gesetz im Interesse der Billigkeit den Ausweg, daß der Miether

---

8) M. I S. 271.

9) Vergl. Wengler S. 138 für das frühere sächsische Recht.

10) Ueber die frühere Rechtssprechung im Gebiete des Preußischen Landrechts vergleiche man Niendorff S. 80 fg. Die in der früheren Rechtssprechung hinsichtlich dieser Frage entwickelten Grundsätze können unter der Herrschaft des bürgerlichen Gesetzbuchs nicht mehr maßgebend sein, weil sie mit den positiven Vorschriften desselben, z. B. § 305 nicht im Einklang stehen.

11) Wenn also der vom Vermiether mit der Räumungsklage beauftragte Rechtsanwalt die Sache liegen läßt bis die 14tägige Frist abläuft, so würde die Räumungsklage abzuweisen sein; ob und wie die künftige Rechtsprechung diese Konsequenzen, welche dem natürlichen Rechtsgefühl kaum entsprechen sich indeß aus § 568 ergeben, vermeiden wird, bleibt abzuwarten.

die geschehene Kündigung unwirksam machen kann, wenn er unverzüglich nach der Kündigung die Aufrechnung erklärt. Vorausgesetzt ist hierbei, daß die Aufrechnung zulässig ist; hierzu gehört, daß die Gegenforderung auf eine gleichartige Leistung also auf einen Geldbetrag geht und zur Zeit der Aufrechnungserklärung — also hier der Kündigung — fällig ist (§ 387). Unzulässig ist die Aufrechnung, wenn sie durch den Miethvertrag ausgeschlossen wird, wie solches in den Vertragsformularen häufig bestimmt ist. (Vergl. § 3 des anliegenden Vertragsformulars.)

6. Rückzahlung des im Voraus gezahlten Miethzinses. Wenn der Vermiether die Miethe durch Kündigung infolge Rückstandes aufhebt, so gebührt ihm der Miethzins für die Zeit bis zur Räumung; soweit der Miethzins im Voraus über diese Zeit hinaus entrichtet ist, hat der Vermiether denselben nebst vier Prozent Zinsen seit Empfang an den Miether zurückzuerstatten (§ 555). Der Miether ist indeß nicht berechtigt, die Räumung bis zu dieser Rückerstattung aufzuschieben (§ 556 Abs. 2).

7. Schadensersatz-Ansprüche des Vermiethers. Schadensersatzansprüche auf den Miethzinsausfall wegen vorzeitiger Aufhebung der Miethe stehen dem Vermiether nicht zu, weil die Aufhebung auf seinem freien Willen beruht; Vermiether hätte statt der Kündigung auch den Miethzinsrückstand einklagen und die Miethe fortsetzen können. (Vergl. auch § 24 A. 3 dieser Schrift.) Wohl aber kann sich der Miether im Falle der Kündigung dadurch schadensersatzpflichig machen, daß er nach der Kündigung nicht in der dazu angemessenen Frist räumt und hierdurch in Rückgabeverzug kommt (§ 286).

8. Anwendbarkeit des § 554 auf die vertragsmäßige Räumungsklausel. Wenn im Miethsvertrage vereinbart ist, daß der Vermiether bei nicht pünktlicher Zahlung des Miethzinses (auch nur einer Rate) berechtigt sei, die Miethe aufzuheben, so fragt es sich, ob und inwieweit auf dieses durch Vertrag bestimmte Aufhebungsrecht die Vorschrift des § 554 Anwendung findet, ob also nur der Verzug des Miethers dem Vermiether das Exmissionsrecht giebt[12]) und ob das Recht des Vermiethers die Miethe aufzuheben erlischt, wenn vor Ausübung dieses Rechts der Vermiether befriedigt wird, ob ferner die sofortige Erklärung der Aufrechnung mit einer Gegenforderung das Exmissionsrecht ausschließt. Man wird die Anwendbarkeit des § 554 auf die Räumungsklausel für alle Fälle, in denen nicht ein anderweiter Vertragswille ersichtlich ist, bejahen müssen. Denn Sache des Vermiethers wäre es gewesen, wenn er sich die gesetzlich eintretende Einschränkung seines Kündigungsrechts nicht gefallen lassen will, solches unzweideutig zu vereinbaren (Vergl. auch § 357.[13])

---

[12]) Vergl. §§ 339 und 342 B. G. B.
[13]) So auch Fuld S. 133.

Häufig findet sich in den Miethverträgen neben der Exmissionsklausel die weitere Bestimmung, daß der Miether bei Ausübung des Exmissionsrechtes noch für den Miethzins für ein Vierteljahr oder längere Zeit haftbar bleibt. Eine solche Bestimmung ist als Festsetzung einer Vertragsstrafe aufzufassen, unterliegt also namentlich der Vorschrift des § 343, nach welcher der Richter die Strafe, wenn sie unverhältnißmäßig hoch ist, auf Antrag des Schuldners auf den angemessenen Betrag herabsetzen kann. (Vergl. § 5 des anliegenden Vertragsformulars.)

§ 31.

B. Kündigungsrecht des Vermiethers wegen vertragswidrigen Gebrauchs der Miethssache.

1. Allgemeines. Der § 553 bestimmt:

§ 553. Der Vermiether kann ohne Einhaltung einer Kündigungsfrist das Miethsverhältniß kündigen, wenn der Miether oder derjenige, welchem der Miether den Gebrauch der gemietheten Sache überlassen hat, ungeachtet einer Abmahnung des Vermiethers einen vertragswidrigen Gebrauch der Sache fortsetzt, der die Rechte des Vermiethers in erheblichem Maße verletzt, insbesondere einem Dritten den ihm unbefugt überlassenen Gebrauch beläßt, oder die Sache durch Vernachlässigung der dem Miether obliegenden Sorgfalt erheblich gefährdet.

Während das bürgerliche Gesetzbuch in § 550 dem Vermiether wegen jeden vertragswidrigen Gebrauchs mag er erheblich oder unerheblich sein, das Recht giebt nach zuvoriger erfolgloser Abmahnung auf Unterlassung zu klagen, wird dem Vermiether in § 553 das weitergehende Recht der Kündigung gegeben, wenn der vertragswidrige Gebrauch ein derartiger ist, daß er die Rechte des Vermiethers in erheblichem Maße verletzt. Was als vertragswidriger Gebrauch anzusehen ist, ergiebt sich aus dem in § 8 dieser Schrift dargestellten Umfange des Gebrauchsrechts des Miethers. Wann eine erhebliche Verletzung der Rechte des Vermiethers infolge des vertragswidrigen Gebrauchs vorliegt, ist Sache des richterlichen Ermessens im Einzelfalle. Das Erforderniß einer erheblichen Verletzung fehlte in dem ersten und zweiten Entwurf des bürgerlichen Gesetzbuchs und ist infolge eines Beschlusses des Reichstages eingefügt in Rücksicht darauf, daß in den Miethvertragsformularen dem Miether häufig die kleinlichsten Beschränkungen auferlegt werden und man nicht bei jeder geringfügigen Zuwiderhandlung dem Vermiether ein Kündigungsrecht geben wollte. Das Kündigungsrecht wegen vertragswidrigen Gebrauchs tritt auch dann ein, wenn solcher nicht von dem Miether selbst, sondern von dessen Hausangehörigen (Ehefrau, Kinder, Gesinde u. s. w.) oder von dem Untermiether oder von dessen Hausangehörige ausgeübt wird[1]) (§ 278, 549.) Als erheblicher vertragswidriger

[1]) So auch Vogel „Miethrecht" S. 48. Dernburg Bd. II S. 146 läßt die Haftung des Miethers für Verschulden der in seinem Dienst stehenden Personen insoweit nur eintreten, als der Miether den betreffenden Personen die Obhut der Miethsache anvertraut habe, sodaß der Miether z. B., wenn die Amme seines Kindes die Miethwohnung beschädige, ohne eigenes Verschulden für deren Versehen nicht einstehe. Diese Unterscheidung wird indeß beim Miethgebrauch kaum durchzuführen sein.

Gebrauch ist namentlich die Benutzung der Wohnung zu unsittlichen Zwecken anzusehen.

2. Besondere Anwendungsfälle des Kündigungsrechts. Der § 553 stellt zwei besondere Anwendungsfälle des das Kündigungs-Recht begründenden vertragswidrigen Gebrauchs auf, nämlich:

a. die Belassung eines Dritten in dem ihm unbefugt überlassenen Gebrauch;

b. erhebliche Gefährdung durch Vernachlässigung der dem Miether obliegenden Sorgfalt.

Der Fall der unbefugten Gebrauchsüberlassung ist bereits in § 24 dieser Schrift behandelt. Durch den zweiten Fall, die Gefährdung, wird zum Ausdruck gebracht, daß der Vermiether, um kündigen zu können, nicht erst abzuwarten braucht, daß die Substanzbeschädigung wirklich eintritt, sondern daß es schon genügt, wenn letztere bei dem Verhalten des Miethers zu befürchten ist; man wird hierher rechnen dürfen: das vertragswidrige Lagern leicht explosibler Stoffe in den gemietheten Räumen, unvorsichtiges Umgehen mit Feuer und Licht, vertragswidriger Betrieb einer maschinellen Anlage, durch welchen das Haus erheblich leidet u. s. w. Auch wenn der Gebrauch an sich als vertragsmäßiger anzusehen ist, so erwächst doch dem Vermiether das Kündigungsrecht, wenn der Miether bei diesem Gebrauch die im Verkehr erforderliche Sorgfalt außer Acht läßt (§ 276) und dadurch die Miethssache gefährdet.

3. Schadensersatzanspruch des Vermiethers. Ein Schadensersatzanspruch steht dem kündigenden Vermiether insoweit zu, als es sich um Erstattung des durch vertragswidrigen Gebrauch herbeigeführten Schadens handelt, dagegen nicht hinsichtlich des aus der Aufhebung des Miethvertrages erwachsenden Schadens aus denselben Gründen, wie bei Kündigung wegen Miethzins-Rückstand. (Vergl. § 30 dieser Schrift S. 83.)

§ 32.

C. Kündigungsrecht des Miethers infolge Versetzung.

Der § 570 bestimmt:

§ 570. Militärpersonen, Beamte, Geistliche und Lehrer an öffentlichen Unterrichtsanstalten können im Falle der Versetzung nach einem anderen Orte das Miethverhältniß in Ansehung der Räume, welche sie für sich oder ihre Familie an dem bisherigen Garnison- oder Wohnorte gemiethet haben, unter Einhaltung der gesetzlichen Frist kündigen. Die Kündigung kann nur für den ersten Termin erfolgen, für den sie zulässig ist.

Die im Falle der Versetzung einzuhaltenden gesetzlichen Kündigungsfristen ergeben sich aus § 565, Satz 1; es tritt also stets[1]) die

---

[1]) Gleichgültig ist für die Kündigungsfrist, nach welchen Zeiträumen der Miethzins bemessen ist (§ 565 Abs. 4).

kalendervierteljährliche Kündigung, auszuüben bis zum dritten Werktage des Kalendervierteljahres, in Anwendung. Der „erste Termin", für den die Kündigung nach § 570 Satz 2 zulässig ist, ist derjenige hinter der Wegzugzeit liegende Termin, zu welchem die kalendervierteljährige Frist abläuft, wenn der Beamte sofort nach Empfang der Versetzungsverfügung kündigt. Der Beamte hat mit Ausübung der Kündigung nach Empfang der Versetzung so lange Zeit, daß die Frist bis zu jenem ersten Termin noch gewahrt werden kann. Andererseits kann der Beamte im Falle der Versetzung nicht etwa schon vor Eintritt der Wegzugszeit die Miethe zum Ablauf bringen. Erhält z. B. ein Beamter, der bis zum 1. April 1903 gemiethet hat, am 15. Februar 1901 die amtliche Nachricht über seine Versetzung zum 15. Oktober 1901, so kann er die Miethe nur zum 31. Dezember 1901 zum Ablauf bringen; zu diesem Zweck muß die Kündigung spätestens bis zum dritten Werktage des Monats Oktober 1901 geschehen. Der Beamte kann nicht etwa die Miethe schon auf den 30. Juni 1901 kündigen. Hat die Ehefrau des Beamten mitgemiethet, so ist auf den Miethvertrag beider Eheleute die Versetzung des Ehemanns ohne Einfluß (vergl. § 49 dieser Schrift.)

Die Vorschrift des § 570 kann durch Vereinbarung zwischen Miether und Vermiether außer Kraft gesetzt werden; der Beamte kann auf das Kündigungsrecht im Falle der Versetzung im Voraus verzichten; es können für den Fall der Versetzung auch andere Kündigungsfristen vereinbart werden.

Wird die Versetzung zurückgenommen, so bleibt trotzdem die erfolgte Kündigung wirksam.

§ 33.

D. Kündigungsrecht beim Tode des Miethers.

§ 569. Stirbt der Miether, so ist sowohl der Erbe als der Vermiether berechtigt, das Miethverhältniß unter Einhaltung der gesetzlichen Frist zu kündigen. Die Kündigung kann nur für den ersten Termin erfolgen, für den sie zulässig ist.

Wenn der Miether stirbt, so gehen dessen sämmtlichen Rechte und Verbindlichkeiten auf die Erben über. Der § 569 verleiht indeß sowohl dem Vermiether als auch den Erben des Miethers ein Kündigungsrecht. Die Kündigungsfrist ist gemäß § 565 bei Wohnungen die kalendervierteljährige; der erste Termin, auf den die Kündigung zulässig ist, ist der Schluß des auf den Tod des Miethers folgenden Kalendervierteljahres, also wenn Miether am 15. August verstirbt, kann die Kündigung nur auf den 31. Dezember geschehen und muß bis zum dritten Werktage des Oktober erfolgen. Mehrere Erben des Miethers müssen die Kündigung gemeinsam, d. h. alle ohne Ausnahme erklären, andernfalls sie wirkungslos ist[1]) (§ 2040). Ebenso muß auch die Kündigung des Vermiethers an sämmtliche Erben des Miethers erklärt werden, andernfalls sie wirkungslos ist. Ein Schadensersatz-

---

[1]) Der § 745 bezieht sich nur auf interne Verhältnisse der Theilhaber zu einander. (Vergl. Planck Bd. 6 S. 486. Vergl. auch M. II S. 413.)

anspruch infolge Kündigung durch die Erben steht dem Vermiether nicht zu. Ueber das Kündignngsrecht in dem Falle, daß mehrere Miether z. B. Ehegatten gemeinsam gemiethet haben und einer der Miether stirbt, vergl. man § 49 dieser Schrift.

Der Tod des Vermiethers ist auf das Miethverhältniß ohne Einfluß.

§ 34.

E. Konkurs des Miethers.

1. Konkurs des Miethers vor Antretung der Miethe. Geräth der Miether vor Antritt der Wohnung in Konkurs, so kann der Vermiether vom Vertrage zurücktreten und muß auf Erfordern des Verwalters demselben ohne Verzug erklären, ob er vom Vertrage zurücktreten will (§ 20 der Konkursordnung). Unterläßt er dies oder erklärt er, auf dem Vertrage bestehen zu wollen, so ist er seinerseits gebunden; doch hat nunmehr der Konkursverwalter des Miethers das Wahlrecht, ob er den Vertrag erfüllen will oder nicht; auf Verlangen des Vermiethers muß der Verwalter demselben ohne Verzug erklären, ob er Erfüllung verlangen will; unterläßt er dies, so kann er auf Erfüllung nicht bestehen. Entscheidet der Verwalter sich für Erfüllung, so muß er den Miethzins als Masseschuld aus der Konkursmasse voll bezahlen; entscheidet er sich für Nichterfüllung, so steht dem Vermiether ein Anspruch auf Schadensersatz zu wegen Nichterfüllung, indeß nur als nichtbevorrechtigte Konkursforderung (§ 17 K.-O.)

2. Konkurs des Miethers nach Antretung der Miethe. Geräth der Miether nach Antretung der Miethe in Konkurs, so geht das dem Miether zustehende Miethgebrauchsrecht auf die Konkursmasse über und wird vom Konkursverwalter an Stelle des Miethers ausgeübt. Der Konkursverwalter kann daher nach seinem Ermessen den Gemeinschuldner ohne weitere Frist zwangsweise die Wohnung räumen lassen (§ 6 der Konkursordnung), darf indeß das Miethrecht gegenüber dem Vermiether nicht in weiterem Umfange ausüben, als es dem Gemeinschuldner zustand, insbesondere nicht den Gebrauch einem Dritten überlassen.[1]) Das Miethverhältniß kann sowohl vom Vermiether als dem Konkursverwalter des Miethers mit der gesetzlichen Frist — also kalendervierteljährlich nach § 565 — gekündigt werden, falls vertragsmäßig keine kürzere Frist besteht. Die Beschränkung, daß die Kündigung nur auf den ersten zulässigen Termin erfolgen kann, gilt hier nicht.

---

[1]) Die Unzulässigkeit der Gebrauchsüberlassung an einen Dritten nach § 549 bewirkt nicht, daß das Gebrauchsrecht des Miethers nach § 851 der Civilprozeßordnung und § 1 Absatz 4 der Konkursordnung von der Konkursmasse ausgeschlossen bleibt; allerdings ist das Gebrauchsrecht nicht an Dritte abtretbar oder pfandbar. Der Konkursverwalter ist indeß als Dritter im Sinne des § 549 B. G. B. nicht anzusehen. Auch ergeben die §§ 19 und 20 der Konkursordnung, daß die Rechte aus dem Miethvertrag auf die Konkursmasse des Miethers übergehen.

So lange der Miethvertrag noch von der Konkurseröffnung an läuft, ist der Miethzins für diese Zeit aus der Konkursmasse als Masseforderung zu berichtigen (§ 59 Nr. 2 K.=O.).

Wenn der Vermiether kündigt, so hat er keine Schadensersatzforderung mehr wegen vorzeitiger Aufhebung des Miethverhältnisses; wohl steht ihm solche zu — allerdings als nichtbevorrechtigte Konkursforderung —, wenn der Konkursverwalter die Miethe kündigt.[2]) Für den Vermiether ist daher vortheilhaft, nicht seinerseits zu kündigen, sondern die Kündigung des Verwalters abzuwarten. Das dem Vermiether zustehende Pfandrecht im Konkurse des Miethers ist in § 44 fg. dieser Schrift dargestellt. Ueber den Fall, daß von mehreren Miethern einer in Konkurs geräth, wird auf die Ausführungen in § 50 dieser Schrift verwiesen.

§ 35.

F. Konkurs des Vermiethers.

1. Konkurs des Vermiethers vor Antretung der Miethe. Geräth der Vermiether in Konkurs, bevor der Miether die Miethe angetreten hat, so hat der Konkursverwalter des Vermiethers das Wahlrecht, ob er den Miethvertrag erfüllen, also die vermietheten Räume zum Gebrauch überlassen will, oder nicht. Auf Verlangen des Miethers hat der Verwalter sich hierüber ohne Verzug zu erklären, andernfalls er auf Erfüllung nicht bestehen kann. Entscheidet der Verwalter sich für Erfüllung, so bleibt der Miethvertrag seiner ganzen Dauer nach unverändert bestehen; die Konkursmasse wird also, wenn die Miethe infolge demnächstiger Zwangsversteigerung zur Auflösung gebracht wird, dem Miether wegen verschuldeter Unmöglichkeit der übernommenen Erfüllung schadensersatzpflichtig. Der Verwalter kann von der einmal getroffenen Wahl, die durch formlose Erklärung erfolgen kann, nicht wieder abgehen (§ 263 B. G.=B.). Dem Miether steht ein Rücktrittsrecht nicht zu.

2. Konkurs des Vermiethers nach Antretung der Miethe. Geräth der Vermiether in Konkurs, nachdem die Miethe vom Miether schon angetreten ist, so bleibt die Miethe unverändert bestehen; keinem Theile steht ein Kündigungsrecht zu; nur wenn es im Laufe des Konkursverfahrens zur Zwangsversteigerung des Miethgrundstücks kommt, kann die Miethe nach Maßgabe der hierfür geltenden Vorschriften aufgelöst werden. (Vergl. § 40 dieser Schrift.) Die vom Konkursverwalter vorgenommene freiwillige Veräußerung wirkt wie eine Zwangsversteigerung (§ 21 K.=O.). Hat der Vermiether vor der Konkurseröffnung den Miethzins im Voraus gehoben, abgetreten oder verpfändet, so ist diese Verfügung nur hinsichtlich des Miethzinses für das zur Zeit der Konkurseröffnung laufende und das folgende Kalendervierteljahr gegenüber der Konkursmasse wirksam.

---

[2]) R. G. Bd. 2 S. 358 Bd. 18 S. 269.

Der gleichen Beschränkung ist die Befugniß des Miethers zur Aufrechnung von Gegenforderungen gegen den Miethzins unterworfen. (§ 21 K.-O.) Der Miether muß also, wenn er über diese Zeit hinaus den Miethzins an den Vermiether im Voraus berichtigt hat, insoweit den Miethzins an den Konkursverwalter nochmals bezahlen.

Siebenter Abschnitt.

Einfluß der Veräußerung des Miethgrundstücks auf das Miethverhältniß.

§ 36.

Gestaltung des Miethverhältnisses bei Veräußerung des Grundstücks.

1. Eintritt des Erwerbers in das Miethsverhältniß im Allgemeinen. Da der Miethvertrag für den Vermiether nur die persönliche Verpflichtung erzeugt, den Gebrauch der Miethsache zu gewähren, so würde nach allgemeiner Rechtskonsequenz bei Veräußerung des Miethgrundstücks der Erwerber desselben für die dem Vermiether obliegenden Verpflichtung nicht haftbar sein, wenn er diese Verpflichtung nicht besonders übernommen hat; der Miether wäre also, wenn der Vermiether sich durch die Veräußerung in die Unmöglichkeit der Erfüllung versetzt, auf einen Schadensersatzanspruch gegen den Vermiether beschränkt. Diese Konsequenz zieht das bürgerliche Gesetzbuch nur bei Vermiethung beweglicher Sachen, bei Vermiethung von Grundstücken Wohnräumen und anderen Räumen dagegen nur für den Fall, daß das Grundstück veräußert wird, bevor die Miethe angetreten ist (§ 578). Wenn dagegen zur Zeit der Veräußerung die Miethe schon angetreten ist, so läßt es im Interesse des Miethers abweichend[1]) von der allgemeinen Rechtskonsequenz den neuen Erwerber in die Pflichten und Rechte aus dem Miethverhältniß für die Dauer seines Eigenthums eintreten. Man pflegt dies durch den Satz auszudrücken: „Kauf bricht nicht Miethe". Der § 571 bestimmt des Näheren:

§ 571. Wird das vermiethete Grundstück nach der Ueberlassung an den Miether von dem Vermiether an einen Dritten veräußert, so tritt der Erwerber an Stelle des Vermiethers in die sich während der Dauer seines Eigenthums aus dem Miethverhältniß ergebenden Rechte und Verpflichtungen ein.

Erfüllt der Erwerber die Verpflichtungen nicht, so haftet der Vermiether für den von dem Erwerber zu ersetzenden Schaden wie ein Bürge, der auf die Einrede der Vorausklage verzichtet hat. Erlangt der Miether von dem Uebergange des Eigenthums durch Mittheilung des Vermiethers Kenntniß, so wird der Vermiether von der Haftung befreit, wenn nicht der Miether das Miethverhältniß für den ersten Termin kündigt, für den die Kündigung zulässig ist.

---

1) P. II. S. 109, 110.

§ 572. Hat der Miether des veräußerten Grundstücks dem Vermiether für die Erfüllung seiner Verpflichtungen Sicherheit geleistet, so tritt der Erwerber in die dadurch begründeten Rechte ein. Zur Rückgewähr der Sicherheit ist er nur verpflichtet, wenn sie ihm ausgehändigt wird oder wenn er dem Vermiether gegenüber die Verpflichtung zur Rückgewähr übernimmt.

Der § 571 will den Miether, der beim Eigenthumswechsel ohne sein Zuthun mit einem Dritten, der ihm vielleicht nicht genehm ist, in ein länger dauerndes Vertragsverhältniß tritt, gegen nachtheilige Veränderungen seiner Rechte thunlichst schützen; deshalb soll der Erwerber wie als Vermiether haften und der erste Vermiether noch daneben als Bürge weiterhaften; andererseits soll der Vermiether, nachdem er einmal kein Eigenthümer des Miethgrundstücks mehr ist, die Möglichkeit haben, durch Benachrichtigung des Miethers von dem Eigenthumswechsel die Dauer seiner Mithaft zu beschränken.

2. Zeitpunkt des Eintritts des Nachfolgers. Der entscheidende Zeitpunkt für den Uebergang der Rechte und Pflichten ist der Eigenthumserwerb, also beim Verkauf des Grundstücks nicht etwa der Abschluß des Kaufvertrages oder die Uebergabe, sondern die auf Grund der Auflassung erfolgende Eigenthumseintragung im Grundbuch (§§ 873, 925 [3]).

3. Gestaltung der Verpflichtungen für den neuen Erwerber. Die Verpflichtungen, welche der neue Erwerber mit diesem Zeitpunkt überkommt, sind nach Art und Umfang alle Verpflichtungen, welche sich aus dem Miethverhältniß ergeben, indeß mit der Bestimmung, daß sie sich aus demselben während der Dauer seines Eigenthums ergeben müssen; es sind also namentlich auch alle vom Vermiether ertheilten beim Eigenthumswechsel noch unerfüllten Zusicherungen, sowie die etwa neben einem schriftlichen Miethvertrage getroffenen mündlichen Verabredungen für die Art und den Umfang, in welchem der Miethgebrauch zu gewähren ist, zu erfüllen, ohne Rücksicht darauf, ob der Erwerber den näheren Inhalt des Miethvertrages kannte.[4]) Auch die vom ersten Vermiether bei Abschluß des Miethvertrages gelegten Voraussetzungen, aus denen sich Schadensersatzverpflichtungen des Vermiethers entwickeln können (z. B. arglistiges Verschweigen eines Mangels, Vorhandensein eines Mangels zur Zeit des Vertragsschlusses (§ 538, 539), Verbot der Vermiethung eines anderen Raumes in demselben Grundstück zu einem Konkurrenzgeschäft u. s. w.) sind insofern für den neuen Erwerber maßgebend und bindend, als er den während der Dauer seines

---

[3]) Borcherdt S. 100 will den Erwerber in die Pflichten aus dem Miethvertrage erst mit der Uebergabe des Grundstücks, wenn die Auflassung vorher erfolgte, eintreten lassen und ferner dem Erwerber die Miethzinsen schon vor den Uebergabe an zubilligen, wenn diese vor der Auflassung erfolgte. Dies steht indeß mit dem Wortlaut des § 571 „während der Dauer des Eigenthums“ in Widerspruch. Der von Borcherdt angezogene § 446 bezieht sich auf das interne Verhältniß zwischen Käufer und Verkäufer.

[4]) P. II Bd. 2 S. 141.

Eigenthums sich entwickelnden Schaden dem Miether zu erstatten hat, z. B ein bei Vertragsschluß latent vorhandener Mangel (Schwamm, Wanzen) tritt erst während der Eigenthumszeit des neuen Erwerbers in die Erscheinung und schädigt den Miether. Dagegen geht der Schaden, der bereits zur Eigenthumszeit des Vermiethers entstanden ist, den neuen Erwerber nichts an,[5]) ebensowenig die Verpflichtung aus Störungen und Entziehungen des Gebrauchs, welche in der Zeit vor dem Eigenthumserwerb liegen. Hat z. B. der Miether die ihm vom Vermiether versprochene Wasserleitung während der Zeit des Vorgängers aus eigenen Mitteln legen lassen, so haftet für die Erstattung nur der frühere Vermiether, nicht auch der neue Erwerber, vorbehältlich indeß der dem Miether nach § 575 zustehenden Aufrechnungsbefugniß.

Etwaige Kündigungen der Miethe, welche vor dem Eigenthumserwerb erfolgt sind, bleiben für und gegen den Erwerber in Kraft.

Die Verpflichtungen des neuen Erwerbers erstrecken sich auf die ganze Dauer des Miethverhältnisses, namentlich hat der neue Erwerber den bestehenden Miethvertrag für dessen ganze Dauer auch dann auszuhalten, wenn diese Dauer durch einen von seinem Vorgänger geschlossenen Vertrag über die ursprüngliche Dauer hinaus verlängert ist, nicht dagegen, wenn der Miether mit dem Vorgänger einen neuen Vertrag, beginnend mit dem Ablauf des bestehenden, geschlossen hat; denn dieser Vertrag ist beim Eigenthumswechsel noch nicht angetreten und daher nach § 578 nur bei besonderer Uebernahme auszuhalten.

4. Gestaltung der Rechte des Erwerbers. Die Rechte, welche mit dem Eigenthumserwerb auf den Erwerber übergehen, sind nach Art und Umfang alle Rechte aus dem Miethverhältniß mit der Beschränkung, daß sie sich aus demselben während der Dauer seines Eigenthums ergeben müssen. Der Miethzins steht hiernach dem Erwerber zu demjenigen Betrage zu, der auf die Zeit von seinem Eigenthumserwerb an entfällt, vorbehältlich indeß der unten (§ 37 dieser Schrift) zu erörternden Wirkung etwaiger Vorausverfügungen des Vermiethers über den Miethzins. Wenn eine anderweite Verfügung des Vermiethers nicht vorliegt, muß daher der Miether, dem bekannt ist, daß das Miethgrundstück am 15. Mai 1901 an den Käufer aufgelassen und umgeschrieben ist, den am 1. Juli 1901 zahlbaren Miethzins für die Monate April Mai Juni zur Hälfte an den Käufer, zur Hälfte an den früheren Vermiether zahlen.

Das Kündigungsrecht wegen vertragswidrigen Gebrauchs oder Miethzinsrückstandes, welches dem Vorgänger erwachsen war, steht dem Erwerber nur dann zu, wenn der vertragswidrige Gebrauch bezw. der Miethzinsverzug auch noch zur Zeit seines Eigenthums

---

[5]) P. II Bd. 2 S. 140.

fortdauert.[6]) Das Recht auf Rückgewähr der Wohnung nach beendeter Miethzeit steht dem neuen Erwerber in demselben Umfange zu, wie es dem Vermiether ohne den Eigenthumswechsel zugestanden hätte.

5. Einfluß der Nichtkenntniß des Miethers hinsichtlich des Eigenthumswechsels. Auf die Rechtsstellung des neuen Erwerbers gegenüber dem Miether ist es grundsätzlich ohne Einfluß, ob der Miether Kenntniß von dem Eigenthumsübergange erlangt oder nicht, namentlich findet der für Abtretung von Forderungen geltende Satz (§ 406—408), daß der neue Gläubiger die vom Schuldner in Unkenntniß über die Abtretung mit dem ersten Gläubiger vorgenommenen Rechtsgeschäfte und Leistungen gegen sich gelten lassen müsse, auf den Uebergang der Vermietherrechte kraft des Eigenthumswechsels nur insoweit Anwendung, als es sich um die Miethzinsforderung handelt[7]) (§ 574). Daher ist z. B. eine Kündigung, welche der Miether nach dem Eigenthumsübergange in Unkenntniß über denselben an den alten Vermiether erklärt, unwirksam, ebenso wie auch Vereinbarungen mit demselben über Abkürzung oder Verlängerung der Miethzeit, über Erweiterung oder Einschränkung des Miethgebrauchs, über Verzichte auf Kündigungsrechte. Um sicher zu gehen, muß also der Miether bei allen Kündigungen und wichtigen Verhandlungen mit dem Vermiether sich durch Einsicht des Grundbuchs vergewissern, ob der Vermiether auch noch als Eigenthümer des Miethgrundstücks eingetragen ist.[8]) Allerdings wird der erste Vermiether, welcher den Miether in Unkenntniß über den Eigenthumswechsel beläßt und trotzdem weitere Verhandlungen über die Miethe mit ihm vornimmt, schadensersatzpflichtig.

---

[6]) Das Kündigungsrecht wegen Miethzinsverzug erwächst dem neuen Erwerber auch dann, wenn der Miether mit der letzten an den ursprünglichen Vermiether zahlbaren Miethsrate in Verzug ist und dann nach dem Eigenthumswechsel auch mit der ersten Miethsrate, die an den neuen Erwerber zu entrichten ist, in Verzug kommt. (Vergl. Wengler S. 175.) Wohl zu unterscheiden davon sind die Rechte aus der durch den Vorgänger bereits vollzogenen Kündigung.

[7]) A. M. Borcherdt S. 104, welcher die Grundsätze über Abtretung von Forderungen anwenden will. Es könnte dies höchstens auf § 412 B. G. B. gestützt werden; dieser Paragraph handelt indeß nur von der Uebertragung von Forderungen kraft Gesetzes. Der § 571 Abs. 1 spricht dagegen nicht von einer Uebertragung auf den neuen Erwerber, sondern von einem Eintritt in die Rechte und Pflichten aus dem Miethverhältniß an Stelle des ersten Vermiethers. Zudem wäre bei der von Borcherdt vertretenen Rechtsauffassung die Vorschrift des § 574 überflüssig, weil sie sich schon aus der allgemeinen Rechtsstellung des Erwerbers ergäbe. In Wirklichkeit will der § 574 zu Gunsten des gutgläubigen Miethers hinsichtlich des Miethzinses eine Ausnahme von der Ungültigkeit der Verhandlungen mit dem alten Vermiether schaffen. (Vergl. auch Denkschrift zum Entwurf: Zweites Buch VIII Nr. 5, wo die Behandlung des Verhältnisses als Abtretung ausdrücklich ausgeschlossen wird.)

[8]) Man nehme folgenden Fall: Ein Miethvertrag lautet: Die Miethzeit ist festgesetzt für die Zeit vom 1. April 1901 bis 31. März 1902 und läuft, wenn nicht im dritten Vierteljahr gekündigt wird, für drei Jahre, also bis 31. März 1905 weiter. Am 31. Dezember 1901 kündigt der Miether, inzwischen ist aber am 10. Dezember 1901 das Miethgrundstück an A. verkauft und aufgelassen, ohne daß der Miether es weiß. Hier ist der Miether, da die Kündigung unwirksam, gegenüber dem neuen Erwerber bis 31. März 1905 an den Miethvertrag gebunden.

6. Rechtsverhältniß der vom Miether geleisteten Sicherheit. Zur Sicherung aller auf den Erwerber übergehenden Rechte dient diesem auch die etwa vom Miether an den Vermiether geleistete Sicherheit; Vermiether darf also die letztere, auch wenn der Erwerber beim Erwerb von ihrer Existenz nichts wußte, nur mit dessen Genehmigung zurückgewähren Ist in den beiden Fällen des § 572 Satz 2 auch der Erwerber zur Rückgewähr verpflichtet, so bleibt daneben auch noch der Vermiether für die Rückgewähr mit haftbar.

7. Verpflichtungen, welche dem ersten Vermiether verbleiben. Die Pflichten, welche zu Lasten des ersten Vermiethers neben denjenigen des neuen Erwerbers bestehen bleiben, präcisirt der § 571 Abs. 2 nach Inhalt und Dauer.

Hinsichtlich des Inhalts dieser Verpflichtung ist hervorzuheben, daß sie erst dann in Kraft tritt, wenn der neue Erwerber seine Verpflichtungen aus dem MiethVerhältnisse nicht erfüllt und daß sie nur in Erstattung des hieraus dem Miether erwachsenden Schadens besteht. Für diesen Schaden haftet der erste Vermiether wie ein Bürge, der auf die Einrede der Vorausklage verzichtet hat; er kann wie ein Bürge namentlich alle dem neuen Erwerber gegen den Schadensanspruch zustehenden Einreden geltend machen (§ 768), ferner die Befriedigung verweigern, so lange der Miether sich durch Aufrechnung gegen eine fällige Gegenforderung des neuen Erwerbers z. B. dessen Miethzinsforderung befriedigen kann[6]) (§ 770), andererseits haftet er auch für Erweiterungen der Verbindlichkeit des neuen Erwerbers durch dessen Verschulden oder Verzug, sowie für die durch Klage gegen denselben erwachsenen Prozeßkosten (§ 767).

Die Dauer dieser Mithaftung des Vermiethers erstreckt sich nicht auf die ganze Dauer des Miethverhältnisses, sondern fällt für die Zukunft weg, wenn der Miether, nachdem er durch Mittheilung des Vermiethers von dem Eigenthumsübergange Kenntniß erlangt hat, nicht zu dem ersten Termin kündigt, zu welchem er zu kündigen berechtigt ist. Zu beachten ist, daß nur die durch Mittheilung des Vermiethers erlangte Kenntniß erheblich die anderweit erlangte Kenntniß also gleichgültig ist, ferner daß die Mitheilung nur nach dem Eigenthumswechsel wirksam geschehen kann. Wann der erste Termin ist, für den die Kündigung zulässig ist, richtet sich nach dem Miethvertrage; bei unbestimmter Miethzeit ist es, wenn keine kürzeren Kündigungsfristen vereinbart sind, der Schluß des auf die Mittheilung folgenden Kalendervierteljahres. Es kommen, abgesehen hiervon, auch die außerordentlichen Kündigungsfristen z. B. Tod, Versetzung des Miethers, Konkurs des Miethers oder des neuen Erwerbers in

---

6) Durch diese Bestimmung wird die Haftung des Vermiethers erheblich gemildert, da der Miether sich meistens in erster Linie aus dem Miethzinse decken wird.

Betracht.[7]) Die Befreiung der Mithaftung des Vermiethers bezieht sich, wie die Vorarbeiten zum B. G. ergeben[8]), nur für die Zukunft von dem angegebenen Zeitpunkte an, nicht auch die bis dahin bereits entstandenen Schadensersatzansprüche.

8. Veräußerung des Grundstücks vor Antretung der Miethe. Die vorstehend erörterte Gestaltung des Miethverhältnisses tritt bei Veräußerung des Grundstücks vor Ueberlassung an Miether nur in dem Falle ein, wenn der Erwerber dem Vermiether gegenüber die aus dem Miethverhältniß sich ergebenden Verpflichtungen übernommen hat (§ 578). Darin ist auch ohne Weiteres die Uebertragung der Rechte aus dem Miethverhältnisse enthalten, ohne daß diese Rechtsübertragung besonders zum Ausdruck gebracht zu werden braucht (§ 578). Der Miether hat also im Gegensatz zu den Bestimmungen des Preuß. Landrechts[9]) nicht das Recht, den neuen Erwerber als Vermiether abzulehnen; aus dem zwischen dem Vermiether und neuen Erwerber geschlossenen Vertrage auf Aushaltung des Miethvertrages erwirbt er auch ohne Beitritt unmittelbar Rechte gegen den neuen Erwerber. Ist über den Eintritt des Erwerbers in den Miethvertrag nichts vereinbart, so braucht der neue Erwerber den Miethvertrag nicht zu erfüllen, kann aber auch nicht die Erfüllung vom Miether verlangen.[10])

10. Rechtsverhältnisse bei Weiterveräußerung. Für den Fall der Weiterveräußerung durch den ersten Erwerber bestimmt der § 579:

§ 579. Wird das vermiethete Grundstück von dem Erwerber weiter veräußert oder belastet, so finden die Vorschriften des § 571 Abs. 1 und der §§ 572 bis 578 entsprechende Anwendung. Erfüllt der neue Erwerber die sich aus dem Miethverhältniß ergebenden Verpflichtungen nicht, so haftet der Vermiether dem Miether nach § 571 Abs. 2.

Entsprechende Anwendung finden also alle Vorschriften, die für den Fall der ersten Veräußerung gelten mit einer einzigen Ausnahme: An Stelle des § 571 Abs. 2 tritt der § 579 Satz 2. Daraus folgt, daß für die Verpflichtungen des zweiten Erwerbers gegenüber dem Miether nicht etwa der erste Erwerber, sondern nur der ursprüngliche Vermiether als Bürge haftbar bleibt. Wenn indeß der ursprüngliche Vermiether zur Zeit der zweiten Veräußerung

---

[7]) Dagegen dürfte als Befreiungsgrund nicht das dem Miether nach § 542 erwachsende Kündigungsrecht wegen Hinderung des Gebrauchs in Betracht kommen, wenn der Miether von dieser Kündigung keinen Gebrauch macht. Denn die hierbei vorausgesetzte Vertragsverletzung des neuen Erwerbers belastet auch den Vermiether und kann demselben jedenfalls nicht zum Vortheil dienen.

[8]) P. II. S. 144.

[9]) § 361 I. 21. A. L. R.

[10]) Lautet die Vereinbarung zwischen dem Vermiether und dem Erwerber so, daß dieser in die Rechte aus dem geschlossenen Miethvertrage eintritt, so wird man als Vertragswille ansehen dürfen, daß der Erwerber auch die Pflichten aus dem Miethvertrage übernimmt; demnach hat auch in diesem Falle der Miether nach § 578 gegen den Erwerber Anspruch auf Erfüllung.

bereits seine Befreiung nach § 571 Abs. 2 (Mittheilung des Eigenthumswechsels und Nichtkündigung des Miethers) erlangt hatte, so geht bei der zweiten Veräußerung die Haftung als Bürge nach § 571 Abs. 2 auf den ersten Erwerber über,[11]) weil dieser, wenn der Miether nicht gekündigt hat, als Vermiether gilt.

§ 37.

Wirksamkeit der Vorausverfügungen über den Miethzins gegenüber dem Erwerber.

1. Gültigkeit der Vorausverfügungen bei Kenntniß des Erwerbers. Nach § 571 geht die Miethzinsforderung auf den Erwerber mit dem Eigenthumserwerb am Grundstück dergestalt über, daß derselbe hinsichtlich des von diesem Zeitpunkte laufenden Miethzinses der alleinige Gläubiger ist. Dieser Erwerb kann sich indeß nach dem Satze, daß Niemand Rechte übertragen kann, die ihm nicht selbst zustehen, nur auf denjenigen Miethzins beziehen, der im Augenblicke des Eigenthumsüberganges noch dem Vermiether zusteht. Nach allgemeinen Grundsätzen müßte daher der Erwerber Verfügungen, welche der Vermiether über den auf die Zeit der Berechtigung des Erwerbers entfallenden Miethzins vor dem Eigenthumsübergang getroffen hat (z. B. Vorauserhebung, Abtretung, Verpfändung, Erlaß) unbeschränkt gegen sich gelten lassen. Dieser Grundsatz ist indeß nach § 573[1]) nur gegenüber demjenigen Erwerber unbeschränkt durchgeführt, der beim Eigenthumserwerb die Vorausverfügung des Vermiethers kennt. Wenn daher jemand z. B. als Käufer am 1. Juni 1900 einen Kaufvertrag über ein Grundstück abschließt und am 1. Juli 1900 vor der Auflassung erfährt, daß der Verkäufer das Grundstück auf zehn Jahre durch schriftlichen Miethvertrag fest vermiethet und den Miether und den Miethzins für die ganzen zehn Jahre im Voraus gehoben oder abgetreten hat, so muß er solches, wenn er Eigenthümer des Grundstücks wird, anerkennen. Gegen Uebervortheilung durch den Verkäufer kann er sich ja noch durch Zurückhaltung des Kaufpreises unter Ablehnung der Auflassung schützen.

2. Beschränkung der Gültigkeit bei Nichtkenntniß des Erwerbers. Dagegen ist die Gültigkeit jener Vorausverfügungen über den Miethzins, gegenüber dem sie nicht kennenden Erwerber in § 573 und 574 der Einschränkung unterworfen, daß ein solcher Erwerber die Vorausverfügung höchstens für zwei Kalender-

---

[11]) So auch Pfizer S. 190; Kuhlenbeck zu § 579; A. M. Planck zu § 579.

[1]) Der § 573 lautet:

§ 573. Eine Verfügung, die der Vermiether vor dem Uebergang des Eigenthums über den auf die Zeit der Berechtigung des Erwerbers entfallenden Miethzins getroffen hat, ist insoweit wirksam, als sie sich auf den Miethzins für das zur Zeit des Uebergangs des Eigenthums laufende und folgende Kalendervierteljahr bezieht. Eine Verfügung über den Miethzins für eine spätere Zeit muß der Erwerber gegen sich gelten lassen, wenn er sie zur Zeit des Uebergangs des Eigenthums kennt.

vierteljahre, nämlich dasjenige, in dem er das Eigenthum erwirbt und das folgende gelten zu lassen braucht, also für die hierauffolgende Zeit der Miethzins ihm gesichert bleibt.[2]) Hinsichtlich dieser letztgenannten Zeit hat also der dritte Cessionar trotz der ihm ertheilten Abtretung oder Verpfändung keinen Anspruch auf den Miethzins; soweit er ihn vom Miether trotzdem heben sollte, ist diese Hebung unberechtigt und ist der gehobene Betrag an den Erwerber des Grundstücks auszukehren (§ 816).

3. Gültigkeit der Vorauszahlungen des Miethzinses durch Miether. Die Unwirksamkeit der Vorausverfügung nach § 573 würde an sich die Wirkung haben, daß auch der Miether, welcher den der Verfügung entzogenen Miethzins, also den nach Schluß jener beiden Kalendervierteljahre laufenden Miethzins an den ersten Vermiether oder dessen Cessionar zahlt, stets auf Verlangen des Grundstückserwerbers noch mal zahlen müßte. Dies würde dann, wenn der Miether vom Eigenthumswechsel nichts weiß, diesen ungerechtfertigt schädigen. Daher enthält der § 574[3]) zum Schutze des Miethers die Bestimmung daß dieser, so lange er vom Eigenthumswechsel keine Kenntniß hat, den bis zu dieser Kenntniß laufenden Miethszins an den alten Vermiether oder dessen Cessionar zahlen kann. Auf diese Weise kann also der Miether möglicherweise noch Jahre hindurch nach dem Eigenthumswechsel den Miethzins an den alten Vermiether mit befreiender Wirkung weiter zahlen.[4]) Der neue Erwerber wird hierdurch indeß nicht gefährdet, weil er es in der Hand hat, durch Benachrichtigung des Miethers über seinen Eigenthumserwerb sich den Miethzins von Schluß der beiden Kalendervierteljahre an zu sichern. Sobald der Miether vom Eigenthumswechsel Kenntniß erlangt, gleichgültig in welcher Weise, darf er nach § 574 den bis dahin noch nicht berichtigten Miethzins für die Zeit

---

[2]) Diese Einschränkung ist gesetzgeberisch deshalb geboten, weil sonst bei dem Grundsatze: „Kauf bricht nicht Miethe" der Eigenthümer durch Abschluß eines z. B. dreißigjährigen Miethvertrages und Vorauserhebung oder Abtretung des Miethzinses für die ganze Dauer sein Grundstück entwerthen und hierdurch gutgläubige Erwerber des Grundstückes, die gar nicht in der Lage sind, wegen des Miethzinses sicheres zu ermitteln, schädigen könnte.

[3]) Der § 574 lautet:

§ 574. Ein Rechtsgeschäft, das zwischen dem Miether und dem Vermiether in Ansehung der Miethzinsforderung vorgenommen wird, insbesondere die Entrichtung des Miethzinses, ist dem Erwerber gegenüber wirksam, soweit es sich nicht auf den Miethzins für eine spätere Zeit als das Kalendervierteljahr, in welchem der Miether von dem Uebergange des Eigenthums Kenntniß erlangt und das folgende Vierteljahr bezieht. Ein Rechtsgeschäft, das nach dem Uebergange des Eigenthums vorgenommen wird, ist jedoch unwirksam, wenn der Miether bei der Vornahme des Rechtsgeschäfts von dem Uebergange des Eigenthums Kenntniß hat.

[4]) Wenn der Vermiether in Konkurs geräth, so ist die Vorauszahlung des Miethzinses für die Zeit von Ablauf des bei Konkurseröffnung laufenden und des folgenden Kalendervierteljahres an stets unwirksam gegenüber der Konkursmasse ohne Rücksicht darauf, ob der Miether von der Konkurseröffnung Kenntniß erlangt oder nicht (§ 21 K. O.).

nach dem Eigenthumswechsel[5]) nur an den neuen Erwerber und für die frühere Zeit nur an den ersten Vermiether zahlen, soweit ihm nicht anderweite Vereinbarungen zwischen letzteren bekannt gegeben werden.

Hat der Miether zur Zeit, wo er Kenntniß von Eigenthumswechsel erlangt, den Miethzins bereits im Voraus an den Vermiether gezahlt, so ist diese Vorauszahlung nur für das bei Kenntnißerlangung laufende und das folgende Kalendervierteljahr gültig, dagegen hinsichtlich der folgenden Zeit ungültig, sodaß der Miether diesen Miethzins an den neuen Erwerber noch mal bezahlen muß. Der Miether darf also, wenn er sich vor Doppelzahlung schützen will, niemals auf länger als für das bei Zahlung laufende und das folgende Kalendervierteljahr den Miethzins im Voraus entrichten.[6]) Die gleiche Beschränkung wie hinsichtlich der Zahlung hat der Miether auch hinsichtlich der Aufrechnung mit einer ihm gegen den alten Vermiether zustehenden Gegenforderung zu beachten (§ 575). Die Aufrechnung ist ganz ausgeschlossen, wenn er die Gegenforderung erst nach Kenntniß des Eigenthumswechsels erwirbt, oder wenn die zwar vor dieser Kenntniß erworbene Gegenforderung erst nach erlangter Kenntniß und später als der Miethzins fällig wird.

4. Kenntniß des Miethers vom Eigenthumswechsel.

Was dazu gehört um annehmen zu können, der Miether habe Kenntniß vom Eigenthumswechsel, ist nach den Umständen des Einzelfalls zu beurtheilen; wenn der Miether nur gerüchtweise davon hört, so ist dies noch keine Kenntniß. Auch Mittheilungen des neuen Erwerbers begründen noch nicht nothwendigerweise diese Kenntniß z. B. dann nicht wenn der Miether Anlaß hat, an der Richtigkeit dieser Mittheilungen zu zweifeln. Unbedingt kompetent für die Bekanntgebung ist dagegen der Vermiether, da es sich für diesen um Aufgabe von Rechten handelt. Der vom Vermiether erfolgenden

---

5) § 575 lautet: „Soweit die Entrichtung des Miethzinses an den Vermiether nach § 574 dem Erwerber gegenüber wirksam ist, kann der Miether gegen die Miethzinsforderung des Erwerbers eine ihm gegen den Vermiether zustehende Forderung aufrechnen. Die Aufrechnung ist ausgeschlossen, wenn der Miether die Gegenforderung erworben hat, nachdem er von dem Uebergange des Eigenthums Kenntniß erlangt hat oder wenn die Gegenforderung erst nach der Erlangung der Kenntniß und später, als der Miethzins fällig geworden ist."

6) Wenn der Miether den Miethzins im Voraus für eine längere Zeit als für das zur Zeit der Zahlung laufende und das folgende Kalendervierteljahr zahlt, so kann die Nothwendigkeit doppelt zahlen zu müssen, außer beim Eigenthumswechsel ferner eintreten: wenn der Vermiether in Konkurs geräth (§ 35 dieser Schrift) oder wenn die Zwangsverwaltung des Miethgrundstücks eingeleitet wird (§ 41 dieser Schrift) oder wenn der Miethzins durch einen Hypothekengläubiger beschlagnahmt wird (§ 1124 B. G. B.). Dem Miether steht im Falle der doppelten Zahlung die Rückforderung gegen den Vermiether zu. Wenn der Miether sich übrigens im Miethvertrage zur Vorauszahlung auf länger als ein Kalenderhalbjahr verpflichtet, so kann er aus der Gefahr der Doppelzahlung kein Recht die Zahlung über das Halbjahr hinaus zu weigern herleiten, so lange die Pflicht zur Zahlung an den Rechtsnachfolger des Vermiethers nicht schon eingetreten ist. Der Miether muß sich daher beim Vertragsschluß vorsehen.

Anzeige von der Eigenthumsübertragung ist in § 578 sogar die Wirkung beigelegt, daß der Vermiether die angezeigte Uebertragung in Ansehung der Miethzinsforderung auch dann gegen sich gelten lassen muß, wenn die Eigenthumsübertragung nicht erfolgt, oder nicht wirksam ist, und daß die Anzeige nur mit Zustimmung desjenigen, welcher als der neue Eigenthümer bezeichnet worden ist, zurückgenommen werden kann.

§ 38.

Einfluß der Belastung des Miethgrundstücks mit einem dinglichen Rechte.

1. Rechtsverhältniß, wenn das dingliche Recht den Miethgebrauch entzieht. Wird dem Vermiether das vermiethete Grundstück nach dessen Ueberlassung an den Miether anstatt der Eigenthumsübertragung mit einem dinglichen Rechte (z. B. Nießbrauch, Wohnungsrecht, Erbbaurecht (§§ 1030, 1093, 1012) belastet, so finden die für den Eigenthumswechsel geltenden Vorschriften entsprechende Anwendung, wenn durch Ausübung des Rechtes dem Miether der vertragsmäßige Gebrauch entzogen wird; der Erwerber des dinglichen Rechtes, z. B. der Nießbraucher tritt ebenso wie ein neuer Eigenthümer an Stelle des Vermiethers in das Miethverhältniß ein, der Vermiether bleibt neben ihm wie ein Bürge gemäß § 571 Abs. 2 haftbar.

Der § 571 bezieht sich nicht auf die nach Antretung der Miethe auf das Miethgrundstück eingetragenen Hypotheken und sonstige Pfandrechte. Kommt also das Miethgrundstück zur Zwangsversteigerung, so steht das Miethrecht selbst dann zurück, wenn das Pfandrecht des betreibenden Gläubigers erst nach Antritt der Miethe entstanden ist oder wenn ein persönlicher Gläubiger die Zwangsversteigerung betreibt.[1]) Vergl. im Uebrigen § 40 dieser Schrift.

2. Rechtsverhältniß, wenn das dingliche Recht den Miethgebrauch nur beeinträchtigt. Hat die Ausübung des vom Vermiether nach Antretung der Miethe einem Dritten eingeräumten Rechts nur eine Beeinträchtigung nicht eine Entziehung des vertragswidrigen Gebrauchs zur Folge (z. B. Vermiether räumt dem Nachbarn eine Durchfahrtsgerechtigkeit durch den im Miethhause befindlichen Thorweg ein), so ist der Dritte dem Miether gegenüber verpflichtet, die Ausübung zu unterlassen, so weit sie den vertragsmäßigen Gebrauch beeinträchtigen würde. Daneben bleibt die Haftbarkeit des Vermiethers als Bürgen für den aus der Beeinträchtigung dem Miether erwachsenden Schaden bestehen[2]) (§ 571 Abs. 2). (Vergl. S. 24 dieser Schrift.)

---

[1]) P. II S. 167.

[2]) Neben der Haftung des Vermiethers als Bürgen gemäß § 571 Abs. 2 besteht nach § 541 dessen direkte Haftung wegen juristischer Mängel. Es ist nicht anzunehmen, daß der § 577 Satz 2 bei juristischen Mängeln die Haftung des Vermiethers auf die Bürgschaftshaftung nach § 571 Abs. 2 beschränken will.

3. Rechtsverhältniß, wenn das dingliche Recht vor Antritt der Miethe eingeräumt wurde. Wurde das dingliche Recht z. B. Nießbrauch Einfahrtsgerechtigkeit dem Dritten schon vor Antritt der Miethe eingeräumt, so muß der Miether, wenn nicht der Dritte sich verpflichtet hat, bei Ausübung des Rechts die Miethe zu respectiren, dem Dritten nachstehen. Miether hat solchenfalls gegen den Vermiether Schadensersatzansprüche, wenn der Vermiether das Recht erst nach Abschluß des Miethvertrages eingeräumt hat, ferner dann, wenn es zwar bei Abschluß des Mieth-Vertrages schon bestand, indeß dem Miether bei Abschluß des Miethvertrages unbekannt war. (§§ 538, 541.) [3])

§ 39.

Zulässigkeit der Abänderung des Grundsatzes: „Kauf bricht nicht Miethe" durch Parteivereinbarungen.

Die Vorschriften über die Rechtsfolgen des Erwerbs des Eigenthums oder eines sonstigen dinglichen Rechts am Miethgrundstück nach angetretener Miethe sind zum großen Theil nur dispositiver Natur, d. h. sie können durch Parteivereinbarung abgeändert werden.

1. Vereinbarungen zwischen Vermiether und Miether. Vermiether und Miether können im Voraus bindend vereinbaren, daß das Miethverhältniß beim Eigenthumswechsel oder bei sonstigen Vorkommnissen erlöschen solle, sei es mit oder ohne Kündigungsfrist; das Recht zur Aufhebung der Miethe kann auch dem künftigen Erwerber im Voraus durch Vertrag zwischen Miether und Vermiether eingeräumt werden; ebenso kann gültig vereinbart werden, daß bei Fortsetzung der Miethe mit dem neuen Erwerber der erste Vermiether sofort von allen Verpflichtungen befreit sein solle.

2. Vereinbarungen zwischen Vermiether und dem Erwerber. Vereinbarungen zwischen Vermiether und dem Erwerber des Eigenthums oder des sonstigen dinglichen Rechts sind unbeschadet ihrer Gültigkeit unter den Vertragschließenden gegenüber dem Miether, der vor dem Rechtserwerb die Miethe angetreten hat, insofern wirkungslos, als dadurch die Rechte des Miethers also der Eintritt des Erwerbers in die Pflichten aus dem Miethverhältniß ausgeschlossen werden sollen. Denn diese dem Miether auf Grund des Rechtsüberganges gesetzlich zustehenden Rechte können nach allgemeinen Grundsätzen nur mit seiner Zustimmung aufgehoben oder geändert werden. Dagegen unterliegt die Regelung des Eintritts

[3]) Auch wenn der Miether bei Vertragsschluß das Recht des Dritten also den Rechtsmangel des Vermiethers kennt, hat er einen Schadensersatzanspruch gegen den Miether dann, wenn der Vertragswille dahin ging, daß Vermiether die im Recht des Dritten liegende Gebrauchshinderung zu beseitigen habe. (Vergl. S. 36 Anmerkung 2 dieser Schrift.)

des Erwerbers in die Rechte aus dem Miethvertrage namentlich auch hinsichtlich des Miethzinses der freien Vereinbarung auch ohne Zuziehung des Miethers; diese Vereinbarung ist nicht anders wie jede Abtretung zu beurtheilen und tritt gegenüber dem Miether in Kraft, wenn sie ihm bekannt wird (§ 407). Hiernach hat z. B. die Bestimmung in einem Kaufvertrag: „der nutzbare Antritt des verkauften Grundstücks erfolgt zum 1. Oktober 1902" die Wirkung, daß ohne Rücksicht wann thatsächlich die Auflassung erfolgt, der Miethzins bis 1. Oktober 1902 vom Miether an den alten Vermiether und vom 1. Oktober 1902 an den Käufer zu zahlen ist, sofern ihm die Bestimmung bekannt wird, daß dagegen die Rechte des Miethers gegen den Käufer auf Gewährung des Miethgebrauchs mit dem Zeitpunkte der Auflassung und Umschreibung in Kraft treten.

§ 40.

Wirkung der Zwangsversteigerung auf das Miethverhältniß.

1. Betheiligung des Miethers am Zwangsversteigerungsverfahren. Obgleich das Miethrecht kein dingliches sondern nur ein obligatorisches Recht und der Eintragung ins Grundbuch nicht fähig ist,[1]) ist doch dem Miether, der die Miethe angetreten hat, durch § 9 Nr. 2 des Reichsgesetzes betr die Zwangsversteigerung ꝛc. vom 24. März 1897 das Recht eingeräumt, auf Grund Anmeldung seines Miethrechts im Zwangsversteigerungsverfahren als Betheiligter aufzutreten. Durch diese Anmeldung erlangt er die Möglichkeit, auf Erhaltung seines Miethrechts hinzuwirken; auf sein Verlangen muß nämlich nach § 59 des Zwangsversteigerungsgesetzes das Grundstück im Versteigerungstermine doppelt ausgeboten werden: einmal mit und einmal ohne Uebernahme des Miethverhältnisses, d. h. unter Ausschließung des dem Ersteher sonst zustehenden Kündigungsrechts.[2]) Wird beim Ausbieten unter Uebernahme des Miethverhältnisses ein geringeres Gebot erzielt, so ist allerdings zur Zuschlagsertheilung die Zustimmung des dadurch benachtheiligten Realgläubigers erforderlich. (§ 59 Zw. G.)

2. Das Eintrittsrecht des Miethers. Ein weiteres Mittel zur Wahrung seines Miethrechts ist dem Miether dadurch gegeben, daß er nach § 268 berechtigt ist, den die Zwangsversteigerung betreibenden Gläubiger durch Zahlung des beizutreibenden Betrages zu befriedigen. Die Zwangsversteigerung wird dadurch aufgehoben, der Miether erwirbt die Forderung des befriedigten Gläubigers nebst dem etwaigen Hypothekenrecht und hat außerdem wegen des ausgelegten Betrages Deckung in dem Miethzinse nach Maßgabe des § 575.

---

[1]) Fischer „Reichsgrundbuchordnung" zu § 13 und P. II Bd. 2 S. 169.
[2]) Denkschrift zum Zwangsversteigerungsgesetz zu §§ 9, 57, 58.

3. Wirkung des Zuschlagsurtheils auf das Miethverhältniß. Wird der Zuschlag auf ein unter Uebernahme des Miethverhältnisses abgegebenes Gebot ertheilt, so hat der Ersteher dieselben Verpflichtungen und Rechte hinsichtlich des Miethverhältnisses, wie bei freiwilliger Veräußerung der Erwerber; der Vermiether als Subhastat bleibt auch in der durch § 571 geregelten Weise mithaftbar.[3]) Wird dagegen der Zuschlag ohne die Bedingung der Uebernahme ertheilt, so hat der Ersteher nach § 57 des Zwangsversteigerungsgesetzes das Recht, die Miethe unter der gesetzlichen Frist zu kündigen; die Kündigung ist ausgeschlossen, wenn sie nicht für den ersten Termin erfolgt, für den sie zulässig ist. Die Kündigung kann also nur auf den Schluß des auf die Verkündung des Zuschlags[4]) folgenden Kalendervierteljahrs erfolgen und muß spätestens am dritten Werktage dieses Vierteljahrs erklärt werden (§ 565 Satz 1).[5])

4. Zwangsversteigerung behufs Auseinandersetzung. Erfolgt die Zwangsversteigerung zum Zwecke der Aufhebung einer Gemeinschaft, so steht dem Ersteher ein Kündigungsrecht nicht zu. (§ 183 des Gesetzes vom 24. März 1897.)

§ 41.

Einfluß der Zwangsverwaltung.

1. Wirkung der Beschlagnahme. Wird die Zwangsverwaltung des Miethgrundstücks eingeleitet, so wird durch die Beschlagnahme d. h. die gerichtliche Anordnung der Zwangsverwaltung dem Eigenthümer die Verwaltung und Benutzung des Grundstücks entzogen (§ 148 Zw. G.). Die Beschlagnahme erstreckt sich auf die Miethzinsen;[1]) sie wird gegenüber dem Miether in dem Zeitpunkte, in welchem sie ihm bekannt oder in welchem ihm das Zahlungsverbot zugestellt wird, wirksam (§ 22 Zw. G.). Von diesem Zeitpunkte an kann der Miether den noch nicht berichtigten Miethzins, insbesondere auch den rückständigen nicht länger als ein Jahr fälligen[2]) Miethzins nur an den gerichtlich bestellten Verwalter mit befreiender Wirkung zahlen. Vorverfügungen über den Miethzins braucht der Verwalter nur insofern

---

3) P. II Bd. 2 S. 168.

4) § 89 des Zwangsversteigerungsgesetzes; es ist nicht etwa der Zeitpunkt der Rechtskraft des Zuschlagsurtheils maßgebend.

5) Erfolgt die Zuschlagsverkündung noch vor Ablauf des dritten Werktages des Kalendervierteljahres z. B. am 2. Oktober, so kann die Kündigung nur zum Ablauf des laufenden Kalendervierteljahres (zum 31. Dezember) erfolgen und muß vor Ablauf des dritten Werktages erklärt werden.

1) Diejenige Miethzinsforderung, welche zur Zeit der Beschlagnahme bereits ein Jahr oder länger *fällig gewesen ist*, wird nach § 1123 B. G. B. von der Beschlagnahme nicht getroffen, indeß mit der Maßgabe, daß wenn der Miethzins im Voraus zu entrichten ist, der Miethzins für das bei Beschlagnahme laufende und das folgende Vierteljahr auch dann betroffen wird, wenn er bereits ein Jahr oder länger vor Beschlagnahme fällig geworden ist.

2) § 1123 Abs. 2.

als gültig anerkennen, als sie sich auf das zur Zeit der Beschlagnahme laufende und das folgende Kalendervierteljahr beziehen (§ 1124). Der gleichen Beschränkung unterliegt auch die Befugniß des Miethers mit Gegenforderungen aufzurechnen (§ 1125).

Das zur Zeit der Beschlagnahme vom Miether bereits angetretene Miethverhältniß ist auch gegenüber dem Verwalter wirksam (§ 152 Abs. 2 Zw. G.). War das Miethverhältniß zur Zeit der Beschlagnahme vom Miether noch nicht angetreten, so hat der Miether nicht das Recht, vom Verwalter die Erfüllung zu verlangen, wohl aber kann der Verwalter vom Miether die Erfüllung verlangen, wenn er seinerseits zur Erfüllung bereit ist[3]) (§ 152 Zw. G.).

2. Stellung des Zwangsverwalters. Der Verwalter hat nach § 152 Zw. G. das Recht und die Pflicht, alle Handlungen vorzunehmen, die erforderlich sind, um das Grundstück in seinem wirthschaftlichen Bestande zu erhalten und es ordnungsmäßig zu benutzen; der Verwalter ist demnach legitimirt, bestehende Miethverträge, soweit sie kündbar sind, zu kündigen, auch durch Vereinbarungen mit dem Miether abzuändern, ferner neue Miethverträge abzuschließen. Soweit die neu von ihm abgeschlossenen Miethverträge die Zeit seiner Verwaltung überdauern, unterliegen sie, wenn das Grundstück zur Zwangsversteigerung kommt, dem Kündigungsrecht des Erstehers, wie die vom Eigenthümer geschlossenen Verträge (vergl. die Ausführungen unter Nr. 3 in § 40 dieser Schrift). Wenn die Zwangsverwaltung ohne Zwangsversteigerung aufgehoben wird, ist der Grundstückseigenthümer an die vom Verwalter abgeschlossenen Verträge voll gebunden,[4]) vorbehaltlich seines Schadensersatzanspruches gegen den Verwalter wegen etwaigen Verschuldens (§ 154 Zw. G.).

§ 42.

Aufhebung der Miethe durch Erlöschen des Verfügungsrechts des Vermiethers.

1. Kündbarkeit des Miethvertrages bei Erlöschen des Verfügungsrechts des Vermiethers. Das bürgerliche Gesetzbuch regelt mehrere Fälle, in denen das Miethverhältniß deshalb zur Aufhebung gebracht werden kann, weil dem Vermiether bei Vermiethung ein beschränktes Verfügungsrecht zustand und letzteres vor Ablauf der Miethzeit erlischt. Diese Fälle betreffen das Erlöschen:

1. des Rechtes des Nießbrauchers (§ 1056);
2. der ehemännlichen Nutznießung an dem der Ehefrau gehörigen Grundstück (§ 1423);

---

[3]) So auch Dernburg „Das Sachenrecht des deutschen Reichs und Preußens" § 261 A. 9.

[4]) So auch Wengler § 19 A. 9. Der Verwalter hat eine ähnliche Stelle wie der Konkursverwalter und ist demnach hinsichtlich des Grundstücks zur Vertretung des Eigenthümers befugt. Vergl. auch Dernburg „Sachenrecht" § 261 A. 10.

3. der elterlichen Nutznießung an einem Grundstück, welches dem unter elterlicher Gewalt stehenden Kinde gehört §§ 1663, 1686);
4. des Rechtes der Vorerben hinsichtlich eines an den Nacherben herauszugebenden Grundstücks (§ 2135).

In allen diesen Fällen ist der beim Eigenthumswechsel sonst geltende Grundsatz, daß der neue Eigenthümer das angetretene[1]) Miethverhältniß für die ganze Dauer auszuhalten habe, nicht durchgeführt, vielmehr kann derjenige, der infolge Erlöschen des Nießbrauchs der Nutznießung bezw. des Vorerbenrechts das freie Eigenthum erwirbt, das Miethverhältniß mit der gesetzlichen Frist, also auf den Schluß des auf das Erlöschen folgenden Kalendervierteljahrs kündigen[2]) (§ 1056). Wenn indeß das Erlöschen des Verfügungsrechts des Vermiethers infolge eines **Verzichtes** desselben eintritt, so ist die Kündigung erst von der Zeit an zulässig, zu welcher das Recht ohne den Verzicht erlöschen würde.

Daß die Kündigung für den ersten Termin, für den sie zulässig ist erfolgen müsse, ist hier nicht vorgeschrieben; andererseits ist dem Miether ein Mittel gegeben, die hieraus folgende Ungewißheit über die Dauer der Miethe zu beseitigen; er ist nämlich berechtigt, den Eigenthümer unter Bestimmung einer angemessenen Frist zur Erklärung darüber aufzufordern, ob er von dem Kündigungsrechte Gebrauch mache. Die Kündigung kann dann nur bis zum Ablauf der Frist erklärt werden (§ 1056).

2. Gültigkeit der Vorausverfügungen. Hinsichtlich der vom Vermiether vor Erlöschen seines Rechts getroffenen Vorausverfügungen über den Miethzins gelten die für den Fall des Eigenthumswechsels gegebenen Vorschriften, jedoch mit der Abweichung, daß der von Schluß der beiden Kalenderquartale ab laufende Miethzins dem Eigenthümer auch dann gesichert bleibt, wenn er zur Zeit des Erlöschens des dem Vermiether zustehenden Verfügungsrechts von der Vorausverfügung über jene beiden Kalendervierteljahre hinaus Kenntniß hatte[3]) (§ 1056 Abs. 1).

3. Schadensersatzpflicht des Vermiethers. Der Vermiether ist wegen vorzeitiger Auflösung des Miethverhältnisses dem Miether nach § 541 schadensersatzpflichtig, es sei denn, daß der Miether **bei Abschluß des Miethvertrages** die Verfügungs-Be-

---

[1]) Ist das Miethverhältniß bei Erlöschen des Verfügungsrechts noch nicht angetreten, so ist der neue Eigenthümer zur Erfüllung des Miethvertrages nicht verpflichtet, andererseits kann er vom Miether in Ermangelung besonderer Abtretung nicht die Erfüllung verlangen.

[2]) Besteht vertragsmäßig eine kürzere Kündigungsfrist, so greift diese kürzere Kündigungsfrist Platz. Tritt das Erlöschen vor Ablauf des dritten Werktages ein, so ist auf den Schluß des laufenden Kalendervierteljahres zu kündigen. (Vergl. § 40 Anmerkung 5 dieser Schrift.)

[3]) Diese Abweichung ist gesetzgeberisch dadurch geboten, daß der Rechtserwerb sich in diesen Fällen ohne Zuthun des Erwerbers vollzieht.

schränkung des Vermiethers bezw. das Recht des Dritten kannte. (§ 541.) Grobfahrlässige Unkenntniß des Rechtsmangels oder Unterlassung des Vorbehalts der Ansprüche bei Antretung der Miethe schadet in diesem Falle dem Miether nicht (§ 541). Eine Schadensersatzpflicht tritt ferner dann nicht ein, wenn der Vermiether den Vertrag unter Hervorhebung seiner Eigenschaft als beschränkt Berechtigter z. B. als Nießbräucher abgeschlossen hat.

Achter Abschnitt.

Das Pfandrecht des Vermiethers.

§ 43.

An welchen Sachen besteht es?

1. Der § 559 Satz 1 bestimmt: „Der Vermiether eines Grundstücks hat für seine Forderungen aus dem Miethverhältniß ein Pfandrecht an den eingebrachten Sachen des Miethers.“ Hiernach bezieht sich das Pfandrecht auf

a. Sachen, welche
b. dem Miether zu Eigenthum gehören, und
c. in die vermietheten Räume eingebracht sind.

Zu a: Unter „Sachen“ versteht das bürgerliche Gesetzbuch nach § 90 nur körperliche Gegenstände; daher bezieht sich das Pfandrecht nicht auf Rechte des Miethers insbesondere nicht auf Forderungen desselben und folgerichtig nach § 952 auch nicht auf die über die Forderungen lautenden Schuldscheine, Wechsel, Hypotheken, Grundschuld und Rentenbriefe, weil diese Urkunden nach § 952 den Rechtsverhältnissen der Forderung folgen; wohl unterliegen Inhaberpapiere (1293), zu denen auch Grundschuldbriefe auf den Inhaber nach § 1195 gehören und baares Geld [1]) dem Pfandrecht.

Zu b: Die Sachen müssen dem Miether zu Eigenthum gehören, sei es, daß sie schon bei Einbringung dessen Eigenthum sind oder erst nach Einbringung dessen Eigenthum werden (§ 185). Das Pfandrecht besteht demnach nicht an Sachen, die den Hausangehörigen, z. B. Kindern, Ehefrau des Miethers oder dem Untermiether gehören; hinsichtlich der von der Ehefrau in Anspruch genommenen Sachen kommt dem Vermiether die Beweisregel des § 1362 zu Statten, nach welcher vermuthet wird, daß alle im Besitz eines der Ehegatten oder beider Ehegatten befindlichen Sachen mit Ausnahme der zum persönlichen Gebrauch bestimmten Sachen dem Ehemann gehören. An den Sachen der Ehefrau besteht das Pfandrecht auch

---

[1]) Fränkel S. 49 will anscheinend baares Geld vom Pfandrecht ausschließen. Dies ist offenbar unrichtig.

dann nicht, wenn diese für die Verpflichtungen des Ehemanns aus dem Miethverhältnisse die Bürgschaft übernommen hat, wohl aber wenn sie als Vertragschließende mitgemiethet hat. Das Pfandrecht besteht nicht an Sachen, welche der Miether zwar in Besitz hat, welche aber einem Dritten zu Eigenthum gehören, z. B. nicht an Sachen, welche der Miether auf sogenannten Möbelleihvertrag in Besitz und noch nicht ganz abgezahlt hat, auch nicht an Sachen, welche einem Kaufmann von dem Lieferanten kommissionsweise zum Verkauf überlassen sind. Selbst dann, wenn der Eigenthümer dem Vermiether gegenüber seine Zustimmung zur Unterwerfung der Sachen unter das Pfandrecht erklärt, wird kein Pfandrecht an den Sachen begründet[2]), ebensowenig dann, wenn der Vermiether bei Einbringung der Sachen in dem Glauben war, dieselben seien Eigenthum des Miethers.[3]) Das einmal an den Sachen des Miethers begründete Pfandrecht wird dadurch, daß der Miether sich seines Eigenthums nach Einbringung der Sachen entäußert, ohne sie aus den gemietheten Räumen fortzuschaffen (z. B. er verkauft sie einem Gläubiger zur Deckung dessen Forderung und behält sie miethweise) nicht aufgehoben. (§ 936 Satz 3.)

Zu c: Die Sachen des Miethers müssen in die gemietheten Räume eingebracht sein; zu Letzteren gehören auch die kraft Miethrechts gemeinsam benutzten Räume, wie Treppenflur, Hof, Trockenboden, Waschküche 2c. Es haften, weil nicht in Miethräume eingebracht, nicht z. B. die Pferde und Wagen, welche der Miether anderweit in einem ihm nicht vom Vermiether vermietheten Raume untergebracht hat.

2. Ausgenommen von der Pfandhaftung sind nach § 559 die der Pfändung nicht unterworfenen Sachen.[4]) Eine Vereinbarung, daß auch die der Pfändung nicht unterworfenen Sachen dem Vermiether-Pfandrecht unterliegen sollen, ist nichtig.

---

[2]) P. II. Bd. 2. S. 203; Grund: weil zum vertragsmäßigen Pfandrecht immer der Besitz erforderlich ist (§ 1205.)

[3]) P. II. Bd. 2. S. 204.

[4]) Nach § 811 C. P. O. sind der Pfändung nicht unterworfen:

1. Die Kleidungsstücke, die Betten, die Wäsche, das Haus- und Küchengeräth, insbesondere die Heiz- und Kochöfen, soweit diese Gegenstände für den Bedarf des Schuldners oder zur Erhaltung eines angemessenen Hausstandes unentbehrlich sind;
2. die für den Schuldner, seine Familie und sein Gesinde auf vier Wochen erforderlichen Nahrungs-, Feuerungs- und Beleuchtungsmittel oder, soweit solche Vorräthe auf zwei Wochen nicht vorhanden und ihre Beschaffung für diesen Zeitraum auf anderem Wege nicht gesichert ist, der zur Beschaffung erforderliche Geldbetrag;
3. eine Milchkuh oder nach der Wahl des Schuldners statt einer solchen zwei Ziegen oder zwei Schafe nebst den zum Unterhalt und zur Streu für dieselben auf vier Wochen erforderlichen Futter- und Streuvorräthen oder soweit solche Vorräthe auf zwei Wochen nicht vorhanden, dem zur Beschaffung erforderlichen Geldbetrage, wenn die bezeichneten Thiere für die Ernährung des Schuldners, seiner Familie und seines Gesindes unentbehrlich sind;

§ 44.

Für welche Forderungen besteht das Pfandrecht?

1. Geltung für Forderungen aller Art aus dem Miethverhältniß. Nach § 559 [1]) Satz 1 besteht das Pfandrecht für alle sich während der ganzen Miethsdauer ergebenden Forderungen des Vermiethers aus dem Miethverhältniß, also nicht allein für den Miethzins, sondern auch z. B. für Schadensersatzforderung wegen vertragswidrigen Gebrauchs, Beschädigungen der Miethssache, für Prozeßkosten, die dem Vermiether durch Einklagung solcher For-

---

4. bei Personen, welche Landwirthschaft betreiben, das zum Wirthschaftsbetrieb erforderliche Geräth und Vieh nebst dem nöthigen Dünger sowie die landwirthschaftlichen Erzeugnisse, soweit sie zur Fortführung der Wirthschaft bis zu der Zeit erforderlich sind, zu welcher gleiche oder ähnliche Erzeugnisse voraussichtlich gewonnen werden;
5. bei Künstlern, Handwerkern, gewerblichen Arbeitern und andern Personen, welche aus Handarbeit oder sonstigen persönlichen Leistungen ihren Erwerb ziehen, die zur persönlichen Fortsetzung der Erwerbsthätigkeit unentbehrlichen Gegenstände;
6. bei den Wittwen und den minderjährigen Erben der unter Nr. 5 bezeichneten Personen, wenn sie das Erwerbsgeschäft für ihre Rechnung durch einen Stellvertreter fortführen, die zur persönlichen Fortführung des Geschäfts durch den Stellvertreter erforderlichen Gegenstände;
7. bei Offizieren, Deckoffizieren, Beamten, Geistlichen, Lehrern an öffentlichen Unterrichtsanstalten, Rechtsanwälten, Notaren sowie Aerzten und Hebammen die zur Verwaltung des Dienstes oder Ausübung des Berufs erforderlichen Gegenstände, sowie anständige Kleidung;
8. bei Offizieren, Militärärzten, Deckoffizieren, Beamten, Geistlichen, bei Aerzten und Lehrern an öffentlichen Anstalten ein Geldbetrag, welcher dem der Pfändung nicht unterworfenen Theile des Diensteinkommens oder der Pension für die Zeit von der Pfändung bis zum nächsten Termine der Gehalts- oder Pensionszahlung gleichkommt;
9. die zum Betriebe einer Apotheke unentbehrlichen Geräthe, Gefäße und Waaren;
10. die Bücher, welche zum Gebrauch des Schuldners und seiner Familie in der Kirche oder Schule oder einer sonstigen Unterrichtsanstalt oder bei der häuslichen Andacht bestimmt sind;
11. die in Gebrauch genommenen Haushaltungs- und Geschäftsbücher, die Familienpapiere sowie die Trauringe, Orden, Ehrenzeichen;
12. künstliche Gliedmaßen, Brillen und andere wegen körperlicher Gebrechen nothwendigen Hilfsmittel, soweit diese Gegenstände zum Gebrauch des Schuldners und seiner Familie bestimmt sind;
13. die zur unmittelbaren Verwendung für die Bestattung bestimmten Gegenstände.

Ferner bestimmt der § 812 C. P. O.: „Gegenstände, welche zum gewöhnlichen Hausrath gehören und im Haushalte des Schuldners gebraucht werden, sollen nicht gepfändet werden, wenn ohne Weiteres ersichtlich ist, daß durch deren Verwerthung nur ein Erlös erzielt werden würde, welcher zu dem Werthe außer allem Verhältniß steht."

[1]) Der § 559 lautet: Der Vermiether eines Grundstücks hat für seine Forderungen aus dem Miethverhältnisse ein Pfandrecht an den eingebrachten Sachen des Miethers. Für künftige Entschädigungsforderungen und für den Miethzins für eine spätere Zeit als das laufende und das folgende Miethjahr kann das Pfandrecht nicht geltend gemacht werden. Es erstreckt sich auf die der Pfändung nicht unterworfenen Sachen.

derungen oder durch die Räumungsklage erwachsen sind.[2]) Zu den Forderungen aus dem Miethverhältnisse, für welche das Pfandrecht besteht, gehören auch die Forderungen für Nebenleistungen des Vermiethers z. B. für gewährte Forderung, Aufwartung, auch für Verpflegung, soweit solche als Nebenleistung erscheint und nicht etwa Hauptzweck des Vertrages ist.

Die jeweilige Geltendmachung des Pfandrechts ist in dreifacher Richtung beschränkt nämlich:

a. gegenüber dem Miether durch § 559 Satz 2;
b. gegenüber dem pfändenden Gläubiger des Miethers durch § 563;
c. gegenüber der Konkursmasse des Miethers durch § 49 Nr. 2 der Konkursordnung.

2. Beschränkung gegenüber dem Miether. Allgemein also auch gegenüber dem Miether kann das Pfandrecht nicht geltend gemacht werden wegen künftiger Entschädigungsforderungen. Wenn also z. B. der Miether, nachdem er den Miethzins im Voraus für die volle Vertragsdauer gezahlt hat, seine Sachen aus den Miethräumen entfernt und auszieht, so kann der Vermiether dieser Entfernung nicht deshalb widersprechen, weil ihm in Zukunft durch Versäumung der Obhut und Anzeigepflicht in der leerstehenden Wohnung noch Entschädigungsansprüche gegen den Miether erwachsen könnten.

Weiter ist die Geltendmachung für den Miethzins für eine spätere Zeit als das laufende und das folgende Miethjahr ausgeschlossen. Das „laufende" Jahr richtet sich nach der Anfangszeit der Miethe.[3]) Hat z. B. die Miethzeit am 15. Februar 1900 begonnen und will Miether am 1. März 1901 widerrechtlich ausrücken und seine Sachen fortschaffen, so kann Vermiether wegen des Miethzinses bis zum 15. Februar 1903 das Pfandrecht geltend machen, für die Vergangenheit unbegrenzt. Läuft nach dem bestehenden Miethvertrage die Miethe noch vor Ablauf des laufenden Jahres ab, so kann nur für diese kürzere Dauer das Miethzinspfandrecht geltend gemacht werden; ist der Miethvertrag auf unbestimmte Zeit oder so abgeschlossen, daß er sich stets um bestimmte Zeiträume verlängert, wenn nicht vor einem gewissen Zeitpunkt gekündigt wird, so ist zwar die Forderung auf den zukünftigen Miethzins wegen der Kündbarkeit ungewiß. Trotzdem wird man auch in diesem Falle die Geltendmachung des Miethzinspfandrechts für das laufende und folgende Miethjahr zugestehen müssen, weil immerhin eine positive Handlung, die Kündigung eintreten muß,

---

[2]) Das Pfandrecht bleibt auch im Falle der Cession oder Pfändung des Miethzinses bestehen und geht auf den Cessionar über. Ein Antrag, das Pfandrecht bei Cession der Forderung erlöschen zu lassen, wurde bei Berathung des zweiten Entwurfs abgelehnt. (Vergl. P. II Bd. 2 S. 197, 210, 212. Anderer Meinung Borcherdt S. 68 und Fuld S. 198.) Die frühere Rechtsprechung ist gegenüber den positiven Vorschriften des B. G. B. (§§ 1257, 1250) nicht mehr maßgebend.

[3]) So auch Borcherdt S. 72. Fuld S. 173.

um die Miethzinsforderung zum Erlöschen zu bringen. Wenn der Miether sich dadurch beschwert fühlt, kann er das Kündigungsrecht ausüben und dadurch die Beschränkung auf eine kürzere Dauer herbeiführen.

3. Beschränkung gegenüber dem pfändenden Gläubiger des Miethers. Gegenüber dem Gläubiger des Miethers, welcher dessen eingebrachte Sachen hat pfänden lassen, ist die Geltendmachung des Pfandrechts außer der Beschränkung unter 2, nämlich unter Ausschluß künftiger Entschädignngsforderungen und des künftigen Miethzinses vom Schluß des auf das laufende Miethjahr folgenden Miethjahres an, noch der weiteren Beschränkung unterworfen, daß es wegen des Miethzinses für die Vergangenheit nur für das letzte Jahr vor der Pfändung ausgeübt werden kann (§ 563).

Wegen Entschädigungsansprüche des Vermiethers, die in der Vergangenheit liegen, kann das Pfandrecht unbegrenzt, also auch wenn sie länger als ein Jahr vor der Pfändung zurückliegen, gegen den Pfändungs-Pfandgläubiger geltend gemacht werden.

4. Beschränkung gegenüber der Konkursmasse des Miethers. Gegenüber der Konkursmasse des Miethers kann das Pfandrecht nur mit derselben Beschränkung wie gegenüber dem Pfändungspfandgläubiger, also namentlich wegen Miethzinses in der Vergangenheit nur für ein Jahr vor Konkurseröffnung geltend gemacht werden. Das Pfandrecht gewährt dem Vermiether ein Absonderungsrecht im Konkurse, d. h. das Recht, sich ohne Anmeldung der Forderung im Konkurse aus den pfandrechtlich haftenden Sachen durch Pfandverkauf zu befriedigen (§ 127 K. O.). Weiter ist durch § 49 Nr. 2 der Konkursordnung die Beschränkung zugefügt, daß wenn der Konkursverwalter die Miethe kündigt, für den hieraus dem Vermiether erwachsenden Entschädigungsanspruch (z. B. wegen Ausfalls bei ungünstigerer Vermiethung) das Pfandrecht überhaupt nicht geltend gemacht werden kann. Dieser Entschädigungsanspruch wird nur als nichtbevorrechtigte Konkursforderung behandelt.[4])

§ 45.

Erlöschen des Pfandrechts.

1. Erlöschen durch Fortschaffung der Sachen. Das Pfandrecht des Vermiethers erlischt mit der Entfernung der Sachen vom Grundstück (§ 560) bezw. bei Miethung von Wohnräumen oder

---

[4]) Kündigt der Vermiether, so steht ihm von Ablauf der Kündigungsfrist an ein Entschädigungsanspruch nicht zu. Der Miethzins von der Konkurseröffnung an bis zum Ablauf der Kündigungsfrist ist übrigens außer durch das Pfandrecht auch noch dadurch gesichert, daß dieser Miethzins nach § 59 Nr. 2 K. O. als Masseschuld zu bezahlen ist. Liegen bei Konkurseröffnung Pfändungen vor, so kann, wenn der Vermiether sich etwa nur aus den gepfändeten Sachen behufs Schonung der Konkursmasse befriedigen wollte, der Pfändungspfandgläubiger dies dadurch vereiteln, daß er den Vermiether nach § 560 Schlußsatz auf die in der Wohnung zurückgebliebenen offenbar ausreichenden Sachen verweist.

anderen Räumen mit der Entfernung aus den gemietheten Räumen (§ 580), z. B. auch dann, wenn der Miether die Sachen in die in demselben Hause befindliche Wohnung eines Anderen schafft. Das Erlöschen des Pfandrechts tritt indeß trotz der Entfernung nicht ein, wenn solche ohne Wissen oder unter Widerspruch des Vermiethers erfolgt. Der Vermiether kann indeß der Entfernung nicht widersprechen, muß also das Erlöschen seines Pfandrechts dulden, wenn sie im regelmäßigen Betriebe des Geschäfts des Miethers oder den gewöhnlichen Lebensverhältnissen entsprechend erfolgt oder wenn die zurückbleibenden Sachen — ungerechnet die unpfandbaren Sachen — zur Sicherung des Vermiethers wegen seiner Forderungen in dem im § 44 dieser Schrift beschriebenen Umfang offenbar ausreichen (§ 560). Wenn diese Voraussetzungen nicht vorhanden sind, erhält sich das Pfandrecht also an den ohne Wissen oder unter Widerspruch des Vermiethers entfernten Sachen.[1]) Er kann in diesem Falle von dem besitzenden Miether, wie auch von jedem dritten Besitzer die Herausgabe behufs Zurückschaffung der Sachen in die Miethräume und wenn der Miether ausgezogen ist, die Ueberlassung des Besitzes verlangen, muß indeß diesen Anspruch binnen eines Monats seit Kenntniß von der Entfernung gerichtlich geltend machen, andernfalls das Pfandrecht erlischt (§ 561 Abs. 2)[2])

Durch das Versprechen des Miethers oder des Dritten, die Sachen zurückschaffen zu wollen, wird wenn die getchtliche Geltendmachung oder die Zurückschaffung binnen jenes Monats nicht thatsächlich erfolgt, das Erlöschen nicht verhütet[3]), unbeschadet allerdings des besonderen Anspruchs aus einem solchen Versprechen. Die gerichtliche Geltendmachung kann durch Zustellung der Klage oder auch im Laufe des Prozesses durch Vortragen in der mündlichen Verhandlung erfolgen (§ 281 C. P. O.), ferner auch durch Erwirkung einer einstweiligen Verfügung gemäß § 935 C. P. O. (Vergl. § 46 Nr. 3 dieser Schrift.)

2. Erlöschen durch gutgläubigen Erwerb durch einen Dritten. Das Pfandrecht des Vermiethers und damit auch der Anspruch auf Zurückschaffung der entfernten Sachen erlischt nach allgemeinen Grundsätzen (§§ 932, 1207), wenn ein Dritter Eigen-

---

1) Der § 561 lautet: Der Vermiether darf die Entfernung der seinem Pfandrecht unterliegenden Sachen, soweit er ihr zu widersprechen berechtigt ist, auch ohne Anrufen des Gerichts verhindern und wenn der Miether auszieht, die Sachen in seinen Besitz nehmen. Sind die Sachen ohne Wissen oder unter Widerspruch des Vermiethers entfernt worden, so kann er die Herausgabe zum Zwecke der Zurückschaffung in das Grundstück und wenn der Miether ausgezogen ist, die Ueberlassung des Besitzes verlangen. Das Pfandrecht erlischt mit dem Ablauf eines Monats, nachdem der Vermiether von der Entfernung der Sachen Kenntniß erlangt hat, wenn nicht der Vermiether diesen Anspruch vorher gerichtlich geltend gemacht hat.

2) Die Frist läuft, auch wenn der Vermiether nicht weiß, wo die Sachen sich befinden.

3) Die Grundsätze der Verjährung finden auf diese einmonatige Ausschlußfrist keine Anwendung.

thum durch Besitzerwerb an den Sachen erworben hat, ohne das Pfandrecht des Vermiethers zu kennen oder kennen zu müssen. Diese Kenntniß muß der Vermiether dem dritten Erwerber, von dem er die Zurückschaffung in die Miethräume nach § 561 Abs. 2 fordert, nachweisen; da an den aus den Miethräumen entfernten Sachen das Pfandrecht sich nur erhält, wenn die Entfernung ohne Wissen oder unter Widerspruch des Vermiethers geschieht, so muß also der Vermiether in solchem Falle nachweisen, daß der dritte Erwerber beim Erwerbe jene Art der Entfernung gekannt habe. Der Dritte kann sich ferner darauf berufen, daß die zur Zeit seines Besitzerwerbes in der Miethwohnung vorhandenen zurückbleibenden Sachen zur Sicherung des Vermiethers offenbar ausgereicht hätten.

Das Erlöschen des Pfandrechts durch gutgläubigen Eigenthumserwerb tritt grundsätzlich auch dann ein, wenn der Erwerb des Eigenthums und des unmittelbaren Besitzes sich ohne Entfernung der Sachen aus den Miethräumen vollzieht[4]), z. B der Miether verkauft und übergiebt einen eingebrachten Schrank an einen Chambregarnisten oder Hausangehörigen, der ihn in der Wohnung weiter benutzt. In solchem Falle wird indeß das Erlöschen des Pfandrechts meistens dadurch ausgeschlossen sein, daß der Erwerber das an den Sachen haftende unmittelbar aus dem Gesetze folgende Pfandrecht des Vermiethers kennen muß, also in Ansehung des Pfandrechts nicht in gutem Glauben ist.[5])

Hat an den eingebrachten Sachen des Miethers ein Dritter in gutem Glauben ein Pfandrecht durch Besitzesübergabe erworben, so geht dieses Pfandrecht dem Vermietherpfandrecht vor (§ 1208). Dagegen geht nicht vor das gutgläubig erworbene Pfändungspfandrecht (§ 48 dieser Schrift) sowie das gesetzliche Pfandrecht des neuen Vermiethers, in dessen Räume der Miether mit den heimlich entfernten Sachen einzieht;[6]) letzterer muß also, selbst wenn er in gutem Glauben war, z. B. von dem heimlichen Rücken nichts wußte, dulden, daß die Sachen aus der Wohnung in den Besitz des ersten Vermiethers zurückgebracht werden, sofern letzterer diesen Anspruch binnen eines Monats seit Kenntniß der Entfernung gerichtlich geltend macht.

---

[4]) Der § 560 besagt nicht, daß das Pfandrecht nur durch Entfernung erlischt.

[5]) Vergl. § 1121 Abs. 2 hinsichtlich des Ausscheidens beweglicher Zubehörstücke aus der Hypothekenhaftung. Bleibt der Miether unmittelbarer Besitzer, z. B. er verkauft die Sachen an einen Chambregarnisten und behält sie miethweise in Benutzung, so bleibt das Pfandrecht nach § 936 Abs. 3 bestehen, auch wenn der Erwerber in gutem Glauben war.

[6]) M. Bd. II S. 405 und P. II Bd. 2 S. 209. Raatz S. 48 läßt in Widerspruch hiermit das Pfandrecht des neuen Vermiethers vorgehen. Dabei wird übersehen, daß nur der gutgläubige Besitzerwerb die älteren Rechte erlöschen läßt (§§ 1207, 936). Raatz müßte konsequenter Weise das Vermietherpfandrecht auch an Sachen, die dem Miether nicht gehören, entstehen lassen, wenn Vermiether sie für Eigenthum des Miethers hält.

3. Erlöschen des Pfandrechts durch Sicherheitsleistung. Eine weitere Vergünstigung im Verhältniß zu den meisten bisherigen Rechten gewährt das bürgerliche Gesetzbuch dem Miether durch die Vorschrift des § 562, nach welcher der Miether die Geltendmachung des Pfandrechts durch Sicherheitsleistung abwenden und jede einzelne Sache dadurch von dem Pfandrechte befreien kann, daß er in Höhe ihres Werthes Sicherheit leistet. Dieses Recht steht dem Miether in jedem Stadium der Geltendmachung zu, also namentlich auch, wenn der Vermiether die Fortschaffung der Sachen durch Selbsthülfe verhindern will, oder auf Zurückschaffung klagt, ferner auch bis zur Vollziehung des Pfandverkaufs.

Die Sicherheitsleistung kann nach § 232 in dem Falle, daß Miether zur Leistung von Realsicherheit (Geld, Werthpapieren u. s. w.) außer Stande ist, auch durch Stellung eines tauglichen Bürgen erfolgen. Tauglich ist der Bürge, wenn er seinen allgemeinen Gerichtsstand im Inlande hat und angemessenes Vermögen besitzt. Die Bürgschafterklärung muß den Verzicht auf die Einrede der Vorausklage enthalten. (§ 239.) Die Sicherheitsleistung ist für den Miether namentlich dann angezeigt, wenn er die Forderung, wegen deren Vermiether das Pfand- und Zurückbehaltungsrecht ausüben will, bestreitet; er erlangt dadurch das Recht zur freien Fortschaffung der Sachen, während der Rechtsstreit über die Begründetheit der Forderung vorbehalten bleibt; mit der Hinterlegung erwirbt der Vermiether ein Pfandrecht an der hinterlegten Sicherheit, soweit ihm eine Forderung aus dem Miethverhältniß zusteht.[7])

Die Sicherheit braucht höchstens im Betrage der zu sichernden Forderung und wenn der Werth der pfandrechtlich haftenden Sachen geringer ist, nur in Höhe dieses Werthes geleistet zu werden.

§ 46.

Schutzmaßregeln des Vermiethers zur Erhaltung des Pfandrechts.

1. Das Zurückbehaltungsrecht durch Selbsthülfe. So lange der Miether die Wohnung bewohnt und die eingebrachten Sachen in derselben beläßt, hat der Vermiether kraft seines Pfandrechts keine besonderen Befugnisse hinsichtlich der eingebrachten Sachen, namentlich nicht das Recht, die Sachen, um die Erhaltung seines Pfandrechts zu sichern, in Besitz zu nehmen. Erst, wenn der Miether damit umgeht, die Sachen unbefugt aus den gemietheten Räumen zu entfernen, tritt das Pfandrecht in aktuelle Wirksamkeit. Das Gesetz gewährt dem Vermiether behufs Erhaltung seines Pfandrechts in § 561 Abs. 1 ein besonderes Selbsthülferecht, ähnlich wie der Faustpfandgläubiger nach § 859 sich durch Selbsthülfe gegen Störung und Entziehung des Pfandbesitzes schützen kann.

---

7) Wenn bei Sicherheitsleistung durch Bürgen der Miether die Forderung bestreitet, so verbleiben auch dem Bürgen bei der demnächstigen Inanspruchnahme alle dem Miether zustehenden Einwendungen.

Der Vermiether kann ohne Anrufen des Gerichts die Entfernung der Sachen, soweit er ihr zu widersprechen berechtigt ist,[1]) verhindern und wenn der Miether auszieht, die Sachen in seinen Besitz nehmen. So weit der Vermiether nur dasjenige thut, was zur Verhinderung der Entfernung oder beim Ausziehen des Miethers zur Inbesitznahme der Sachen erforderlich ist, handelt er nicht widerrechtlich (§ 229); soweit hierdurch vom Vermiether also Sachen beschädigt oder zerstört oder Personen körperlich verletzt oder die Miethräume vom Vermiether betreten werden, ist er infolge des Selbsthülferechts nicht wegen Sachbeschädigung, Körperverletzung, Hausfriedensbruch strafbar, auch nicht schadensersatzpflichtig. (§ 823).)

Dagegen macht sich der Miether nach § 289 Str. G. B. der Pfandverschleppung bezw. des Versuchs strafbar, wenn er unbefugt die Sachen aus den Miethräumen in rechtwidriger Absicht fortschafft, oder fortzuschaffen versucht. Die Bestrafung tritt nur auf Antrag ein, der binnen drei Monaten seit Kenntniß der Pfandverschleppung zu stellen ist.

Ist die Entfernung aus den Miethräumen zur Zeit, wo der Vermiether eingreift, bereits geschehen, so liegt das besondere dem Vermiether in § 561 gegebene Selbsthülferecht nicht mehr vor; das Recht, im Wege der Selbsthülfe jetzt die Sachen wieder in die Miethräume zurückzuschaffen, hat der Vermiether daher nur, wenn die allgemeinen Voraussetzungen der Selbsthülfe nach § 229 vorliegen, wenn also obrigkeitliche Hülfe nicht rechtzeitig zu erlangen ist und ohne sofortiges Eingreifen die Gefahr besteht, daß die Verwirklichung des Anspruches (hier auf Zurückschaffung) vereitelt oder wesentlich erschwert werde.

2. Einschreiten der Polizei. Das Einschreiten der Polizei darf und muß nur dann erfolgen, wenn der Verdacht einer strafbaren Handlung (z. B. Pfandverschleppung durch Miether, Hausfriedensbruch, Körperverletzung 2c. durch Vermiether) vorliegt und das Einschreiten erforderlich ist, um strafbare Handlungen zu erforschen oder die Verdunkelung zu verhüten[2]) (§ 161 der Strafprozeßordnung).

3. Einstweilige Verfügung des Gerichts. Behufs Erhaltung seines Pfandrechts ist der Vermiether nicht auf den Weg der Selbsthülfe beschränkt; als weiterer Rechtsbehelf steht ihm die Erwirkung einer die Fortschaffung hindernden einstweiligen Verfügung beim Gericht zu; diese ist ihm zu ertheilen, wenn er sein Pfandrecht glaubhaft macht und ferner glaubhaft macht, daß zu besorgen ist,

---

[1]) Der Vermiether darf daher dem rückenden Miether nicht mehr Sachen vorenthalten bezw. abnehmen, als zu seiner Deckung erforderlich sind.

[2]) In Preußen bleibt außerdem noch die öffentlich rechtliche Vorschrift des § 10 II 17 A. L. R. in Kraft, lautend: Die nöthigen Anstalten zur Erhaltung der öffentlichen Ruhe, Sicherheit und Ordnung und zur Abwendung der dem Publikum oder einzelner Mitglieder desselben bevorstehenden Gefahr Maßregeln zu treffen, ist das Amt der Polizei.

daß durch eine Veränderung des bestehenden Zustandes die Verwirklichung des Pfandrechts vereitelt oder wesentlich erschwert werde (§ 935 C. P. O.). Eine wesentliche Erschwerung der Verwirklichung des Pfandrechts wird wohl regelmäßig durch die Fortschaffung der Sachen aus den Miethräumen herbeigeführt mit Rücksicht darauf, daß das Pfandrecht durch Veräußerung der Sachen an einen gutgläubigen Dritten erlischt und überhaupt erlischt, wenn nicht binnen eines Monats der Anspruch auf Zurückschaffung geltend gemacht ist.

Uebrigens ist die Ausübung aller dieser Schutzmaßregeln keineswegs dadurch bedingt, daß der Miether in böswilliger Absicht „ausrücken" will. Die Zurückbehaltung der Sachen durch Vermiether ist schlechthin zulässig, wenn der Miether räumt oder seine Sachen entfernt, ohne den Vermiether befriedigt oder sichergestellt zu haben, z. B. auch gegenüber einem Beamten, welcher infolge Versetzung umzieht, so lange derselbe den bis Ablauf der Kündigungsfrist nach § 570 laufenden Miethzins nicht berichtigt oder sichergestellt hat.

§ 47.

Die Verwirklichung des Pfandrechts gegen den Miether.

1. Befugniß zum Verkauf ohne gerichtliche Hülfe.

Die Verwirklichung des Pfandrechts, d. h. die Befriedigung des Vermiethers aus dem Pfande erfolgt durch Verkauf; zu diesem Verkaufe ist der Vermiether berechtigt, sobald seine Forderung ganz oder zum Theil fällig ist (§§ 1228 und 1257). Durch das bürgerliche Gesetzbuch ist im Gegensatz zu den meisten bisherigen Rechten dem Pfandgläubiger das Recht eingeräumt, den Pfandverkauf ohne gerichtliche Hülfe namentlich ohne vorherige Erwirkung eines vollstreckbaren Schuldtitels vornehmen zu lassen (§ 1233—1240). Dieses Recht steht nach § 1257 grundsätzlich auch dem Vermiether zu; um es ausüben zu können, muß indeß der Vermiether zuvor den Besitz des Pfandes erlangen; diesen Besitz kann der Vermiether gegen den Willen des Miethers nur in dem Falle ohne gerichtliche Hülfe erlangen, wenn er gemäß § 561 Abs. 1 sein Selbsthülferecht zur Hinderung der Fortschaffung ausübt und der Miether auszieht, ferner wenn er, nachdem der Miether ausgezogen ist, von dem dritten Besitzer die Ueberlassung des Besitzes erlangt hat.[1]) Abgesehen von diesem Fall ist der Vermiether nicht berechtigt, bei Fälligkeit seiner Miethforderung die Sachen behufs Pfandverkauf dem Miether durch Selbsthülfe fortzunehmen und in seinen Besitz zu bringen. Vielmehr kann er den Besitz, wenn der Miether die Sachen nicht freiwillig herausgiebt, nur

[1]) Die gutgläubige Besitzergreifung bewirkt nicht etwa, daß das Pfandrecht nunmehr auch an Sachen, die dem Miether nicht gehörten, existent wird. § 1207 ist hier deshalb nicht anwendbar, weil der Besitzübertragungswille des Verpfänders (Miethers) fehlt.

durch Klage auf Einräumung desselben und Vollstreckung des diesbezüglichen Urtheils erlangen und dann nach seiner Wahl entweder den Pfandverkauf ohne Mitwirkung des Gerichts oder Gerichtsvollziehers ausführen oder nach den für den Verkauf einer gepfändeten Sache geltenden Vorschriften bewirken lassen (§ 1233). Anstatt der Pfandklage auf Herausgabe der Sachen behufs Pfandverkauf kann Vermiether auch die persönliche Miethzinsklage anstrengen und das Urtheil wie jeden anderen vollstreckbaren Schuldtitel durch Pfändung der eingebrachten Sachen vollstrecken lassen.[2])

2. Einzuhaltende Vorschriften beim Pfandverkauf. Will der Vermiether den Pfandverkauf selbst ausführen lassen, so muß er sich nach den Vorschriften der §§ 1234—1240 richten; der Verkauf muß vorher dem Miether unter Angabe des Geldbetrages, wegen dessen er stattfinden soll, angedroht werden, darf nicht vor Ablauf eines Monats seit Androhung erfolgen, und muß ferner durch öffentliche Versteigerung, deren Ort und Zeit öffentlich bekannt zu machen sind, erfolgen. Beim Verkauf können Vermiether und Miether mitbieten (§ 1239). Aus dem Erlöse kann Vermiether den beizutreibenden Forderungsbetrag nebst den Beitreibungs- und Verkaufskosten und Auslagen für nothwendige und nützliche Verwendungen decken, z. B. die Fütterungskosten bei Thieren (§§ 1210, 1216). Dagegen kann der Vermiether keine Vergütung dafür beanspruchen, daß er die eingebrachten Sachen in Besitz und Verwahrung hatte (§ 1215.)

§ 48.

Geltendmachung des Pfandrechts gegenüber dem pfändenden Gläubiger des Miethers.

1. Erhaltung des Pfandrechts bei Fortschaffung durch Pfändung. Die Geltendmachung des Pfandrechts gegenüber dem pfändenden Gläubiger des Miethers erfolgt gemäß § 805 C. P. O., welcher § in Absatz 1 bestimmt:

„Der Pfändung einer Sache kann ein Dritter, welcher sich nicht im Besitze der Sache befindet, auf Grund eines Pfand- oder Vorzugsrechts nicht widersprechen, er kann jedoch seinen Anspruch auf vorzugsweise Befriedigung aus dem Erlöse im Wege der Klage geltend machen, ohne Rücksicht darauf, ob seine Forderung fällig ist oder nicht."

Aus dieser Bestimmung folgt, daß der Vermiether gegenüber der Pfändung und der sich daraus entwickelndeu Fortschaffung der Sachen nicht das ihm nach § 561 Abs. 1 sonst zustehende Recht der Hinderung durch Selbsthülfe, auch nicht die Klage auf Zurückschaffung nach § 561 Abs. 2 hat, weiter aber auch, daß das Pfandrecht

---

2) Wenn der Vermiether die eingebrachten Sachen des Miethers in Besitz genommen hat, so kann der Miether der Vollstreckung des Miethzinsurtheils in andere Sachen insoweit widersprechen, als der Vermiether durch den Werth der in Besitz genommenen Sachen gedeckt ist (§ 777 C. P. O.).

sich trotz wissentlicher Duldung der Fortschaffung erhält; denn das Gesetz kann folgerichtig nicht das Recht zum Widerspruch gegen die Fortschaffung versagen und trotzdem an die Unterlassung des Widerspruchs den Verlust des Rechts knüpfen.[1])

Es wird demnach die Vorschrift, daß das Pfandrecht mit der Entfernung der Sachen von dem Grundstück bei wissentlicher Duldung des Vermiethers erlösche, für den Fall durch § 805 C. P. O. außer Kraft gesetzt, daß die Entfernung im Wege der Pfändung erfolgt.[2]) Das Pfandrecht des Vermiethers geht als das Aeltere dem jüngeren Pfandrecht des Pfändungspfandgläubigers vor; letzterer ist indeß, da der Gerichtsvollzieher für ihn den Besitz ausübt (§ 808 C. P. O.), wie ein besitzender Pfandgläubiger nach § 1232 berechtigt, den Pfandverkauf vollziehen zu lassen; das ältere Pfandrecht des Vermiethers macht sich nur in dem Vorrechte auf den Erlös geltend.[3]) In dieser Rechtslage erhält sich das Pfandrecht des Vermiethers an den Sachen bis zur Vollziehung des Pfandverkaufs und ergreift alsdann den Pfanderlös. Die Klage des Vermiethers aus § 805 ist demnach so lange zulässig, als der Pfanderlös vom Gerichtsvollzieher noch nicht an den pfändenden Gläubiger abgeführt ist.[4]) Es tritt demnach auch nicht das Erlöschen des Pfandrechts ein, wenn der Vermiether die Klage aus § 805 C. P. O. nicht innerhalb eines Monats seit Kenntniß der durch Pfändung bewirkten Fortschaffung erhebt.[5]) Die Klage des Vermiethers ist darauf zu richten, daß der Beklagte verurtheilt werde, in die vorzugsweise Befriedigung der Miethforderung

---

[1]) Gleicher Ansicht anscheinend auch Raatz S. 49. Vergl. ferner Stadthagen in Nr. 22 Jahrgang 1899 der deutschen Hausbesitzerzeitung. Dies wird auch bestätigt durch die Motive zur C. P. O. S. 425 zu § 710 jetzt 805, wo es heißt: „Der Entwurf hat in Uebereinstimmung mit dem norddeutschen Entwurf § 972 dem nicht besitzenden Pfandgläubiger den Widerspruch gegen die Pfändung versagt und sein dingliches Recht in einen prioritätisch zu befriedigenden Anspruch auf den Erlös verwandelt." Gleicher Ansicht auch Niendorff § 43 II A. 1.

Hat der Vermiether die Sachen nach § 561 in seinen Besitz genommen, so braucht er die Pfändung nicht zu dulden. Er behält aber auch wenn er sie duldet, seinen Anspruch auf vorzugsweise Befriedigung.

[2]) So auch für das Preuß. Landrecht Dernburg „Preuß. Privatrecht" Band I § 364 A. 8. Vergl. ferner R. G. 13 S. 267.

[3]) Nach § 1232 kann der ältere Pfandgläubiger von dem nachstehenden die Herausgabe der Pfandsache zum Zwecke des Pfandverkaufs verlangen (Dernburg „Sachenrecht" § 269 A. 6). Dieses Recht dürfte indeß gegenüber dem Pfändungspfandgläubiger durch die Vorschriften der C. P. O. insbesondere § 805 ausgeschlossen sein.

[4]) So auch Niendorff „Das Preußische Miethrecht" § 43 II A. 1 und die dort zitirten Entscheidungen. Die diese Frage behandelnde Rechtsprechung behält auch nach Inkrafttreten des B. G. B. ihre Bedeutung, weil es sich um Auslegung des § 805 C. P. O. handelt.

[5]) Dieses Erlöschen nimmt Raatz S. 49 an. Die einmonatige Frist des § 561 Abs. 2 bezieht sich indeß auf den Anspruch auf Zurückschaffung bezw. Besitzüberlassung; im Falle des § 805 C. P. O. besteht indeß ein solcher Anspruch nicht. Immerhin ist die Frage zweifelhaft und ist dem Vermiether, so lange sich keine bestimmte Rechtsprechung gebildet hat, zu empfehlen, die Klage innerhalb Monatsfrist anzustrengen.

aus dem Erlöse der gepfändeten Sachen zu willigen. Ist die Miethforderung noch nicht fällig, so ist der Klageantrag auf Einwilligung in die Hinterlegung des Erlöses behufs demnächster Befriedigung der Miethforderung zu richten. Dem beklagten Pfändungspfandgläubiger stehen alle Einwendungen zu, welche sich aus §§ 559, 560 gegen das Pfandrecht herleiten lassen, namentlich also auch der Einwand, daß die beim Vermiether zurückbleibenden Sachen zu dessen Sicherung offenbar ausreichen. Hierfür ist der Zeitpunkt der Pfändung als maßgebend zu erachten, weil nach diesem Zeitpunkte sich das Widerspruchsrecht gegen die Fortschaffung richtet (§ 560). War also zur Zeit der Pfändung der Vermiether anderweit durch die nicht gepfändeten Sachen gedeckt, so ist die Klage aus § 805 C. P. O. abzuweisen, auch wenn später keine zur Deckung genügenden Sachen mehr vorhanden sind.

2. Anspruch nach Abführung des Pfanderlöses. Wenn der Gerichtsvollzieher, nachdem die Klage aus § 805 C. P. O. zugestellt ist, den Pfanderlös an den Pfändungspfandgläubiger abführt,[6] so kann der Vermiether, ohne daß Klageänderung vorliegt, den Klageantrag auf Rückzahlung des Erlöses richten. Ist der Pfanderlös vom Gerichtsvollzieher abgeführt, bevor der Vermiether eine Klage aus § 805 C. P. O. erhoben hat, so war nach bisherigem Rechte streitig, ob der Dritte zur Rückzahlung des Erlöses verpflichtet sei. Die herrschende Meinung[7]) wollte im Gebiete des Preuß. Landrechts die Rückforderung nur zulassen, wenn der Gläubiger mit Kenntniß des Vorzugsrechts des Vermiethers den Erlös an sich genommen hatte. Nach dem bürgerlichen Gesetzbuch insbesondere auf Grund des § 816 wird anzunehmen sein, daß der Vermiether kraft seines vorgehenden Pfandrechts den Erlös aus dem Gesichtspunkte der ungerechtfertigten Bereicherung von dem Gläubiger auch dann zurückfordern kann, wenn dieser von dem Vermietherpfandrechte keine Kenntniß hatte.[8])

---

[6]) Hierzu ist der Gerichtsvollzieher verpflichtet, wenn ihm nicht vorher das Urtheil auf vorzugsweise Befriedigung oder die gerichtliche Anordnung der Hinterlegung des Erlöses vorgelegt wird.

[7]) Vergl. Niendorff § 43.

[8]) Gleicher Ansicht anscheinend auch Raatz S. 49, ferner Fuld S. 193. Kuhlenbeck A. 4 zu § 816 folgert mit Recht, daß der Eigenthümer einer beim Schuldner gepfändeten und verkauften Sache von dem Gläubiger Rückerstattung des Erlöses verlangen könne. Dasselbe muß folgerichtig auch vom vorgehenden Pfandgläubiger gelten. Uebereinstimmend Stadthagen in Nr. 22 Jahrgang 1899 der deutschen Hausbesitzerzeitung.

Neunter Abschnitt.

Rechtsverhältniß bei Mehrheit der Miether oder der Vermiether.

§ 49.

Rechtsverhältniß bei Mehrheit der Miether.

1. Haftung der mehreren Miether für die Pflichten. Haben mehrere Miether gemeinsam eine Wohnung gemiethet (z. B. die Ehefrau tritt als Mitmiethein dem Vertrage bei oder mehrere Chambregarnisten miethen zusammen eine Wohnung), so haftet jeder einzelne Miether im Zweifel als Gesammtschuldner für den ganzen Miethzins (§ 427) sowie für Rückgewähr der Wohnung nach Ablauf der Miethzeit (§ 431) sowie für Entschädigungsverbindlichkeiten wegen Verschuldung insbesondere wegen Schäden an der Miethsache durch vertragswidrigen Gebrauch, auch wenn nur einem der Miether Verschulden zur Last fällt. Denn man wird als Vertragsabsicht annehmen dürfen, daß jeder Miether für das Verschulden des Mitmiethers mitzuhaften habe. Die Vorschrift des § 425 Abs. 2 findet also auf dieses Vertragsverhältniß gemäß § 425 Abs. 1 keine Anwendung.[1])

2. Ausübung der gemeinsamen Rechte. Ueber alle Rechte aus dem Miethvertrage insbesondere über das Recht auf den Miethgebrauch, dessen Beendigung durch Kündigung[2]) können nur alle Miether gemeinsam, d. h. einstimmig verfügen, wie auch Verfügungen des Vermiethers über das Miethverhältniß insbesondere Kündigungen nur gegenüber allen Miethern wirksam erfolgen können. Insbesondere ist eine Kündigung wegen Hinderung oder Entziehung des Gebrauchs nach § 542 nur wirksam, wenn sie von allen Miethern erklärt wird.

Der Anspruch auf Vertragserfüllung also auf Gewährung des Miethgebrauchs kann von jedem einzelnen zu Gunsten aller geltend gemacht werden (§ 432).

Wenn hinsichtlich eines der mehreren Miether infolge Versetzung gemäß § 570 oder infolge Konkurses des Miethers oder infolge Sterbefalls gemäß § 569 die Voraussetzungen eines Kündigungsrechts vorliegen, so ist infolge der Mehrheit der Miether das Kündigungsrecht für alle auch für den versetzten Beamten bezw. den Konkursverwalter oder die Erben des verstorbenen Miethers ausgeschlossen,

---

[1]) So auch Dernburg „Das bürgerliche Recht“ Bd. II S. 377.

[2]) M. II S. 413.

weil die Kündigung nur gemeinsam ausgeübt werden kann und daher auch für jeden einzelnen das Kündigungsrecht vorliegen muß.[3])

Wegen vertragswidrigen Gebrauchs der Miethsache erwächst dem Vermiether das Kündigungsrecht gegen alle Miether nach § 553 auch dann, wenn nur ein Miether sich des vertragswidrigen Gebrauchs schuldig macht. Dies ist, obgleich § 425 Abs. 2 die Verschuldung nur zu Lasten desjenigen Schuldners in dessen Person sie eintritt wirken läßt, anzunehmen, weil in der Regel Vertragsabsicht sein wird, daß jeder Miether für das Verschulden des Mitmiethers mit hafte. Andererseits kann der Vermiether das Miethverhältniß nur gleichzeitig gegen alle Miether durch Kündigung zur Auflösung bringen, also nicht etwa den Miethvertrag nur gegenüber demjenigen aufheben, dem das Verschulden zur Last fällt. Bei Miethzinsverzug nach § 554 ist dem Vermiether das Kündigungsrecht nur gegeben, wenn alle Miether in Verzug sind (§ 425), doch wird dies stets ohne Weiteres der Fall sein, weil jeder einzelne Miether für den ganzen Miethzins als Gesammtschuldner haftet, also bei Nichtzahlung alle in Verzug kommen. Der Vermiether kann das Kündigungsrecht auch nur gegen alle ausüben.

§ 50.

Rechtsverhältniß bei Mehrheit der Vermiether.

Haben mehrere Vermiether gemeinsam Räume vermiethet (z. B. die Miteigenthümer eines Hauses), so kann im Zweifel jeder Vermiether nur den auf ihn entfallenden Antheil am Miethzinse fordern, auch der Miether an jeden Einzelnen nur dessen Antheil mit befreiender Wirkung zahlen. Dasselbe gilt von Geldansprüchen gegen den Miether behufs Schadensersatz (§ 420). Der Anspruch auf Unterlassung vertragswidrigen Gebrauchs kann als Forderung auf eine untheilbare Leistung von jedem Einzelnen zu Gunsten aller geltend gemacht werden (§ 432). Verfügungen über das Mieth-Verhältniß, insbesondere Kündigungen, auch wenn solche wegen vertragswidrigen Gebrauchs, Miethzinsrückstand, Tod des Miethers, Konkurs des Miethers erfolgen, sind nur wirksam, wenn sie von allen Vermiethern erklärt werden, wie sie auch seitens des Miethers an alle geschehen müssen (§ 432 Abs. 2.)

---

[3]) Vergl. auch P. II Bd. 2 S. 221. Wollte man dem Einzelnen, für den die Voraussetzungen des Kündigungsrechts vorliegen, ein Kündigungsrecht für seine Person geben, so würde dadurch das Vertragsverhältniß hinsichtlich der Mitmiether und des Vermiethers wesentlich geändert, was nur mit deren Zustimmung möglich wäre. Anderer Meinung Fuld S. 157 und Fränkel S. 68. Uebereinstimmend Planck zu § 569 A. 3.

Zehnter Abschnitt.

Uebergangsbestimmungen.

§ 51.

Anwendbarkeit der Vorschriften des B. G. B. auf die am 1. Januar 1900 bestehenden Miethverhältnisse.

1. Allgemeines. Das Einführungsgesetz zum B. G. B. bestimmt in Art. 170, 171 und 172:

Artikel 170. Für ein Schuldverhältniß, das vor dem Inkrafttreten des Bürgerlichen Gesetzbuchs entstanden ist, bleiben die bisherigen Gesetze maßgebend.

Artikel 171. Ein zur Zeit des Inkrafttretens des Bürgerlichen Gesetzbuchs bestehendes Mieth-, Pacht- oder Dienstverhältnis bestimmt sich, wenn nicht die Kündigung nach dem Inkrafttreten des Bürgerlichen Gesetzbuchs für den ersten Termin erfolgt, für den sie nach den bisherigen Gesetzen zulässig ist, von diesem Termin an nach den Vorschriften des Bürgerlichen Gesetzbuchs.

Artikel 172. Wird eine Sache, die zur Zeit des Inkrafttretens des Bürgerlichen Gesetzbuchs vermiethet oder verpachtet war, nach dieser Zeit veräußert oder mit einem Rechte belastet, so hat der Miether oder Pächter dem Erwerber der Sache oder des Rechtes gegenüber die im Bürgerlichen Gesetzbuche bestimmten Rechte. Weitergehende Rechte des Miethers oder Pächters, die sich aus den bisherigen Gesetzen ergeben, bleiben unberührt, unbeschadet der Vorschrift des Artikel 171.

Durch Art. 170 und 171 ist bezüglich der vor dem 1. Januar 1900 abgeschlossenen Miethverträge die Geltung des bürgerlichen Gesetzbuchs bis zu einem bestimmten Zeitpunkt hinausgeschoben. Bis zu diesem Zeitpunkte sind also diese Miethverhältnisse so zu beurtheilen, als ob das bisherige Recht weiter gälte.

2. Zeitpunkt der Geltung der Vorschriften des B. G. B. Dieser Zeitpunkt ist nach Art. 171 der erste Termin, für den nach den bisherigen Gesetzen die Kündigung zulässig ist. Wann dieser Zeitpunkt vorliegt, ist für jedes einzelne Miethverhältniß besonders zu bestimmen. Daraus daß es heißt: „für den nach den bisherigen Gesetzen die Kündigung zulässig ist“ darf man nicht folgern, daß vertragsmäßig bestimmte Kündigungen und Fristen nicht zu berücksichtigen wären. Es soll damit nur gesagt werden, daß die Frage, ob und mit welcher Frist zuerst die Kündigung zulässig ist, nach Maßgabe des Miethvertrages so zu beurtheilen ist, als ob das bisherige Recht unverändert weiter gälte.[1]) Ist nach dem bestehenden Vertrage die Kündigung nicht zulässig, z. B. der Vertrag ist abgeschlossen vom 1. April 1899 bis 1. April 1905, so bleibt für die ganze Vertragsdauer das alte Recht maßgebend. Insbesondere

[1]) Daher findet auch auf Miethverträge, welche vor dem 1. Januar 1900 länger als für 30 Jahre abgeschlossen sind, nicht der § 567 (Kündbarkeit nach 30 Jahren) Anwendung, vielmehr bleiben solche Miethverträge auch über 30 Jahre hinaus in Kraft, soweit dies nach dem bisherigen Recht zulässig war. Nicht in Betracht kommen die Kündigungsgründe, welche erst das B. G. B. einführt, z. B. wegen Miethzinsrückstand, vertragswidrigen Gebrauchs, Versetzung, Tod. Hierfür bleibt lediglich das alte Recht maßgebend. Vergl. Habicht „Einwirkung des bürgerlichen Gesetzbuchs“.

bleiben auch im Gebiete des Preuß. Landrechts die Sachen der Ehefrau, welche vor dem 1. Januar 1900 in die Miethräume eingebracht waren, für den Miethzins bis 1. April 1905 pfandrechtlich haftbar. (Art. 184 E. G.)

3. Abwickelung, wenn Kündigung erfolgt. Wenn die Kündigung zu dem unter 2 bezeichneten ersten Termin thatsächlich erfolgt, so wickelt sich das Miethverhältniß vollständig nach den bisherigen Gesetzen ab; nach letzteren ist auch namentlich zu beurtheilen, in welchem Zustand die Räume zurückzugewähren sind, für welche Beschädigungen der Miether haftet, in wie weit er sich durch nicht rechtzeitige Räumung schadensersatzpflichtig macht. Für die Verjährung der diesbezüglichen beiderseitigen Ansprüche ist indeß das bürgerliche Gesetzbuch nach Maßgabe des Art. 169 des Einführungsgesetzes anzuwenden.

4. Aenderung des Miethverhältnisses, wenn keine Kündigung erfolgt. Erfolgt die Kündigung zum ersten Termine, zu dem sie zulässig ist, nicht, so tritt dadurch das bürgerliche Gesetzbuch voll in Kraft. Lautet z. B. ein Miethvertrag dahin: „Die Miethe läuft vom 1. April 1899 an und ist beiderseits mit vierteljährlicher Frist zum Schluß eines Kalendervierteljahres kündbar", so unterliegt die Miethe, wenn keine Partei kündigt, noch bis zum 30. Juni 1900 dem alten Recht und vom 1. Juli 1900 an dem B. G. B., weil die Kündigung nach dem 1. Januar 1900 frühestens auf den 30. Juni 1900 ausgeübt werden konnte.

Mit dem Inkrafttreten des B. G. B. sind aber durchaus nicht die vertragsmäßigen Bestimmungeu des Miethvertrages außer Kraft gesetzt; letztere bleiben vielmehr bestehen und es vollzieht sich nur die Aenderung, daß die Rechtswirkung der Vertragsbestimmungen, ihre Zulässigkeit, ferner die von den Vertragsbestimmungen nicht getroffenen Punkte des Miethverhältnisses nach dem bürgerlichen Gesetzbuch zu beurtheilen, d. h. so zu beurtheilen sind, als ob der Miethvertrag unter der Herrschaft des bürgerlichen Gesetzbuchs abgeschlossen wäre. Die Vertragsbestimmungen treten daher nur soweit außer Kraft, als die Vorschriften des bürgerlichen Gesetzbuchs zwingendes Recht enthalten, wie dies z. B. in § 544 (Gesundheitsgefährdung) der Fall ist. Die pfandrechtliche Sicherheit des Vermiethers erleidet mit dem genannten Zeitpunkt der Kündbarkeit im Gebiete des Preuß. Pfandrechts insofern eine Einschränkung, als für die von jetzt an entstehenden Ansprüche nicht mehr die Sachen der Ehefrau haften.

5. Veräußerung des Miethgrundstücks nach dem 1. Januar 1900. Wird das Miethgrundstück nach dem 1. Januar 1900 veräußert, so sollen nach § 172 abweichend von dem Grundsatz des § 171 für die dem Miether gegen den Erwerber zustehenden Rechte schon mit dem Zeitpunkte der Veräußerung die Bestimmungen des bürgerlichen Gesetzbuchs maßgebend sein, namentlich also dem

Miether alle die Rechte zustehen, welche in dem Grundsatze konzentrirt sind: „Kauf bricht nicht Miethe". Weitergehende Rechte des Miethers, die sich aus den bisherigen Gesetzen gegenüber dem Erwerber ergeben, bleiben bestehen, unbeschadet allerdings der Vorschrift des Art. 171, also der Vorschrift, daß von dem in Art. 171 bezeichneten Kündbarkeitstermine an das bürgerliche Gesetzbuch rein in Geltung tritt, damit also auch die weitergehenden Rechte des Miethers in Wegfall kommen.

I. Miethvertrag.*)

Zwischen ....

als Vermiether und ....

als Miether ist folgender Miethvertrag abgeschlossen worden.

§ 1.

Es vermiethet ....

die im Hausgrundstück zu .... Str.=Nr. ......

belegene Wohnung, bestehend aus ....

an den .... als Miether zu dem jährlichen Miethpreise von

.... Mk. .... Pf., buchstäblich ....

§ 2.

Die Dauer der Miethe ist festgesetzt auf .... Jahr, nämlich vom .... 19...... bis .... 19.......

Falls der Vertrag nicht ein Halbjahr vor Ablauf gekündigt wird, läuft der Vertrag jedesmal für ein Jahr mit derselben Kündbarkeit weiter.[1])

---

*) Vorstehender Miethvertrag, welcher vom Verfasser im Anschluß an den vom Centralverbande der städtischen Haus= und Grundbesitzervereine auf dem Elberfelder Verbandstage beschlossenen einheitlichen Miethvertrag ausgearbeitet wurde, ist vom Hausbesitzerverein zu Wilhelmshaven angenommen und eingeführt' worden.

[1]) Wenn der Satz 2 gestrichen wird, so läuft die Miethe mit dem in Satz 1 bezeichneten Zeitpunkt von selbst ab, ohne daß es einer Kündigung bedarf. (Vergl. § 26 Seite 70 dieser Schrift). Der Satz 2 sichert beiden Theilen eine halbjährige Kündigungsfrist. Das Halbjahr muß voll innegehalten werden. Ist als Endzeit in Satz 1 z. B. der 31. März 1902 bezeichnet, so muß die Kündigung bis spätestens 30. September 1901 erfolgen, würde also am 1. Oktober 1901 schon verspätet sein. Für das frühere Recht war die Frage streitig. (Vergl. Niendorff § 30 A. 3 und Dernburg „Preuß. Privatrecht" Bd. II § 172 A. 5.) Wenn dagegen als Endzeit der Miethe in Satz 1 der 1. April 1902 eingefügt wird, so wird man die am 1. Oktober 1901 erfolgende Kündigung noch als rechtzeitig behandeln dürfen. Denn wenn auch der 1. April 1902 als Miethstag nicht mehr zu rechnen ist (vergl. S. 59 dieser Schrift), so ist doch die halbjährliche Kündigungsfrist vom 1. April 1902 an nach Absicht des Vertrages zurückzurechnen. (Vergl. § 188 Abs. 2 B. G. B.) Doch ist, da es stets eine unsichere Auslegungsfrage bleibt, die frühere Kündigung zu empfehlen.

§ 3.

Der vereinbarte Miethpreis mit Nebenabgaben ist in vierteljährigen Raten im Voraus und zwar:

am 1. April,
am 1. Juli,
am 1. Oktober und
am 2. Januar

jeden Jahres zu Händen des Vermiethers und in dessen Wohnung oder an dessen Vertreter zu zahlen. Der Miether verzichtet auf das Recht der Aufrechnung der ihm gegen den Vermiether etwa erwachsenden Gegenforderungen gegen den Miethzins.

§ 4.

Wenn der Miether den bedungenen Miethzins nicht innerhalb einer Woche seit Fälligkeit zahlt, hat der Vermiether das Recht, den Miethvertrag auf sofort zu kündigen und die Räumung zu verlangen oder nach seiner Wahl zum Schluß des laufenden Kalendervierteljahres zu kündigen.[2])

§ 5.

In allen Fällen, wo der Miether infolge nicht pünktlicher Miethzinszahlung oder infolge sonstigen vertragswidrigen Verhaltens die Wohnung vorzeitig räumen muß, bleibt der Miether für den Ausfall an Miethzins für das zur Zeit der Räumung laufende Kalendervierteljahr, sofern nicht das Miethverhältniß vertraglich schon früher endigt, haftbar.[3])

§ 6.

Der Miether hat die Wohnung besichtigt und dieselbe in einem zum vertragsmäßigen Gebrauch geeigneten Zustand befunden. Wegen etwaiger beim Abschluß des Miethvertrages vorhandener Mängel wird die Gewährleistungs- und Schadensersatzpflicht des Vermiethers ausgeschlossen.[4]) Sollten sich beim Antritt der Miethe oder während der Miethzeit Mängel der Miethssache zeigen, so ist der Miether ver-

---

[2]) Vergl. S. 77. Man wird bei vorstehender Fassung die Vorschrift des § 554 Abs. 1 Satz 2 auf das Kündigungsrecht für anwendbar erachten müssen. Das Kündigungsrecht besteht also, so lange der fällige Miethzins nicht gezahlt ist und erlischt, wenn die Zahlung nachgeholt wird, bevor die Kündigung erklärt wird. Dagegen ist die Anwendbarkeit des § 554 Abs. 2 auf das Kündigungsrecht durch § 3 des Formulars ausgeschlossen.

[3]) Die Bestimmung sichert dem Vermiether bei Kündigung, die wegen Miethzinsrückstand oder vertragswidrigen Gebrauchs (§ 31 dieser Schrift) erfolgt, den Anspruch auf Miethzinsausfall, der ihm sonst nach den Ausführungen in § 30 und § 31 dieser Schrift infolge der Kündigung verloren gehen würde. Die Billigkeit erheischt Beschränkung der Haftung auf das laufende Kalendervierteljahr.

[4]) Miether kann trotz dieser Bestimmung diejenigen Mängel geltend machen, welche der Vermiether bei Vertragsschluß kannte und dem Miether arglistig, d. h. gegen Treu und Glauben, verschwieg. (Vergl. S. 36 Nr. 4 dieser Schrift.)

pflichtet, solche unverzüglich dem Vermiether anzuzeigen, andernfalls für Miether das Recht auf Gewährleistung, insbesondere auch das Recht wegen des Mangels am Miethzinse zu kürzen oder Schadensersatz zu fordern wegfällt.[5]) Auslagen für nothwendige dem Vermiether obliegende Reparaturen kann der Miether dann nicht ersetzt verlangen, wenn er solche vorgenommen hat, ohne dem Vermiether vorher Anzeige gemacht oder Abhülfe in angemessener Frist abgewartet zu haben.[6])

§ 7.

Der Miether haftet für allen Schaden, welcher durch etwa gestattete Untermiether, Hausgenossen, Bedienstete oder Beauftragte des Miethers an dem Grundstück, Haus oder Zubehör angerichtet wird.[7])

§ 8.

Die Ueberlassung des Gebrauchs an einen Dritten insbesondere auch die Untervermiethung ist nur mit schriftlicher Genehmigung des Vermiethers zulässig. Ein Kündigungsrecht wegen Verweigerung der Erlaubniß steht dem Miether nicht zu.[8]).

§ 9.

Sollte Vermiether das Miethobjekt während der Miethzeit veräußern, so hat der Vermiether das Recht, das Miethverhältniß mit vierteljähriger Frist zum Schluß des auf die Veräußerung folgenden Kalendervierteljahres zu kündigen, ohne daß dem Miether hieraus ein Schadensersatzanspruch erwächst.[9])

§ 10.

Der Vermiether ist berechtigt, die Miethräume auch in Begleitung von Sachverständigen und Zeugen behufs Prüfung des Zustandes der Wohnung zu angemessener Zeit zu betreten. Auch muß Miether sich alle von dem Vermiether geforderten Arbeiten gefallen lassen, welche nöthig sind, um die Wohnung in gutem baulichen Zustande zu erhalten, ohne wegen etwaiger dadurch veranlaßter Störung Ent-

---

[5]) Diese Bestimmung folgt auch schon ohne Weiteres aus § 545 B. G. B. (Vergl. S. 50 dieser Schrift.)

[6]) Nothwendige Verwendungen kann der Miether nach § 547 auch ohne Anzeige erstattet verlangen. (S. 40 dieser Schrift) Die Vereinbarung, daß vorher zur Abhülfe aufzufordern sei, mildert die in § 547 für Vermiether liegende Härte, ohne den Miether zu bedrücken.

[7]) Auch diese Bestimmung versteht sich nach §§ 276, 278, 549 Abs. 2 von selbst. Vergl. S. 56, 84 und S. 65 dieser Schrift.

[8]) Vergl. S. 68 dieser Schrift. Wegen Schriftlichkeit der Genehmigung vergl. S. 66 dieser Schrift.

[9]) Vergl. § 39 dieser Schrift. Zu beachten ist bei Auslegung des § 9 des Vertragsformulars, daß eine Veräußerung des Miethgrundstücks noch nicht in dem Abschluß des Kaufvertrages, sondern erst in der Auflassung liegt. Schließt daher der Vermiether am 15. Oktober 1900 einen Kaufvertrag über das Grundstück ab und läßt er am 10. April 1901 auf, so kann die Miethe erst auf den 30. September 1901 gekündigt werden.

schädigung beanspruchen zu können. Während des letzten Halbjahrs der Miethzeit hat der Miether die Besichtigung der Miethsräume durch Miethe- oder Kauflustige in Begleitung des Vermiethers oder eines Beauftragten desselben zu gestatten.[10])

§ 11.

Der Miether hat beim Auszuge alle Befestigungsmittel in Mauern, Holzwerk und Decken, als Nägel, Haken, Schrauben u. s. w. entweder kostenlos in der Wohnung zu belassen oder er muß, wenn er sie herausnimmt, die dadurch beschädigten Theile der Wohnung in den früheren guten Zustand wieder herstellen,[11]) auch haftet der Miether für Beschädigungen, welche durch den Transport der ihm oder den Personen seines Hausstandes gehörigen Sachen in die Miethräume oder aus denselben am Hausgrundstück entstehen.[12])

§ 12.

Wenn der Miether vor Ablauf der vertraglich festgesetzten Zeit auszieht, ist der Vermiether berechtigt, die Miethräume gänzlich ausbessern zu lassen; der Miether verzichtet in diesem Falle auf das Recht, die Zahlung des Miethzinses zu verweigern oder den gezahlten Miethzins zurückzufordern, auch wenn durch Ausführung der Ausbesserungsarbeiten die Benutzbarkeit der Räume ganz aufgehoben wird.[13])

§ 13.

Der Vermiether bestimmt die Reihenfolge und die Ordnung in der Benutzung der für mehrere Miether gemeinsamen Waschküche, des Trockenbodens und der sonstigen gemeinsamen Räume. Auch unterwirft sich Miether der vom Vermiether aufgestellten oder aufzustellenden Hausordnung.[14]) Sollte Miether dieser Hausordnung nicht nachkommen, so ist Vermiether berechtigt, die Miethe auf sofort oder nach seiner Wahl zum Schluß des laufenden Kalendervierteljahres zu kündigen, indeß erst dann, wenn der Miether oder dessen Hausangehörige trotz Verwarnung von neuem gegen die Hausordnung verstoßen haben.

§ 14.

Der Miether hat auf seine Kosten Folgendes zu besorgen:

1. Die Unterhaltung der Fensterscheiben, der Schlösser und Beschläge an Fenstern und Thüren;

---

[10]) Vergl. S. 22 dieser Schrift.

[11]) Vergl. S. 57 dieser Schrift. Für den Vermiether empfiehlt sich diese vertragsmäßige Bestimmung, weil Vermiether vom Miether sonst nur bei Fahrlässigkeit oder Vorsatz Wiederherstellung des früheren Zustandes verlangen könnte.

[12]) Vergl. S. 56 dieser Schrift.

[13]) Vergl. S. 48 u. 49 dieser Schrift.

[14]) Vergl. S. 10 dieser Schrift.

2. den Anstrich der Fußböden, Thüren, inneren Wände und Decken sowie der nach innen liegenden Seiten der Fenster;
3. die Instandhaltung der Tapeten;
4. die Instandhaltung und Reinigung der Oefen, Herde, Kochmaschinen, Badeöfen, der etwa vorhandenen elektrischen Leitungen, der Küchenausgüsse und Pumpen;
5. Reinigung der zur Etage des Miethers führenden Treppe sowie Beleuchtung des vor der Wohnung liegenden Treppenflurs:
6. Erstattung der Kosten für Schornsteinreinigung, für Abfuhr der Fäkalien und des Mülls sowie für Reinigung der Senkschächte und Entwässerungsrohre;
7. Erstattung des vom Vermiether für Miether verauslagten Wassergeldes; falls das Wasser abgestellt werden oder einfrieren sollte, so hat Miether dieserhalb keinen Anspruch auf Schadenersatz.

§ 15.

Zieht der Miether vor Ablauf der Miethzeit aus oder ist er längere Zeit abwesend, so hat er entweder dem Vermiether die Schlüssel zur Wohnung zu behändigen, damit dieser jederzeit dieselbe vorzeigen oder untersuchen kann oder er hat Vorkehrungen zu treffen, daß Jemand sich in den Miethsräumen aufhält, widrigenfalls Vermiether berechtigt ist, die Miethsräume öffnen zu lassen.[15])

§ 16.

Miether versichert, daß er ein den gemietheten Räumen entsprechendes Mobiliar als unbeschränktes Eigenthum besitzt; falls diese Versicherung unrichtig ist, kann der Vermiether zu jeder Zeit das Miethverhältniß ohne Kündigungsfrist aufheben.[16])

§ 17.

Für alle Streitigkeiten aus dem Miethverhältniß soll das Amtsgericht, in dessen Bezirk das Miethgrundstück liegt, zuständig sein, auch wenn der Werth die sachliche Zuständigkeitsgrenze überschreitet.

§ 18.

Die Stempelkosten des Miethvertrages trägt der Miether.

.................................., den .... 1..........

Der Vermiether: ....

Der Miether: ....

---

15) Vergl. S. 53 dieser Schrift.
16) Vergl. S. 15 dieser Schrift.

II. Vertrag mit einem Hauswart.

G. B. G. §§ 611—630.

§ 1.

Der Hausbesitzer Paul Lehmann zu Berlin bestellt für seine zu .... Str. Nr. .... belegenen Hausgrundstücke den Techniker Emil Meyer zum Hauswart behufs Wahrnehmung der Interessen des Hausbesitzers und Besorgung der mit der Verwaltung genannter Hausgrundstücke verbundenen Angelegenheiten.

§ 2.

Der Hauswart ist nicht ermächtigt, Miethverträge für den Hausbesitzer abzuschließen oder bestehende Miethverträge abzuändern, auch nicht ermächtigt, Miethzinsen in Empfang zu nehmen. Dagegen hat der Hauswart freistehende Wohnungen Miethssuchenden zu zeigen, zu annonciren und bei Abschluß von Miethverträgen und rechtzeitiger Zahlung der Miethzinsen nach Kräften mitzuwirken. Der Hauswart hat sorgfältig für Instandhaltung der Hausgrundstücke zu sorgen, sich in angemessenen Zwischenräumen von dem Zustande der Hausgrundstücke zu überzeugen und von auftretenden Mängeln dem Hauseigenthümer unverzüglich Mittheilung zu machen.

Reparaturen bis zum Betrage von 10 Mark darf der Hauswart ohne Rückfrage bei dem Hauseigenthümer ausführen lassen, größere nur dann, wenn Gefahr im Verzuge ist.

§ 3.

Der Hauswart hat für Aufrechterhaltung der Ordnung und Reinlichkeit in den bezeichneten Hausgrundstücken zu sorgen, ferner sich um ordnungsmäßige Abfuhr der Fäkalien, Müll, Schächtereinigung, Schornsteinreinigung und ähnliche Besorgungen zu kümmern, auch den Hausbesitzer bei Wünschen oder Beschwerden der Miether zu vertreten, Differenzen zwischen den Miethern nach Kräften zu schlichten, auch für Befolgung der polizeilichen Vorschriften zu sorgen.

§ 4.

Als Vergütung für seine Thätigkeit erhält der Hauswart freie Wohnung in dem Hause, bestehend aus zwei Stuben nebst Küche und Bodenkammer in der dritten Etage, ferner 1% der für die Hausgrundstücke aufkommenden Bruttomiethe.

§ 5.

Der Hauswart tritt seine Stellung am 1. April 1902 an. Dieser Vertrag kann seitens des Hausbesitzers ohne Kündigungsfrist zu jeder Zeit aufgehoben werden, in welchem Falle der Hauswart die Wohnung sofort räumen muß; dem Hauswart steht nur eine sechswöchentliche Kündigung auf den Schluß eines Monats zu.

III. Vertrag des Hausbesitzers mit einem Stellvertreter.

G. B. G. §§ 611—630.

§ 1.

Der Hausbesitzer Paul Lehmann überträgt dem Techniker Emil Meyer die Verwaltung seiner zu ...., ... Str. Nr. .... belegenen Hausgrundstücke.

§ 2.

Der Verwalter ist ermächtigt, hinsichtlich der genannten Hausgrundstücke für den Hausbesitzer Miethverträge abzuschließen, bestehende Miethverträge zu ändern, Kündigungen für den Hausbesitzer zu erklären und entgegenzunehmen, die Miethzinsen für den Hausbesitzer in Empfang zu nehmen und solche einzuklagen, überhaupt bei allen Handlungen und Prozessen, welche die Verwaltung des Hauses mit sich bringt, den Hausbesitzer zu vertreten.

§ 3.

Der Verwalter hat den Anordnungen des Hausbesitzers hinsichtlich der Verwaltung unbedingt Folge zu leisten.

§ 4.

Der Verwalter ist verpflichtet, für Instandhaltung der Hausgrundstücke, für Aufrechterhaltung der Ordnung und Reinlichkeit im Hause zu sorgen, von allen auftretenden Schäden und Mängeln dem Hausbesitzer sofort Mittheilung zu machen, sich um Vermiethung frei werdender Wohnungen zu bemühen, die Miethzinsen rechtzeitig einzuziehen, die Feuer-Versicherungsbeiträge und Steuern rechtzeitig zu berichtigen, auch dafür zu sorgen, daß allen polizeilichen Vorschriften stets genügt wird.

Ueber seine Einnahmen und Ausgaben hat der Verwalter zu jeder Zeit dem Hauseigenthümer auf Verlangen Rechnung zu legen.

§ 5.

Als Vergütung für seine Thätigkeit erhält der Verwalter drei Prozent der Bruttoeinnahmen an Miethzinsen für die von ihm verwalteten Häuser; die Vergütung wird am Schlusse jedes Jahres ausgezahlt.

§ 6.

Beide Theile können diesen Vertrag zu jeder Zeit ohne Kündigungsfrist aufheben.

IV. Bauvertrag.

B. G. B. §§ 631—651.

§ 1.

Der Rentier Paul Lehmann als Bauherr überträgt dem Bauunternehmer Emil Meyer die Herstellung des aus dem vorliegenden Kostenanschlage und der vorliegenden Zeichnung ersichtlichen Neubaues auf Grundstück ...., ...Str. Nr. .... zu .... einschließlich Lieferung aller Materialien.

§ 2.

Als Vergütung für die laut § 1 auszuführenden Arbeiten wird (die festbestimmte Summe von 45 000 Mark vereinbart) diejenige Summe vereinbart, welche sich für die thatsächlich verwendeten Materialien und die geleisteten Arbeiten unter Zugrundelegung der im Kostenanschlage bestimmten Einheitspreise ergiebt.

§ 3.

Der Bauunternehmer hat bei Ausführung der Bauarbeiten alle Anordnungen des Bauherrn zu befolgen, auch wenn dadurch der den Gegenstand dieses Vertrages bildende Bau abgeändert oder vergrößert oder verringert wird oder einzelne Theile und Arbeiten wegfallen. Eine Entschädigunsspflicht des Bauherrn tritt wegen Verringerung und Aenderung der übernommenen Arbeiten nicht ein.

§ 4.

Wenn die Zahlen und Massen, welche in den einzelnen Ansätzen des Kostenanschlages angesetzt sind, bei der Ausführung überschritten werden sollten, sei es infolge des ursprünglichen Bauplanes oder sei es infolge nachträglicher Anordnungen des Bauherrn, so muß der Bauunternehmer unverzüglich, nachdem er von der Ueberschreitung des Ansatzes Kenntniß erlangt, dem Bauherrn von der Ueberschreitung schriftlich Mittheilung machen, andernfalls die Vergütung dafür höchstens nach den im Kostenanschlage dafür angesetzten Zahlen und Massen beansprucht werden kann.

§ 5.

Der Bauunternehmer versichert, daß nach seiner besten Ueberzeugung in dem Kostenanschlage die zur Herstellung des geplanten Neubaues erforderlichen Materialien und Arbeiten vollständig angegeben sind. Sollten Arbeiten und Materiallieferungen, welche im Kostenanschlage nicht vorgesehen sind, ausgeführt werden, so kann der Bauunternehmer für diese eine Vergütung nur dann verlangen, wenn er dem Bauherrn vor Inangriffnahme der betr. Arbeit schriftlich mit Veranschlagung der Mehrkosten und mit Begründung, weshalb sie nicht unter die Ansätze des Kostenanschlages falle, Anzeige macht; ist diese Anzeige unterblieben, so steht dem Bauunternehmer eine Vergütung für jene Arbeiten und Materiallieferungen nicht zu.

Für Arbeiten und Lieferungen, welche durch Sackung, Einsturz, Risse erforderlich werden, steht dem Unternehmer unter keinen Umständen eine Vergütung zu.

§ 6.

Der Unternehmer haftet dafür, daß bei der Bauausführung die baupolizeilichen Vorschriften innegehalten werden und kann für alle Mehrarbeiten, welche erforderlich werden, um den polizeilichen Vorschriften oder Auflagen zu genügen, eine Vergütung nicht verlangen.

§ 7.

Der Bauunternehmer haftet noch drei Jahre seit Ablieferung des Neubaues in schlüsselfertigem Zustande dem Bauherrn wegen aller im Bau sich zeigenden Mängel, es sei denn, daß solche offensichtlich nicht in mangelhaftem Material oder mangelhafter Arbeit ihre Ursache haben. Namentlich haftet Unternehmer wegen Schäden und Minderwerth, durch Versackungen und Risse, welche innerhalb dieser drei Jahre eintreten, ohne Rücksicht darauf, ob den Bauunternehmer ein Verschulden trifft oder nicht.

§ 8.

Die Bausumme ist erst nach Fertigstellung des Neubaues zu zahlen, indeß mit der Maßgabe, daß von der Bausumme der Betrag von 5000 Mark als Sicherheit für etwaige Schadensersatzansprüche des Bauherrn die in § 7 bestimmte Garantiezeit hindurch stehen bleibt, jährlich mit 4% verzinslich.

§ 9.

Unternehmer hat mit den Arbeiten spätestens bis zum 1. Juli 1902 zu beginnen und die Arbeiten spätestens bis zum 20. März 1903 fertigzustellen; für jeden Tag der späteren Fertigstellung hat der Unternehmer eine Vertragsstrafe von 50 Mark an den Bauherrn zu zahlen bezw. sich an der Bausumme kürzen zu lassen. Glaubt der Unternehmer, daß infolge Aenderung des Bauplanes oder unvorhergesehener Mehrarbeiten der Termin zur Fertigstellung hinauszuschieben sei, so hat er dies dem Bauherrn unverzüglich vor Inangriffnahme der betr. Mehrarbeit schriftlich anzuzeigen, andernfalls für die Vertragsstrafe der festgesetzte Endtermin maßgebend bleibt.

§ 10.

Wegen aller Streitigkeiten aus diesem Vertrage soll das Königliche Amtsgericht zu .... zuständig sein.

§ 11.

Die Kosten dieses Vertrages trägt jede Partei zur Hälfte.

V. Bierabnahmevertrag mit einem Wirth als Miether.

§ 1.

Der Bierverleger (die Bierbrauerei) Paul Lehmann zu .... vermiethet an den Wirth Emil Meyer die im Hause ....Str. Nr. .... befindlichen Räume nebst Wohnräumen zum Betriebe der Schenkwirthschaft.

§ 2.

Die Dauer der Miethe ist festgesetzt auf drei Jahre, nämlich vom 1. April 1901 bis 31. März 1904. Die Miethe verlängert sich, falls nicht ein halbes Jahr vor dem 31. März 1904 gekündigt wird, um ein Jahr und verlängert sich auch in der Folgezeit stets um ein Jahr, falls nicht ein Halbjahr vor dem 31. März gekündigt wird.

§ 3.

Der Miethzins ist festgesetzt auf Zweitausend Mark jährlich. Der Miethzins ist in der Weise zu entrichten, daß der Miether für alles ihm von dem Vermiether zu liefernde Bier zwei Pfennig Aufschlag auf den sonst üblichen Bierpreis bei Bezahlung des gelieferten Bieres entrichtet. Wenn am Schluß jedes Jahres die Gesammtsumme der Aufschläge 2000 Mark nicht erreicht, so hat der Miether den an 2000 Mark fehlenden Betrag baar zuzulegen; den über 2000 Mark überschießenden Betrag erhält er von dem Vermiether zurückgezahlt.

§ 4.

Der Miether verpflichtet sich, alles Bier, welches er in seinem Wirthschaftsbetriebe ausschänkt, ausschließlich von dem Vermiether zu den üblichen Preisen zu beziehen, nur echte bairische und echte pilsener Biere darf Miether auch neben den ihm vom Vermiether zu liefernden Bieren ausschänken. Für jeden Fall der Zuwiderhandlung gegen diese Verpflichtung hat Miether an den Vermiether eine Vertragsstrafe von zweihundert Mark zu zahlen.

§ 5.

Miether hat das ihm vom Vermiether zu liefernde Bier am Schlusse eines jeden Monats nebst den Aufschlägen an den Vermiether in dessen Geschäfslokal, welches hiermit als Erfüllungsort für die Zahlung vereinbart wird, zu entrichten; falls die Monatsschuld nicht bis zum 15. des folgenden Monats berichtigt sein sollte, hat Vermiether das Recht, den Vertrag ohne weitere Kündigungsfrist aufzuheben und den Miether zu exmittiren.

§ 6.

Das Recht, den Miethvertrag ohne Kündigungsfrist aufzuheben, steht dem Vermiether auch dann zu, wenn durch das Verhalten des

Wirthes oder seines Personals oder seiner Hausangehörigen die Aufhebung der Schankkonzession zu befürchten ist. Die einmalige Androhung der Konzessionsentziehung seitens der Behörde, mag sie zu Recht oder zu Unrecht erfolgt sein, soll unter allen Umständen den Vermiether zur sofortigen Aufhebung des Miethvertrages berechtigen.

§ 7.

Bei Beendigung oder Aufhebung des Miethverhältnisses hat Miether auf die ihm zustehende Schankkonzession zu Gunsten des von dem Vermiether zu bestimmenden Nachfolgers zu verzichten und diese Verzichtserklärung dem Vermiether schriftlich zu ertheilen. Wenn Miether sich weigert, diese schriftliche Verzichtserklärung zu ertheilen, verwirkt er eine an Vermiether zu zahlende Vertragsstrafe von Eintausend Mark, unbeschadet der Fortdauer seiner Verpflichtung zum Verzicht auf die Konzession.

§ 8.

Vermiether überläßt ferner das dem Miether als Eigenthum verbleibende Mobiliar, welches auf anliegender Aufstellung unter Angabe des beiderseitig anerkannten Werthes verzeichnet ist, miethweise in Benutzung gegen einen in vierteljährigen Raten im Voraus am 1. eines jeden Kalendervierteljahres zahlbaren Miethzins von zehn Prozent des Werthes. Diese Mobiliarmiethe erlischt ohne Weiteres mit Ablauf oder Aufhebung der Hauptmiethe. Für die bei Erlöschen der Mobiliarmiethe nicht mehr vorhandenen Gegenstände hat Miether den auf dem Verzeichniß angesetzten Werth zu erstatten. Auch hat Miether für Beschädigungen, die nicht auf dem vertragsmäßigen Gebrauch beruhen, Ersatz zu leisten.

§ 9.

Für alle Streitigkeiten aus diesem Vertrage soll das Amtsgericht .... zuständig sein.

VI. Muster zu einem Verwaltungsvertrag mit einem Wirth ohne Abgabe der Konzession.*)

§ 1.

Der Brauereibesitzer N. N. als Inhaber der Schankkonzession für die Räume im Hause ....Str. Nr. .... zu .... bestellt unter Vorbehalt aller seiner Rechte an der Schankkonzession den Wirth Emil Meyer zum Geschäftsführer zur Ausübung dieser Schankkonzession in den genannten Räumen für die Zeit vom 1. April 1901 bis 31. März 1902; das Vertragsverhältniß verlängert sich, wenn nicht ein halbes Jahr vor Ablauf gekündigt wird, für ein Jahr und für die Folgezeit weiter je für ein Jahr, falls nicht ein halbes Jahr vor Ablauf gekündigt wird.

§ 2.

Der Wirth Emil Meyer hat den Wirthschaftsbetrieb im Namen des Konzessionsinhabers zu führen und alle Getränke, welche in der Wirthschaft ausgeschänkt werden, ausschließlich von dem Konzessionsinhaber oder den von diesem zu bezeichnenden Lieferanten zu beziehen. Für jeden Fall der Zuwiderhandlung gegen diese Verpflichtung verwirkt der Wirth eine an den Konzessionsinhaber zu zahlende Vertragsstrafe von 50 Mk.

§ 3.

Die vom Wirth Emil Meyer für den Wirthschaftsbetrieb anzuschaffenden Getränke und sonstigen Waaren sind von demselben nach Schluß jedes Monats zu berichtigen und ist diese Berichtigung dem Konzessionsinhaber auf dessen Verlangen zu jeder Zeit durch Vorlegung von Quittungen und Bücher nachzuweisen. Ist die Regulirung bis zum 15. des folgenden Monats nicht erfolgt, so kann der Konzessionsinhaber diesen Vertrag ohne Kündigung aufheben. Auch kann der Konzessionsinhaber die Geschäftsschulden selbst berichtigen und vom Wirth die unverzügliche Erstattung fordern.

*) Anmerkung: Dieser Vertragsentwurf ist mit Rücksicht darauf formulirt, daß nach § 45 der Gewerbeordnung die Schankwirthschaft durch einen Geschäftsführer, der nicht Konzessionsinhaber ist, nur in der Weise ausgeübt werden darf, daß der Betrieb im Namen des Konzessionsinhabers, also nicht im Namen des Geschäftsführers geführt wird. Daher wird nach außen der Konzessionsinhaber durch die Waarenbestellungen als Empfänger verpflichtet, wie ihm auch die Geschäftseinnahmen gebühren. An sich erhält also der Konzessionsinhaber die Einnahmen; dem Geschäftsführer ist seine Thätigkeit zu vergüten. Der Konzessionsinhaber erstrebt indeß meistens ein Vertragsverhältniß, durch welches ihm (dem Inhaber) eine feste gleichbleibende Vergütung gesichert wird, während der Geschäftsführer analog dem Pächter für eigene Rechnung arbeiten soll. Dies ist durch vorstehenden Vertrag erreicht. Die Haftung des Konzessionsinhabers für die vom Geschäftsführer kontrahirten Schulden den Dritten gegenüber wird durch diesen Vertrag allerdings nicht ausgeschlossen und kann auch ohne Verletzung des § 45 der Gewerbeordnung nicht ausgeschlossen werden.

§ 4.

Die sämmtlichen mit dem Wirthschaftsbetriebe verbundenen Unkosten, namentlich auch die davon zu entrichtenden Steuern und Abgaben hat der Wirth zn tragen bezw. dem Konzessionsinhaber zu erstatten.

§ 5.

Der Wirth erhält für seine Thätigkeit freie Wohnung in dem Hause und die sämmtlichen Geschäftseinnahmen überwiesen, wogegen er auch die Berichtigung aller Geschäftsschulden und Ausgaben aus eigenen Mitteln übernimmt und hat an den Konzessionsinhaber eine unabhängig von den Einnahmen bleibende feste Vergütung von jährlich Zweitausend Mark für Benutzung der Räumlichkeiten zu entrichten. Die Vergütung ist in vierteljährigen Raten im Voraus am 1. jedes Kalendervierteljahres zahlbar. Falls der Wirth mit einer Rate länger als 14 Tage in Rückstand bleibt, ist der Konzessionsinhaber zur sofortigen Aufhebung dieses Vertrages berechtigt.

§ 6.

Der Konzessionsinhaber überläßt ferner das ihm zu Eigenthum verbleibende Mobiliar, welches auf anliegendem Verzeichniß unter Angabe des beiderseitig anerkannten Werthes verzeichnet ist, miethweise in Benutzung, gegen einen in vierteljährigen Raten im Voraus am 1. jedes Kalendervierteljahres zahlbaren Miethzins von zehn Prozent des Werthes. Diese Mobiliarmiethe erlischt ohne Weiteres bei Aufhebung dieses Vertrages. Für die bei Erlöschen der Mobiliarmiethe nicht mehr vorhandenen Gegenstände hat der Geschäftsführer den auf dem Verzeichniß angesetzten Werth zu erstatten. Auch hat der Geschäftsführer für Beschädigungen, die nicht auf den vertragsmäßigen Gebrauch zurückzuführen sind, Ersatz zu leisten.

§ 7.

Für alle Streitigkeiten aus diesem Vertrage soll das Amtsgericht .... zuständig sein.

Sach-Register.

(Die Zahlen bedeuten die Seitenzahlen.)

A.

Abänderungen des schriftlichen Vertrages, auch mündlich gültig 10, Wirkung der Vereinbarung, daß nur schriftliche Abänderungen gültig sein sollen 10.

Abfuhr von Müll und Fäkalien, dem Vermiether obliegend 19.

Abgaben, Tragung durch Vermiether 43.

Abgesonderte Befriedigung des Vermiethers im Konkurse 108.

Abnutzungen fallen dem Vermiether zur Last 19, 56.

Abschluß des Miethvertrages, Schriftlichkeit 8.

Abtretung des Miethzinses, Einfluß auf das Kündigungsrecht wegen Verzug 80, Mitübergang des gesetzlichen Pfandrechts 107, Gültigkeit gegenüber dem Grundstückskäufer 95.

Abtretung d. Miethrechts 63.

Aftervermiethung s. Untermiethe.

Anrechnung der Miethe bei Rückständen 78, der ersparten Aufwendungen auf den Miethzins 48.

Aenderungen an der Wohnung; durch Vermiether unstatthaft 22, durch Miether unstatthaft 20.

Ansteckungsstoffe, Beseitigung durch Miether od. Vermiether 56.

Antretung der Miethe; vorbehaltlose Antretung bewirkt Verlust der Ansprüche aus bekannten Mängeln 36.

Anzeigepflicht des Miethers betr. Mängel 50. Folgen unterlassener Anzeige 51.

Arglistiges Verschweigen von Mängeln, Schadensersatzpflicht 36.

Aufforderung des Miethers an Vermiether zur Beseitigung von Mängeln 27.

Aufrechnung, Zulässigkeit bei Gegenforderungen des Miethers behufs Unwirksamkeit der Kündigung 82, bei Veräußerung des Grundstücks 97.

Aufhebung des Miethvertrages s. Kündigung.

Aufnahme Dritter in die Miethwohnung, Gegensatz zur Untermiethe 64.

Auslagen des Miethers; vom Vermiether zu erstatten 40.

Auslegung d. Miethvertrag. 10.

Auszahlung des Pfanderlöses an Vermiether 115, Wirkung der

Auszahlung des Pfanderlöses an den dritten Pfändungspfandgläubiger 116.

B.

Baares Geld, Pfandhaftung für die Miethforderung 104.

Bauliche Veränderungen durch Vermiether 22, durch Miether 20.

Bäume durch Miether gepflanzt, Wegnahmerecht 42.

Beamte, Versetzung 85, Dienstwohnung 2.

Bedingung, Unzulässigkeit der Kündigung unter Bedingung 73.
Beeinträchtigung des Miethgebrauchs durch Mängel 25.
Befriedigung bewirkt Wegfall des Kündigungsrechts wegen Rückstandes 80, vorzugsweise Befriedigung des Vermiethers aus Pfanderlös 114.
Begriff d. Miethvertrages 1.
Belästigung s. Störung.
Beschaffenheit der Wohnung bei Antritt der Miethe 17, bei Rückgewähr 59, Gesundheitsgefährdende 38.
Beschlagnahme d. Miethzinses durch Zwangsverwaltung 101.
Beschädigung der Wohnung durch Miether 84, durch Hausangehörige und Untermiether 84, durch Ausziehen von Nägeln Haken 57.
Besichtigung der Wohnung durch Miethlustige und durch Vermiether 22.
Besitzstörung und Schutz des Miethers 23.
Besitzergreifung d. Vermiethers betr. die eingebrachten Sachen behufs Wahrung des Pfandrechts 111.
Beurkundung des Miethvertrages von keiner Partei zu beanspruchen 8, Verabredung derselben 8.
Boden, Trockenboden, Benutzung durch Miether 17.
Börte, Anbringen in Keller und Küche 21.
Brand, Vernichtung der Wohnung durch Brand 37.
Briefkasten, Kündigung durch Einwurf in den Briefkasten 74, Anbringung eines Briefkastens durch Miether 21.
Brauchbarer Zustand der Wohnung bei Antritt der Miethe 17.
Bürgschaft der Ehefrau des Miethers bewirkt keine Pfandhaftung 105.

C.

Cession s. Abtretung.

D.

Dauer der Miethe bei bestimmter Miethzeit 68, **bei unbestimmter Miethzeit** 69.
Deposition (s. Hinterlegung).
Dienstwohnung des Beamten 2.
Dinglichkeit des Miethrechts 23, 100.
Doppelfenster, deren Einrichtung durch Miether 21. Wegnahmerecht 41.
Durchstreichen im schriftlichen Miethvertrage 10.

E.

Ehefrau, Geschäftsfähigkeit 12. Gültigkeit der Miethverträge bei Erkrankung des Ehemannes 13. Pfandhaftung und Sachen der Ehefrau 104.
Ehrenzeichen nicht pfandbar 106.
Eigenhändige Unterschrift des Vertrages 77.
Eigenschaften, zugesicherte 25. Kein Vorbehalt des Anspruchs bei Antretung der Miethe nothwendig 36. Gewährleistungspflicht, auch wenn Miethgebrauch nicht beeinträchtigt 25.
Einbringung der Sachen in die Miethwohnung. Voraussetzung des Pfandrechts 104.
Einigung bei Abschluß des Miethvertrages 3. Mangelnde Einigung über Nebenpunkte 4.
Einquartirungslast 43.

Einrichtungen des Miethers, Befugniß dazu 21. Wegnahmerecht 41.
Einstweilige Verfügung auf Belassung der Sachen in der Miethwohnung 112. Zur Sicherung d. Miethanspruchs 15.
Elektrische Hausleitung. Befugniß des Miethers zur Anbringung 21.
Endigung der Miethe, Allgemeines 68, bei bestimmter Miethzeit 68, bei unbestimmter Miethzeit 69, bei vertragsmäßig bestimmten Kündigungsfristen 70. Außerordentliche Beendigung, Allgemeines 77, wegen Mängel der Miethwohnung 27, wegen nicht rechtzeitiger Ueberlassung 29, wegen Entziehung des Gebrauchs 28, wegen Miethzinsrückstandes 77, wegen Mißbrauchs der Wohnung 84, wegen Todes des Miethers 86, wegen Konkurses 87, wegen Versetzung 85, wegen Untergangs der Miethssache 37.
Entschädigung s. Schadensersatz.
Entziehung des Gebrauchs, durch Vermiether 22, 28, durch Dritte 21.
Erben des Miethers, Recht der Kündigung einstimmig auszuüben 86.
Erfüllung, Klage auf Erfüllung 24.
Erhaltung der Wohnung in vertragsmäßigem Zustand 19.
Erlaubniß z. Untermiethe 65.
Erlös, der eingebrachten Sachen 115. Hinterlegung 115.
Erlöschen des Pfandrechts des Vermiethers 108.
Exmission s. Räumungsklage.
Explodirende Stoffe in der Wohnung Lagerung verboten 85. Kündigungsgrund f. Miether 29.

F.

Fahrlässigkeit des Miethers von diesem zu vertreten 56.
Fabrikrauch, Belästigung des Miethers 18. Kündigungsgrund für Miether 29.
Fäkalien, Abfuhrkosten 19.
Fälligkeit des Miethzinses 44.
Fälschung des schriftlichen Vertrages 9.
Feiertag, Räumung am Feiertage 59. Zahlung der Miethe 44.
Fensterscheiben, Reparaturpflicht des Vermiethers 19. Schadensersatzanspruch des Miethers 24.
Flur, Benutzung des Flures 17. Reinigung des Hausflures 20.
Form des Miethvertrages, Erfordernisse 5. Verabsäumung der schriftlichen Form 5. Anwendung der Formvorschrift 6.
Fortsetzung des Miethverhältnisses nach Ablauf des Vertrages 71.
Feuchtigkeit der Wohnung; Kündigungsgrund 29.
Firmenschild, Anbringung am Hause 21.
Form des Miethvertrages 5.
Formular, Ungültigkeit wenn gegen die guten Sitten verstoßend 9.
Freiwilliger Verkauf durch Vermiether 89, durch Konkursverwalter 88.
Fristen, Berechnung der Kündigungsfristen 70.
Fristbewilligung, betr. Miethzins 81.
Fristsetzung durch Miether, behufs Rücktritt wegen Mängel 30, 51.

G.

Gasleitung, Anbringung durch Vermiether 22.

Gastwirth, Bierlieferungsvertrag 2.
Gebrauch, Recht des Miethers auf Gebrauch der Sache. 20.
Gefahr der Uebersendung des Miethzinses 45.
Gefährdung der Gesundheit Rücktrittsgrund für Miether 38.
Gegenforderung des Miethers, deren Aufrechnung 82.
Geisteskrankheit schließt Verlängerung des Miethvertrages durch Nichtkündigung aus 6, desgleichen stillschweigende Verlängerung 71.
Geld, Pfandrecht am eingebrachten Gelde des Miethers 104.
Geltung des schriftlichen Miethvertrages 9.
Gemeinschaftl. Kündigung durch Erben des Miethers 86.
Geräusch, Störung des Miethers 29.
Geschäftsfähigkeit der Ehefrauen 12, Minderjähriger 11.
Geschäftsführung ohne Auftrag bei Verwendungen des Miethers, Erstattungsfähigkeit 41.
Gesetzliche Kündigungsfristen 69.
Gesinde, Abgabe des Kündigungsschreibens an das Gesinde 73, Haftung des Miethers für Verschulden des Gesindes 84.
Gesundheitsgefährlichkeit d. Wohnung Kündigungsgrund 38.
Gewährung des Miethgebrauchs durch Vermiether 17.
Gewährleistung d. Vermiethers 25, Ausschluß derselben 35.
Gewerbliche Anlage, Anbringung; durch Miether 21.
Größe eines Grundstücks, Qualitätsmangel 25.
Güter, Glaube des Vermiethers beim Einbringen der Sachen des Grundstückskäufers hinsichtlich der Miethzinsen 95.

H.

Haftpflicht des Hauptmiethers für den Untermiether 65.
Handzeichen, Beglaubigung d. Unterschriften unter Miethverträge 7.
Hausflur, Reinigung 20, Beleuchtung 20.
Hausfriedensbruch durch Vermiether 23.
Hausgeräth, wieweit nicht pfandbar 105.
Hausordnung, bindende Kraft derselben 11.
Hausthiere, Belästigung durch dieselben 20.
Hauskind, dessen Sachen sind nicht dem Pfandrecht unterworfen 104.
Hausschlüssel, Rückgabe bei Ablauf der Miethzeit 57.
Hauswart, Vertrag mit demselben 1.
Hinterlegung des Pfanderlöses 114.
Hinderung des Miethgebrauchs Kündigungsgrund 29.

J.

Inhaberpapiere, Haftung für die Miethe 104.
Instandsetzung der Wohnung, Pflicht des Vermiethers 19.
Interventionsklage des Vermiethers 114.
Interesse des Miethers am sofortigen Rücktritt von der Miethe 28.

K.

Kalendervierteljahr als Kündigungsfrist 69.
Kauf bricht nicht Miethe 89.
Käufer, Eintritt in den Miethvertrag 89.

Kaution des Miethers 93.
Kenntniß des Miethers von Mängeln der Wohnung 36.
Kleidungsstücke nicht d. Pfandrecht unterworfen 105.
Kompensationsrecht s. Aufrechnung.
Konkurrenzgeschäft im Miethhause 29.
Konkurs, Einfluß auf den Miethvertrag beim Konkurs des Miethers 87, beim Konkurs des Vermiethers 88.
Körperverletzung durch Vermiether bei Zurückbehaltung der Sachen 112.
Krankheit des Miethers zur Zeit der Räumung 60.
Krankheitsstoffe, Entfernung durch Miether 58.
Kündigung 72, Erfordernisse Form 73, wegen versagter Untermiethe 67, beim Tode des Miethers 86, bei Zwangsversteigerung 101, bei Konkurs des Miethers 87, bei mündlichem Miethvertrage für länger als ein Jahr 7, wegen Hinderung des Miethgebrauchs 28, wegen Mängel 29, wegen gesundheitgefährdender Beschaffenheit 38.
Künstler, Pfändbarkeit ihrer Sachen 105.
Kuppelei, als vertragswidriger Gebrauch d. Miethsache 85, 20.

L.

Laden, Kündbarkeit bei gesundheitsgefährdender Beschaffenheit 38.
Lasten, Tragung durch Vermiether 43.
Lärm, Kündigungsgrund 29.
Leerstehen der Wohnung. Pflicht des Miethers zur Obhut und Mängelanzeige 53.
Leihkontrakt, Ausschluß der Pfandhaftung der auf Leihkontrakt gelieferten Sachen 104.
Lehrer, Versetzung 85.

M.

Mahnung als Voraussetzung des Verzuges 79.
Mängel der Wohnung; gesundheitsgefährdende 38, Kündigungsrecht des Miethers 38 29, Verlust der Ansprüche wegen unterlassener Mängelanzeige 51, Anzeigepflicht des Miethers 50, Arglistiges Verschweigen der Mängel 36.
Mangel des Verfügungsrechts des Vermiethers 14, 103.
Mehrheit der Miether 117, der Vermiether 118.
Miethzins braucht nicht in Geld zu bestehen 1, Zahlungszeit und Ort 44, Voraussetzungen der Zahlungspflicht 43.
Miethgebrauch, Umfang 20.
Militärperson, Versetzung 85.
Miteigenthümer der Wohnung 118.
Minderjährige, Gültigkeit der Miethverträge 11.
Minderung des Miethzinses wegen Mängel 25.
Mißbrauch der Wohnung, Klage auf Unterlassung 55, Kündigung 84.
Monatsweise Miethe 69.
Möbelleihvertrag, Haftung der geliehenen Sachen 104.
Mündlicher Miethvertrag 5, Nebenabreden 10, mündliche Abänderung des schriftlichen Vertrages 10, mündliche Genehmigung zur Untermiethe 66.
Müllabfuhr 19.

N.

Nachfolger des Vermiethers im Eigenthum, dessen Recht und Pflichten 89.

Namensunterschrift, nothwendig für schriftliche Form 7.
Nebenabreden, mündliche neben schriftlichem Vertrag 10.
Nichterfüllung des Vermiethers, Folgen 24.
Nichtübereinstimmen mehrerer Vertragsexemplare 10.
Nießbrauch d. Vermiethers, Einfluß auf den Miethvertrag 103.
Nothwendige Verwendungen, Erstattungspflicht des Vermiethers 40.

O.

Ofen, Rauchen der Oefen Kündigungsgrund 29.
Offiziere, Versetzung 85.
Orden, nicht pfändbar 106.
Ort, wo Miethzins zu zahlen 44.
Ortsgewohnheit, Einfluß auf Erfüllung des Miethvertrages 59.
Ortspolizei, Bestimmung der Umzugsfristen 59.

P.

Pacht, Unterschied von Miethe 2.
Pfandrecht des Vermiethers 104. Entstehung durch Einbringen von Sachen 104, Umfang 105, nur an Sachen des Miethers, nicht an Sachen der Ehefrau 105, Kinder 105, nicht an ausstehenden Forderungen und Schuldscheinen 104, Möbelleihkontrakt 105, Umfang der Ansprüche 106, Entschädigung 107, Miethzins 107, Prozeßkosten 107, gegen Miether für Rückstand und das laufende und folgende Miethjahr 107, gegen Pfändungspfandgläubiger 107, bei Konkurs des Miethers 108, Recht auf Selbsthilfe 112, Recht auf Besitzergreifung 112, Polizeiliches Einschreiten 112, Vorzugsweise Befriedigung vor dem Pfändungspfandgläubiger 116, Erlöschen durch Entfernung 109, Erlaß einer einstweiligen Verfügung 112.
Pfandverkauf, Recht des Vermiethers dazu 114.
Pfändung der eingebrachten Sachen durch Dritte 108, 114.
Pflanzen, Wegnahmerecht 42.
Pflichten des Vermiethers, Allgemeines 15, zur Gewährung des Miethgebrauchs 16, Pflichten des Miethers 43.
Polizei, Einschreiten derselben zur Hülfe bei Zurückbehaltung eingebrachter Sachen 112.
Post, Sendung des Miethzinses durch Post 45.
Postnumerandozahlung 44.
Porto für Uebersendung des Miethzinses 44.
Prostituirte, Aufnahme derselben, Kündigungsgrund für Vermiether, für Miether 85.
Protest gegen Verlängerung der Miethe 72.

Q.

Quittung, Ausstellung bei Rückstand mehrerer Miethsraten 78, Anspruch des Miethers auf Quittung 79.

R.

Rauch, Belästigung, Kündigungsgrund 29.
Räume, welche als vermiethet gelten 17.
Räumungsfristen 59.
Räumungsklage, Besonderheiten 60, Zuständigkeit des Amtsgerichts 60.
Rechtzeitige Gewährung des Miethgebrauchs 28, Kündigungsrecht des Miethers 29, unerhebliche Hinderung und Vorenthaltung 28.

Regelung des Miethrechts im B. G. B. 3.
Reihenfolge in Benutzung von Waschküche u. Trockenboden 11.
Reinigung der Wohnung bei Räumung 57, des Hausflurs und der Treppen 19.
Reparaturen, dem Vermiether obliegend 19.
Rücken, Rechte des Vermiethers auf Zurückhaltung der Sachen 112.
Rückforderung des Miethzinses bei vorzeitiger Aufhebung des Vertrages 83.
Rückgewähr der Wohnung, Zustand 56.
Rücktritt des Miethers vom Vertrage wegen Mängel 27, des Vermiethers wegen Insolvenz des Miethers 15, wegen Entziehung der Miethssache 29, wegen Gesundheitsgefährlichkeit 38, wegen Rückstandes 77, wegen vertragswidrigen Gebrauchs 84.
Ruhestörung, Kündigungsgrund für Miether 29.

S.

Sachen, eingebrachte des Miethers, Pfandhaftung für Miethforderungen 104.
Schadensersatzansprüche des Vermiethers, wegen vertragswidrigen Gebrauchs 55, 85, wegen verabsäumter Mängelanzeige 52, wegen Verschulden des Untermiethers 65, wegen verzögerter Rückgabe 60, im Konkurse des Miethers 88, wegen Beschädigung der Miethsache 57, wegen Beschädigung dnrch Hausangehörige des Miethers 84, Verjährung 57 des Miethers wegen Mängel 32, wegen Nichterfüllung 31, wegen Veräußerung der Miethsache vor Ueberlassung des Gebrauchs 89, bei unverschuldeter Unmöglichkeit der Erfüllung durch Vermiether 37, Verhältniß des Schadensersatzanspruchs zur Miethzinsminderung und Kündigung 34.
Schankwirthe, Verträge mit denselben 2.
Schilder, Anbringen an Hausthür durch Miether 21.
Schlösser, unbrauchbare Schlösser sind bei Rückgewähr zu ersetzen 57.
Schlüssel, fehlende bei Rückgewähr 57.
Schriftliche Miethverträge, Formvorschriften 7, Geltung derselben 9.
Schornsteinreinigung, Kosten dem Vermiether obliegend 19.
Selbsthülfe beim Pfandrecht 112.
Senkschacht, Reinigen der Senkschachte 19.
Sicherheitsleistung zur Abwendung der Geltendmachung des Pfandrechts 110, seitens des Miethers bei Insolvenz 16.
Sonntag, s. Feiertag.
Stellvertretung bei Kündigung 74.
Stempelkosten des Miethvertrages von beiden Theilen gleichmäßig zu tragen 10.
Störung des Miethgebrauchs durch Dritte 20, durch Vermiether 22.
Streichen des Fußbodens 19.
Subhastation s. Zwangsversteigerung.

T.

Tageszeit zur Besichtigung der Wohnung 22.
Tageslicht, Entziehung durch Nachbarn Kündigungsgrund 29.

Tapete, Neutapezirung dem Vermiether obliegend 19, Wegnahmerecht des Miethers 42.
Theilzahlungen, Anrechnung bei Rückständen an Miethzins 78.
Termine für Miethzahlung 44, Kündigung 69.
Tod des Miethers 86, Vermiethers 87.
Tonnenabfuhr für Müll und Fäkalien 20.
Treppe, Beleuchtung derselben 20.
Treu und Glauben bei Erfüllung der Miethverträge 11, 18.
Trockenboden, ob als mitvermiethet gilt 17.

U.

Ueberlassung der Wohnung an Miether 17, Zustand 17, welche Sachen zu überlassen 17, Kündigung des Miethers bei nicht rechtzeitiger Ueberlassung 29.
Umbau der Miethwohnung als Kündigungsgrund 29, nicht zulässig 22.
Umfang des Pfandrechts des Vermiethers 104, des Miethgebrauchs 21.
Umzug, Reinigung der Wohnung beim Umzug 57.
Umzugszeit 59.
Unbrauchbarkeit d. Wohnung, Befreiung vom Miethzinse 26.
Unbewohnbarkeit 26.
Undurchstrichene Stellen im Vertrag 10.
Unentgeltliche Ueberlassung der Wohnung kein Miethvertrag 1, durch Miether ohne Einwilligung des Vermiethers verboten 63.
Ungeziefer, Beseitigungspflicht des Vermiethers 53, Beseitigungspflicht des Miethers bei Einschleppung 58.
Unmöglichkeit d. Erfüllung durch Vermiether Schadensersatzpflicht 37.
Unterbrechung der Verjährung 46.
Unterhaltungspflicht des Vermiethers 19.
Unterlassung solcher Handlungen durch Vermiether, die den Miethgebrauch stören 22.
Untermiethe, Zulässigkeit 63, Kündigungsrecht bei Versagung der Erlaubniß 66, Rechtsverhältniß des Untermiethers zum Miether und Vermiether 65.
Unterschrift, Erforderniß des schriftlichen Vertrages 7.
Unzucht in der Miethwohnung 85.
Urkunden, abweichende Urkunden über denselben Vertrag 10, nachträgliche Abänderungen derselben 10, Unterschrift beider Theile nothwendig 7.

V.

Verabredung schriftlicher Beurkundung 8, Wirkung auf die Gültigkeit 8.
Veränderungen an der Wohnung durch Miethgebrauch 56, durch Miether 21.
Veräußerung des Miethgrundstücks. Eintritt des Veräußerers in den Miethvertrag 89, freiwillige Veräußerung im Konkurse 88.
Vorausverfügung über den Miethzins 95, 97.
Verbauen der Fenster Rücktrittsgrund 29.
Verbesserungen durch Miether 21, Wegnahmerecht 42, Genehmigung durch Vermiether 41.
Verfügungsbeschränkung d. Vermiethers 13, Einfluß auf die Miethverträge 103.
Verjährung des Miethzinses 46, des Ersatzanspruchs des Vermiethers wegen Verschlechterung

57, des Ersatzanspruchs des Miethers 41, des Wegnahmerechts des Miethers wegen Verwendungen 42.
Verkehrssitte, für Auslegung und Erfüllung des Miethvertrags maßgebend 18.
Verlängerung der Miethe, stillschweigende 71.
Verlegung des Wohnortes des Vermiethers 44.
Vermögensverschlechterung des Miethers, Einfluß auf Erfüllungspflicht 15.
Versetzung des Beamten, Kündigungsfrist 85.
Verschlechterung d. Miethssache durch Miethgebrauch 56, Ersatzansprüche des Vermiethers 57.
Verspätete Kündigung, Wirkung für den nächsten Termin 73.
Verschulden des Vermiethers, Voraussetzung der Schadensersatzpflicht 31.
Verzögerung in Ueberlassung der Miethwohnung 28.
Versteigerung der Pfandsachen 114.
Vertrag, Form 3, Verabsäumung der schriftlichen Form 3.
Vertragsmäßiger Gebrauch Zustand d. Räume zum vertragsmäßigen Gebrauch geeignet 17.
Vertragswidrig. Gebrauch des Miethers 20, Klage auf Unterlassung 55, Kündigungsrecht des Vermiethers 84.
Verwaltungsvertrag mit Vizewirth 128.
Verweigerung der Annahme des Kündigungsschreibens 74, der Annahme des Miethzinses 79.
Verwendungen des Miethers 40, Nothwendige 40, Sonstige Verwendungen 41.
Verzicht auf Mängel, ungültig bei arglistigem Verschweigen 36, bei gesundheitsgefährdender Beschaffenheit 38.
Verzug des Vermiethers bei Uebergabe 29, in Reparaturpflicht 27, des Miethers in der Miethzinszahlung 78.
Verzugszinsen 81.
Vierteljährige Kündigung 70, bei unbestimmter Miethzeit 69.
Vollmacht zur Kündigung 74.
Vorauszahlung des Miethzinses, Gültigkeit 96.
Vorbehalt der Mängelansprüche bei Antritt der Wohnung 36, des Kündigungsrechts bei Annahme des Miethszinses 81.
Vorerbe, Kündigungsrecht der Nacherben 103.
Vorrecht des Vermiethers hinsichtlich des Pfandrechts an eingebrachten Sachen, am Erlöse 114.
Vorweisung der Wohnung an Miethslustige 23.
Vorzeitige Beendigung der Miethszeit 77, wegen Versetzung des Miethers 85, wegen Tod des Miethers 86, wegen Mängel 27, wegen Mißbrauchs 84, wegen verweigerter Erlaubniß zur Untermiethe 66, wegen Miethzinsrückstand 77, wegen Konkurses 87.
Vorzugsweise Befriedigung des Miethszinses aus Pfanderlös 114.

W.

Wanzen, Beispiel 52, Ersatzpflicht, wenn Miether die Wanzen einschleppt 58, Uebertragung auf Möbel des Miethers; Schadensersatzpflicht des Vermiethers 52, 33.
Wasserleitungsrohr, Platzen desselben 40.
Wegnahme der Einrichtungen

durch Miether 41, Chikanöse Ausübung verboten 42.
Wegzug des Vermiethers, Zahlungsort für Miethzins 44.
Werthpapiere, Pfandrecht an denselben 104.
Widerruf der Kündigung unwirksam 76.
Wiederherstellung d. früheren Zustandes bei Wegnahme von Einrichtungen 42, beim Ausziehen von Nägeln 57.

Z.

Zahlung des Miethzinses, Allgemeines 43, Zahlungsort 44, Fälligkeit 44, Kosten der Geldsendung 44, wenn Zahlungstermin auf Feiertag fällt 44, beim Verziehen des Vermiethers 44, an Stellvertreter 45, bei mehreren empfangsberechtigten Miterben 46, an Ueberbringer der Quittung 46.
Zubehör der Miethwohnung, bewegliches (Schlüssel, Jalusien) 17.
Zufall, Haftung des Vermiethers für Beschädigung durch Zufall 56.
Zurückbehaltungsrecht des Vermiethers an eingebrachten Sachen 112, des Miethzinses durch Miether infolge Mängel 43, 79.
Zurücknahme der Kündigung 76, 81, der Versetzung eines Beamten 86.
Zurückschaffung weggeschaffter Sachen aus der Miethwohnung 109.
Zurückweisung der durch Unlegitimirung erfolgten Kündigung 75.
Zugesicherte Eigenschaften, Haftung des Vermiethers 25.
Zurückgewähr der Wohnung durch Miether 55, Zustand 56.
Zusammengehörende Miethräume, Mangelhaftigkeit einzelner Räume 30, 38.
Zustand der Wohnung zum vertragsmäßigen Gebrauch geeignet 17.
Zwangsversteigerung des Miethsgrundstücks, Einfluß auf den Miethvertrag 100.
Zwangsverwaltung d. Miethgrundstücks 101.

J. J. Heines Verlag in Berlin W. 57.

Handausgabe des

Invaliden-versicherungsgesetzes

von

Dr. R. Freund.

mit erläuternden Anmerkungen

Preis geb. ca. 2.— Mk.

Verfasser ist in seiner Eigenschaft als Vorsitzender der größten Versicherungs-anstalt wohl wie wenige berufen, die Bestimmungen des schwierigen Gesetzes prägnant und anschaulich zu erläutern; natürlich sind auch in dieser Ausgabe ganz besonders die **Abweichungen** von dem bisherigen Rechte in übersichtlichster Weise berücksichtigt worden. Diese Taschenausgabe dürfte sich Allen, welche mit der Ausübung des Gesetzes zu thun haben, als unentbehrlicher Rathgeber erweisen.

Das Preußische

Ausführungsgesetz

zum Bürgerlichen Gesetzbuch

vom 20. September 1899.

Nach den Materialien bearbeitet

von

Otto Schmidt

Landgerichtsrath beim Landgericht Berlin I

und Mitglied der Kommission des Abgeordnetenhauses.

Preis geb. 2 Mk.

Der bekannte Jurist und Parlamentarier bietet in knappem Rahmen eine durchaus vollständige und praktische Handausgabe dieses wichtigen Gesetzes. Jedem preußischen Juristen dürfte sie willkommen sein.

FSC
www.fsc.org
MIX
Papier | Fördert gute Waldnutzung
FSC® C083411

Kolibri 360 GmbH
Ferdinand-Jühlke-Straße 7
99095 Erfurt, Deutschland
produktsicherheit@kolibri360.de